《光影华中大》

编委会

主　　编：赵　砚　　朱川平

副主编：罗　迪　　朱琼花　　宗　雪

参　　编：周清国　　陈　欢　　宋绍萍　　李祖元　　张宇清

　　　　　彭　冰　　杨　翔　　张　雄　　戴　立　　李迎霞

　　　　　张育萍　　彭　晶

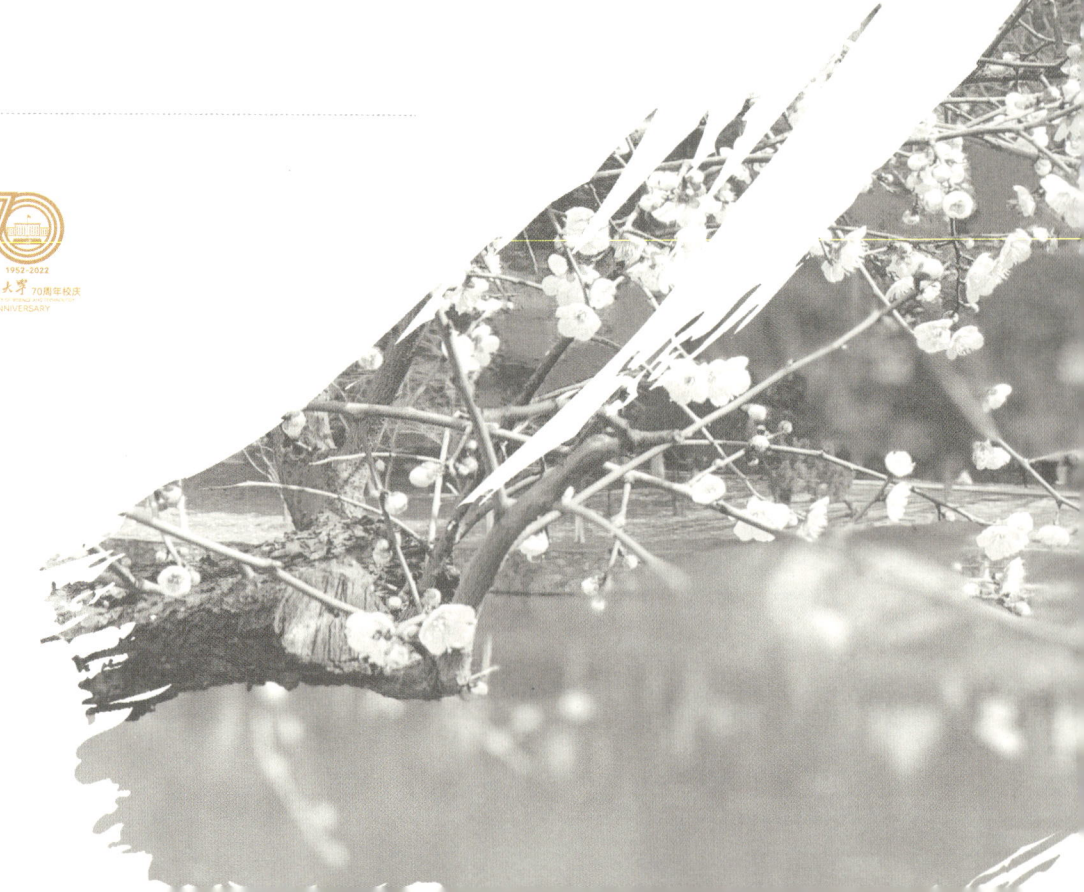

光影华中大

◎ 主编 赵硯 朱川平

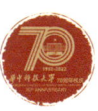

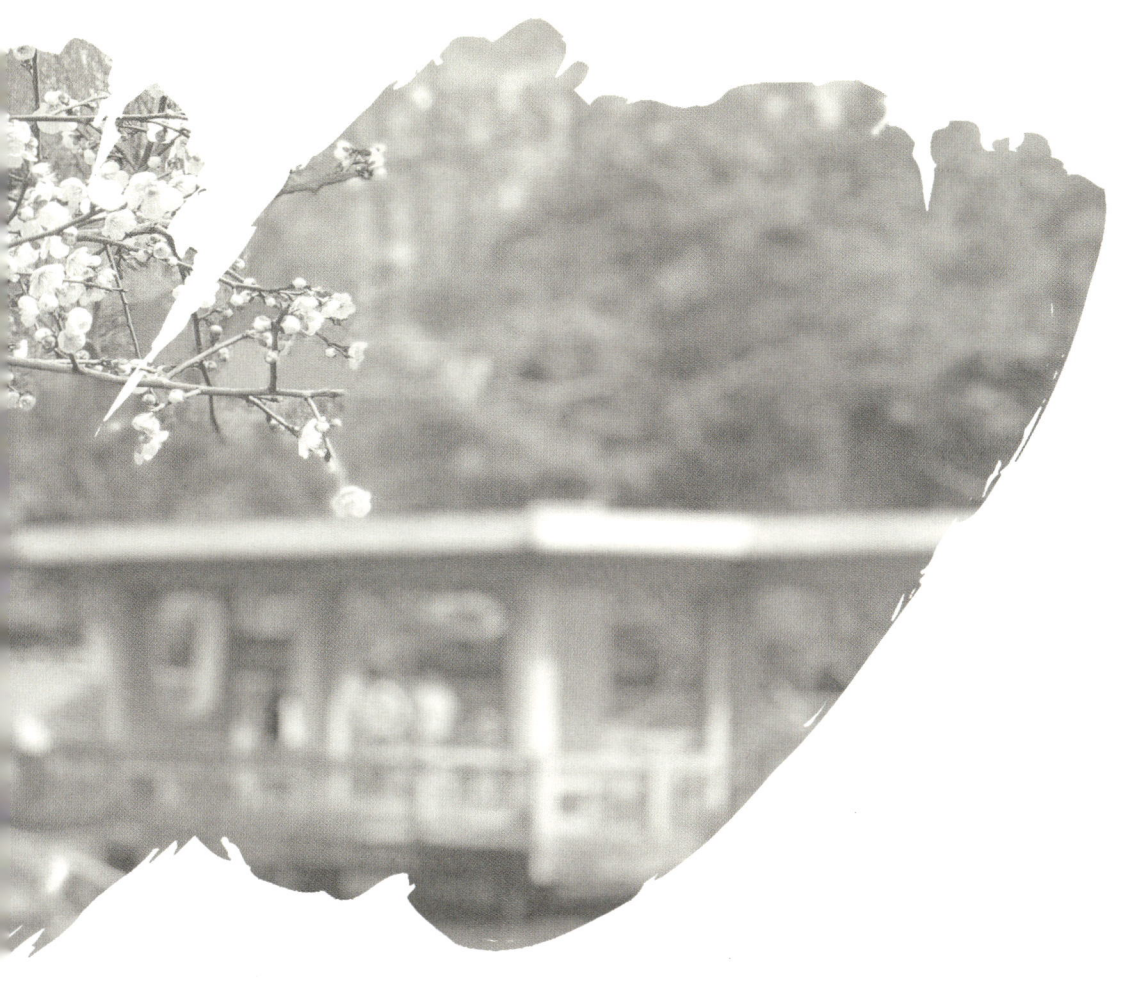

华中科技大学出版社
http://www.hustp.com
中国·武汉

图书在版编目(CIP)数据

光影华中大 / 赵砚，朱川平主编. — 武汉：华中科技大学出版社，2022.9
ISBN 978-7-5680-8742-1

Ⅰ. ①光… Ⅱ. ①赵… ②朱… Ⅲ. ①摄影集—中国—现代②华中科技大学—摄影集 Ⅳ. ①J421

中国版本图书馆CIP数据核字（2022）第163749号

光影华中大
Guangying Huazhongda

赵　砚　朱川平　主编

策划编辑：杨　静　娄志敏

责任编辑：娄志敏

封面设计：刘　卉

责任校对：刘小雨

责任监印：朱　玢

出版发行：华中科技大学出版社（中国·武汉）　　　电话：（027）81321913
　　　　　武汉市东湖新技术开发区华工科技园　　　邮编：430223

印　　刷：中华商务联合印刷（广东）有限公司

开　　本：889mm×1194mm　　1/12

印　　张：14.5　　插页：2

字　　数：50千字

版　　次：2022年9月第1版第1次印刷

定　　价：138.00元

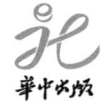

光影华中大

崔崑

前 言
Preface

　　这是一本出自华中大师生员工之手，以华中大的四时景致、人文风情为题材，展现华中大70年来发展变迁的摄影集。打开此图集，一个个熟悉的校园场景向我们走来，回忆的匣子被瞬间开启，无数华中大人弦歌不辍、步履铿锵的奋斗故事就这样跃然纸上、扑面而来。

　　根本固者，华实必茂；源流深者，光澜必章。

　　在华中科技大学建校70周年之际，为营造良好的校庆氛围，进一步推动校园文化建设，反映师生员工踔厉奋发、笃行不怠的精神风貌，我们面向全校师生员工开展了"与共和国同行，与新时代共进"庆祝建校70周年摄影作品征集活动，并将优秀作品结集成册，以飨读者。

　　本图集的编辑出版工作由校工会联合校团委、离退休工作处具体实施，得到了宣传部、新闻与信息传播学院、图书馆、出版社等院系、机关和直附属单位，喻家山影像社、同济医学院教职工书画摄影协会等群众性社团组织的大力支持。来自华中大各院系、机关、直附属单位的广大师生员工热情参与、积极投稿，以近1500幅摄影作品向华中大表白、向共和国献礼，囿于篇幅有限，本图集仅作部分展示。

本图集上篇聚焦校园风景，主要收录光影下的华中大景致，下篇聚焦校园生活，主要收录镜头前的华中大师生。一张张生动的照片，突出反映了学校建校以来取得的显著成绩，集中展现了"森林式大学"树木葱茏、碧草如茵的校园风貌，深情表达了师生员工对新时代的歌颂，对党和国家的热爱，对美好生活的期许和对华中大的情谊。

好的摄影作品不仅是时代最鲜活的记录，还传递着难以言喻的温度和情感。通过它们，我们能有幸回到历史的现场，目睹每个历史节点的光辉璀璨，欣赏四时的校园风光，也感受每个普通人所付出的卓绝努力，明白黄金时代在我们面前，而不是身后。

江山自雄丽，喻园多妩媚。让我们打开这本图集，在繁忙的学习、工作、生活之余，回溯历史的脉络、时代的律动和思想的驰骋，认识天地之壮美，体验生命之蓊郁，感受信仰之崇高，也希望本图集能够激励更多的摄影艺术爱好者用影像记录历史，创作出更多更精彩的作品，弘扬中华美育精神，观照历史、观照时代！

目 录
Contents

上篇　缤纷校园

下篇　多彩生活

上篇

缤纷校园

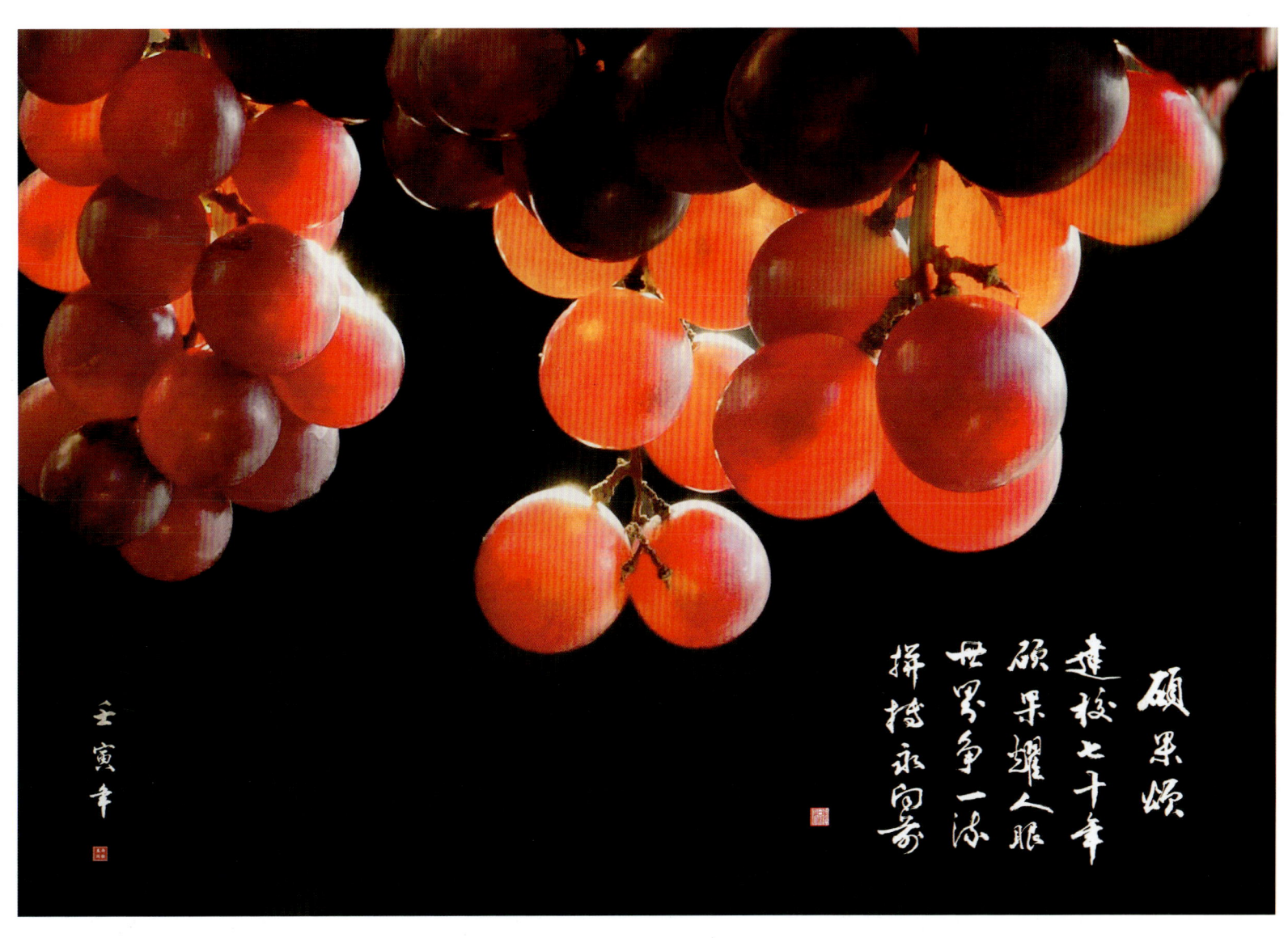

硕果颂

建校七十年
硕果耀人眼
世界争一流
拼搏永向前

壬寅年

硕果颂 周治平（校机关）

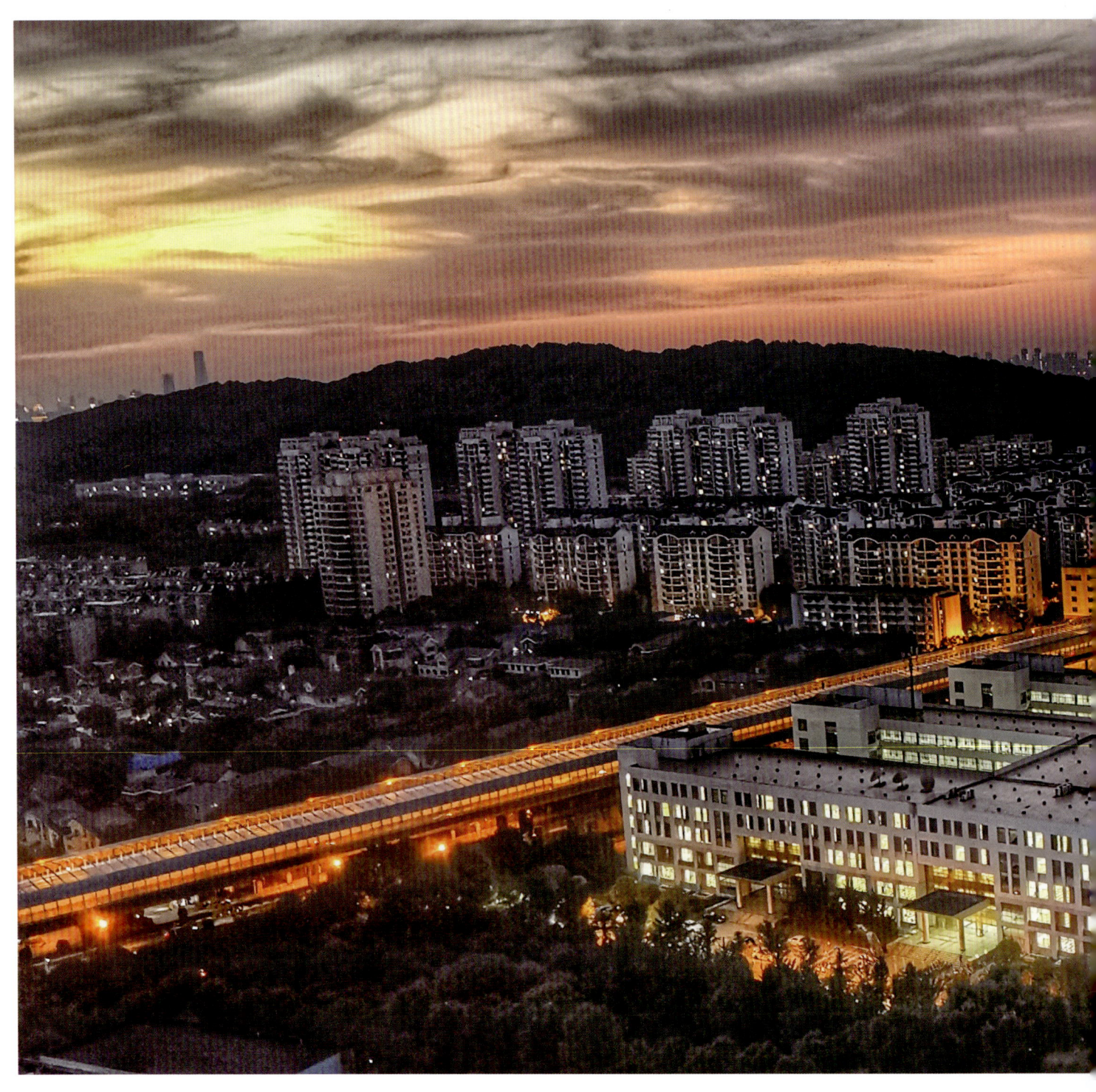

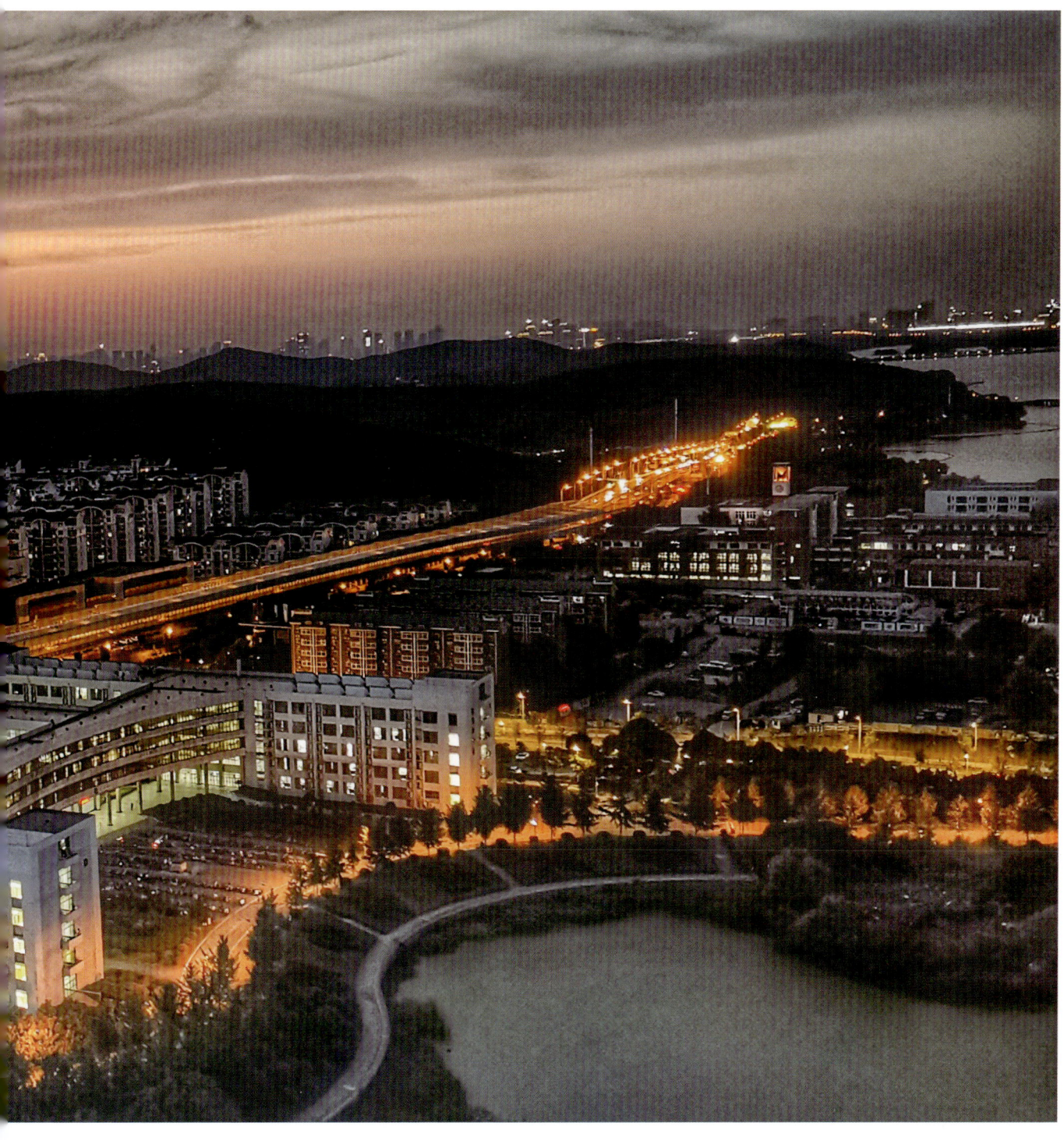

夕阳下的东九楼　邹志革（光学与电子信息学院）

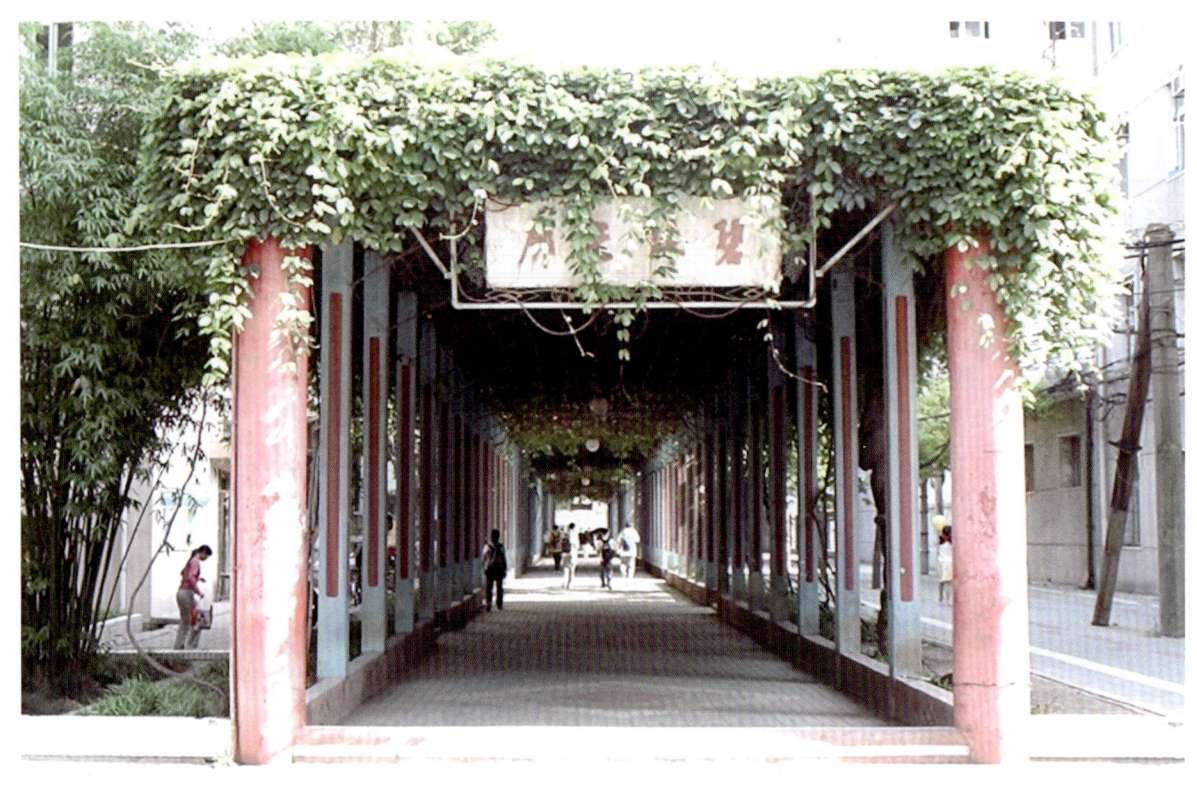

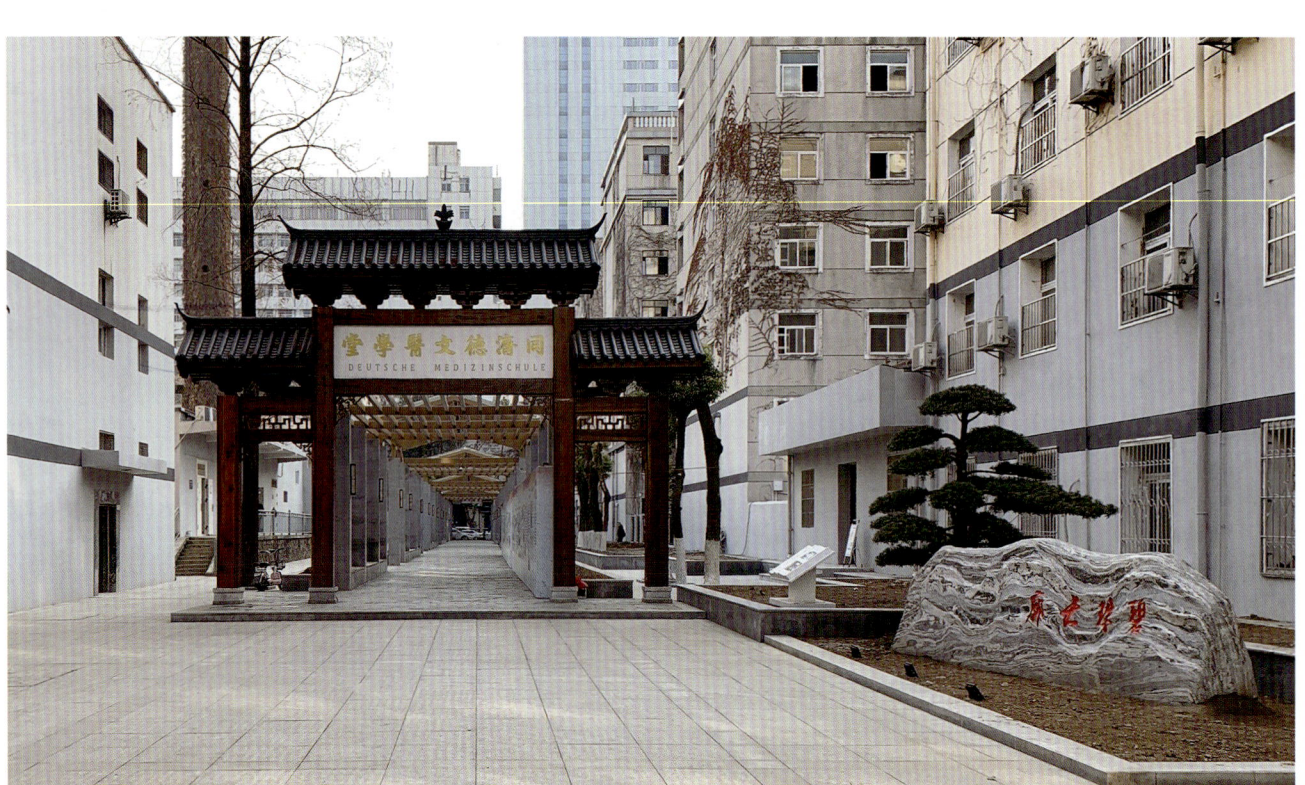

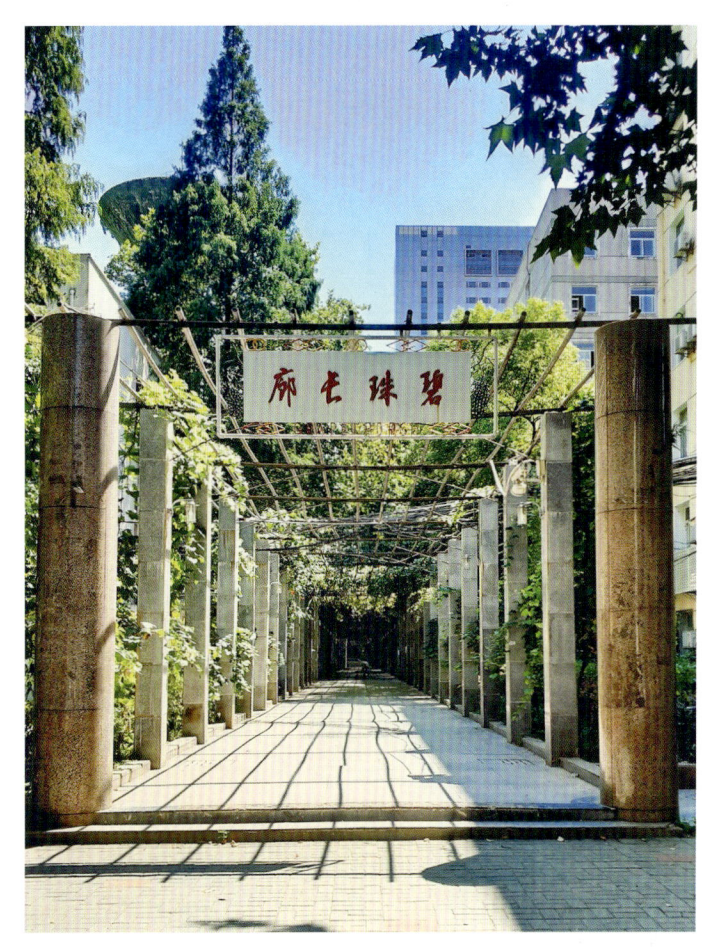

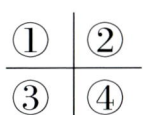

① 1990 年初建
② 2000 年翻修
③ 2021 年重建
④ 重建说明

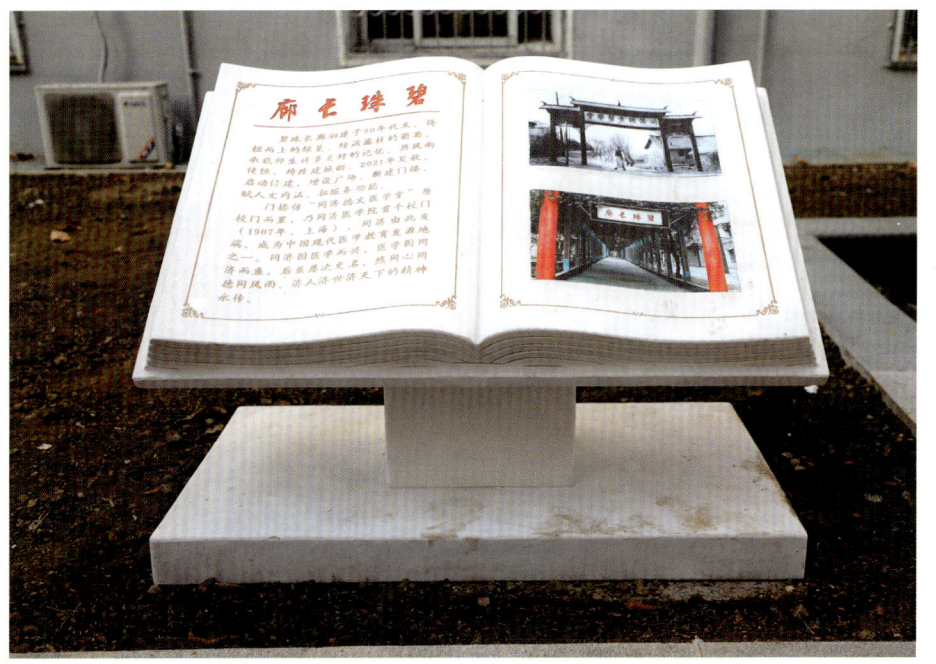

建校纪念碑　张道宝（外国语学院）

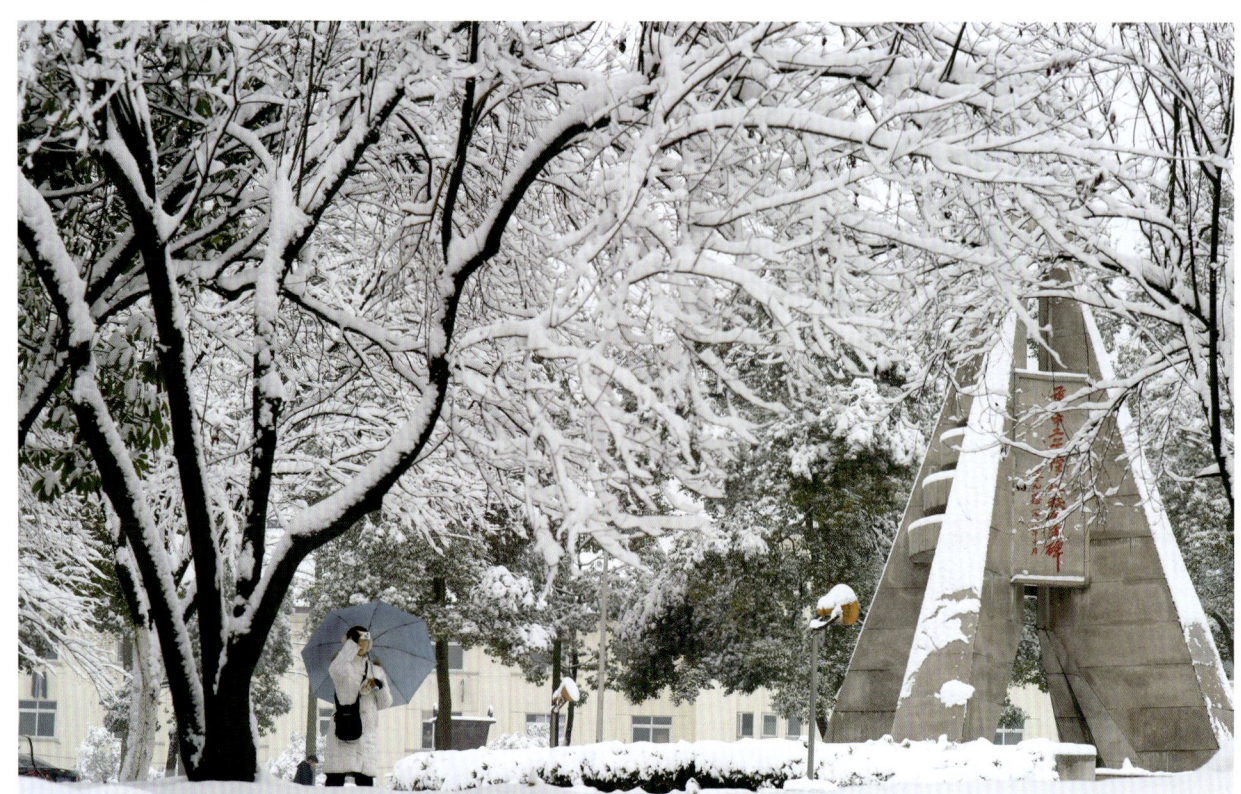

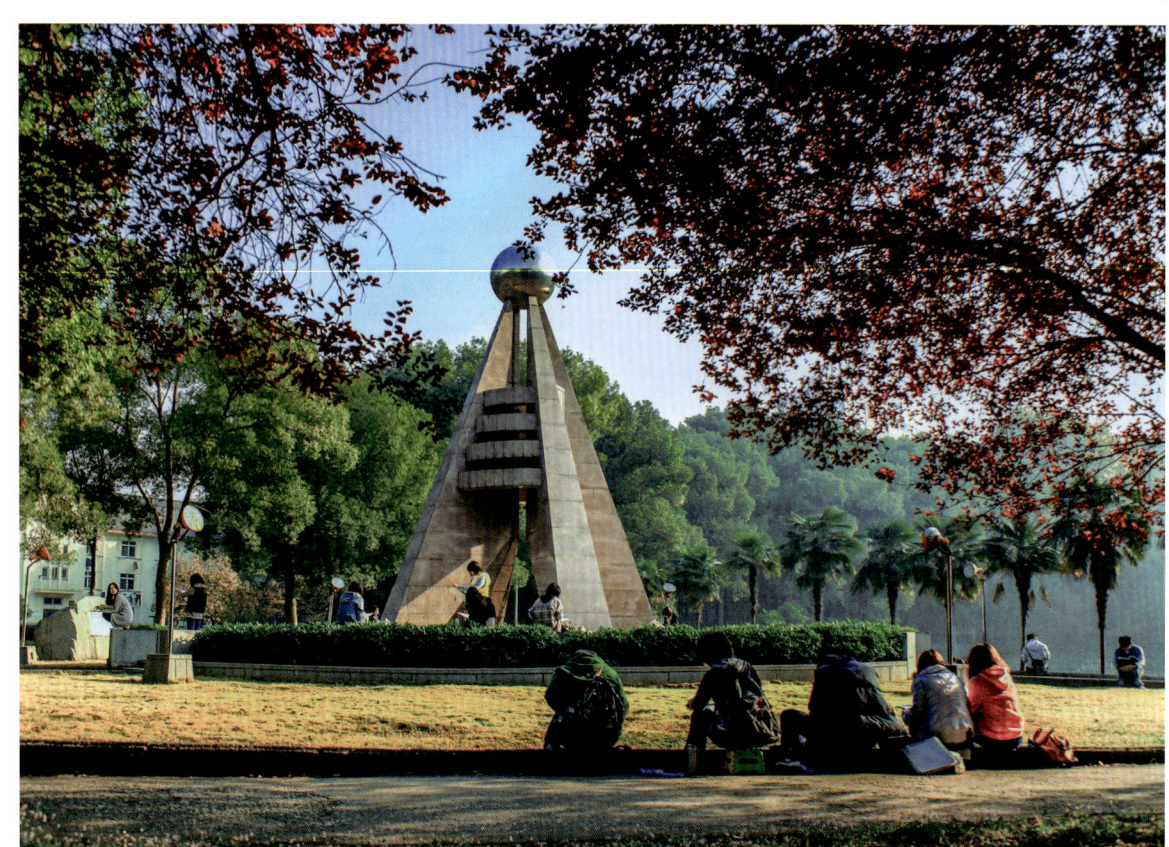

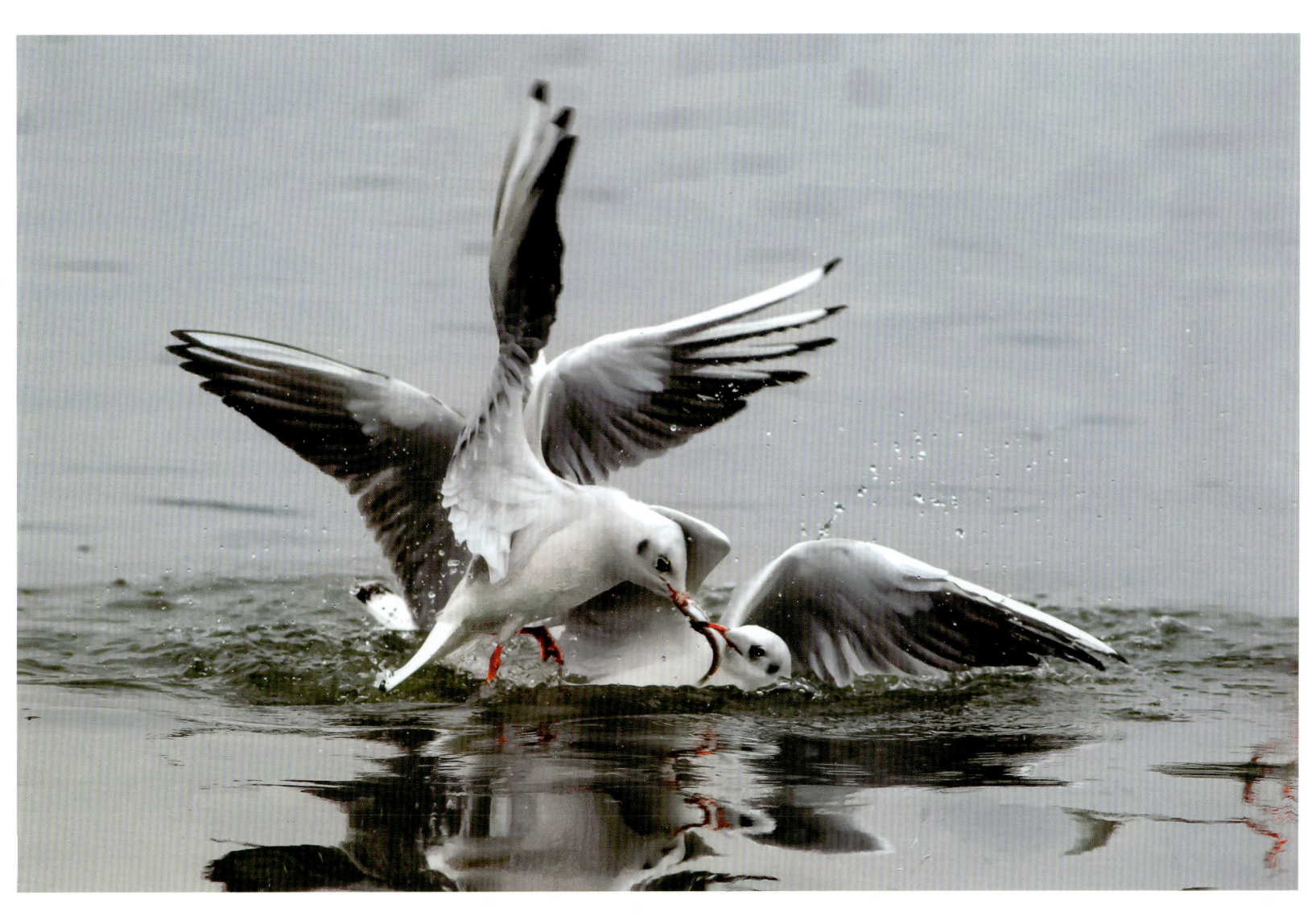

喻家湖上红嘴鸥　秦敬（机械科学与工程学院）

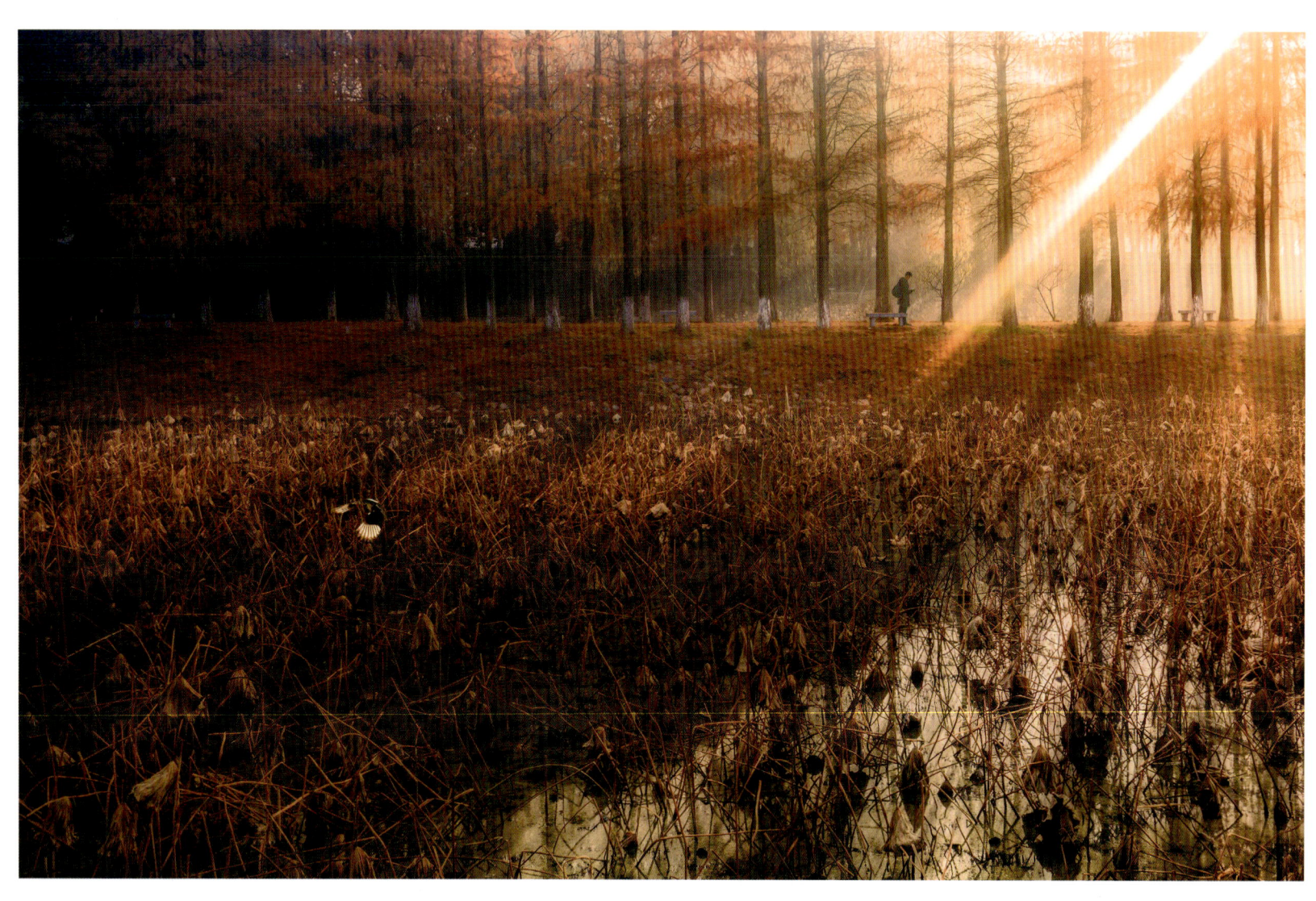

荷塘秋色 张开泉（现代教育技术中心）

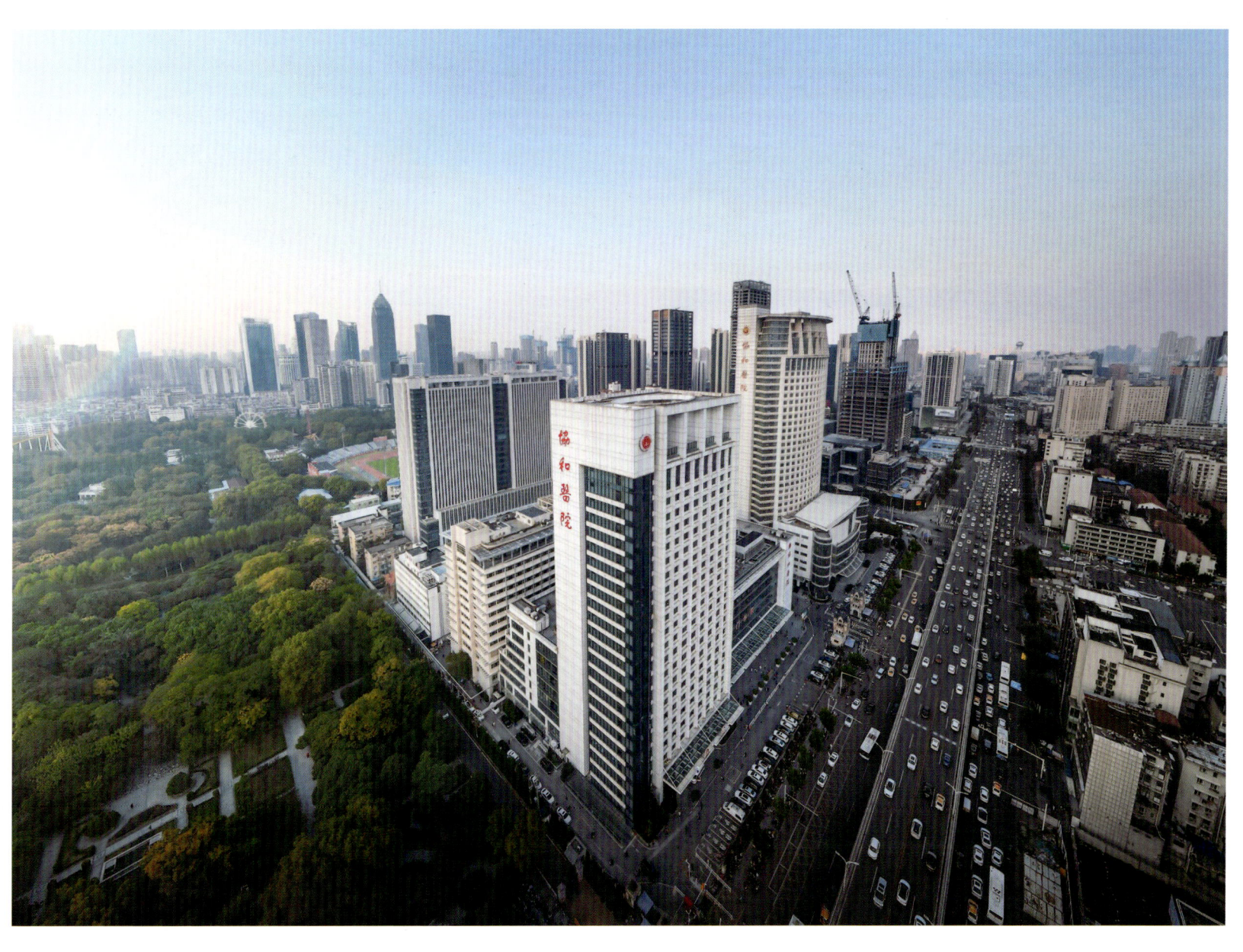

晨曦下的协和医院　李健斌（协和医院）

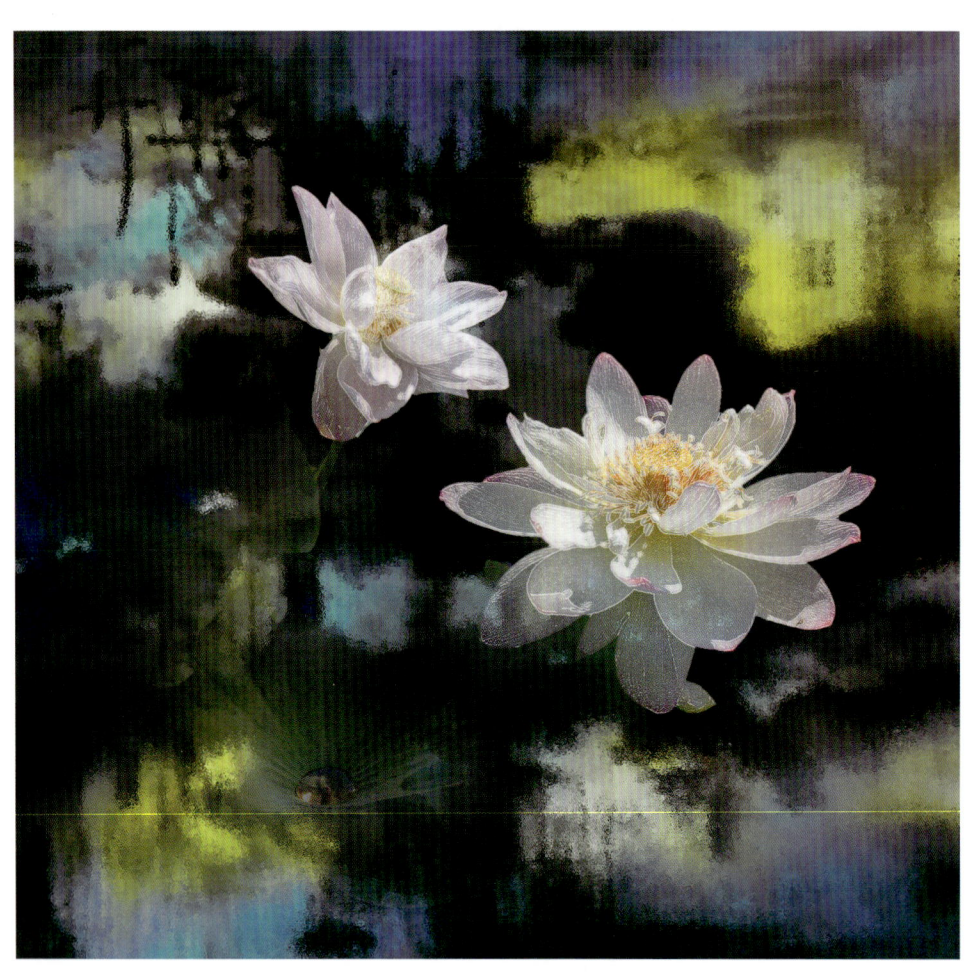
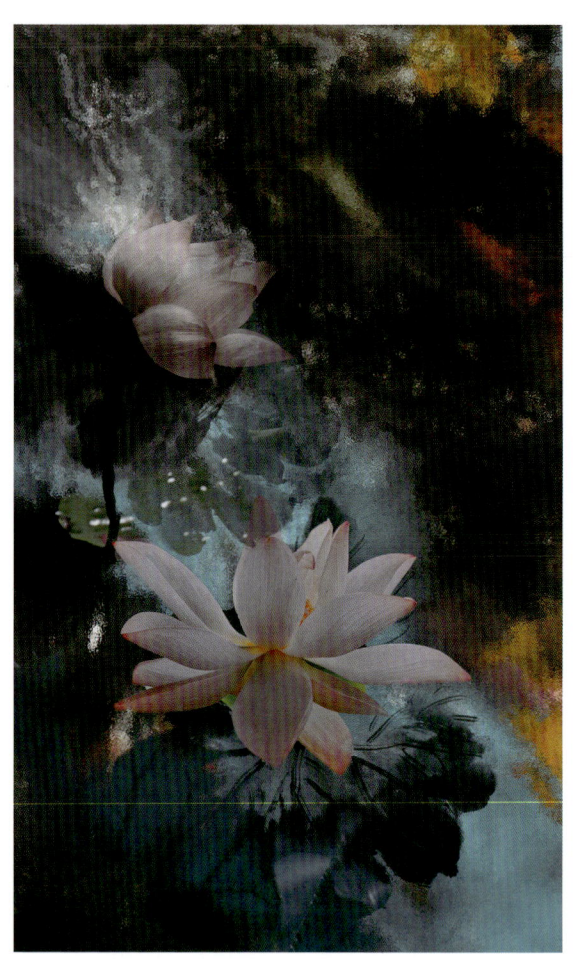

重彩荷花　谢世辉（电子信息与通信学院）

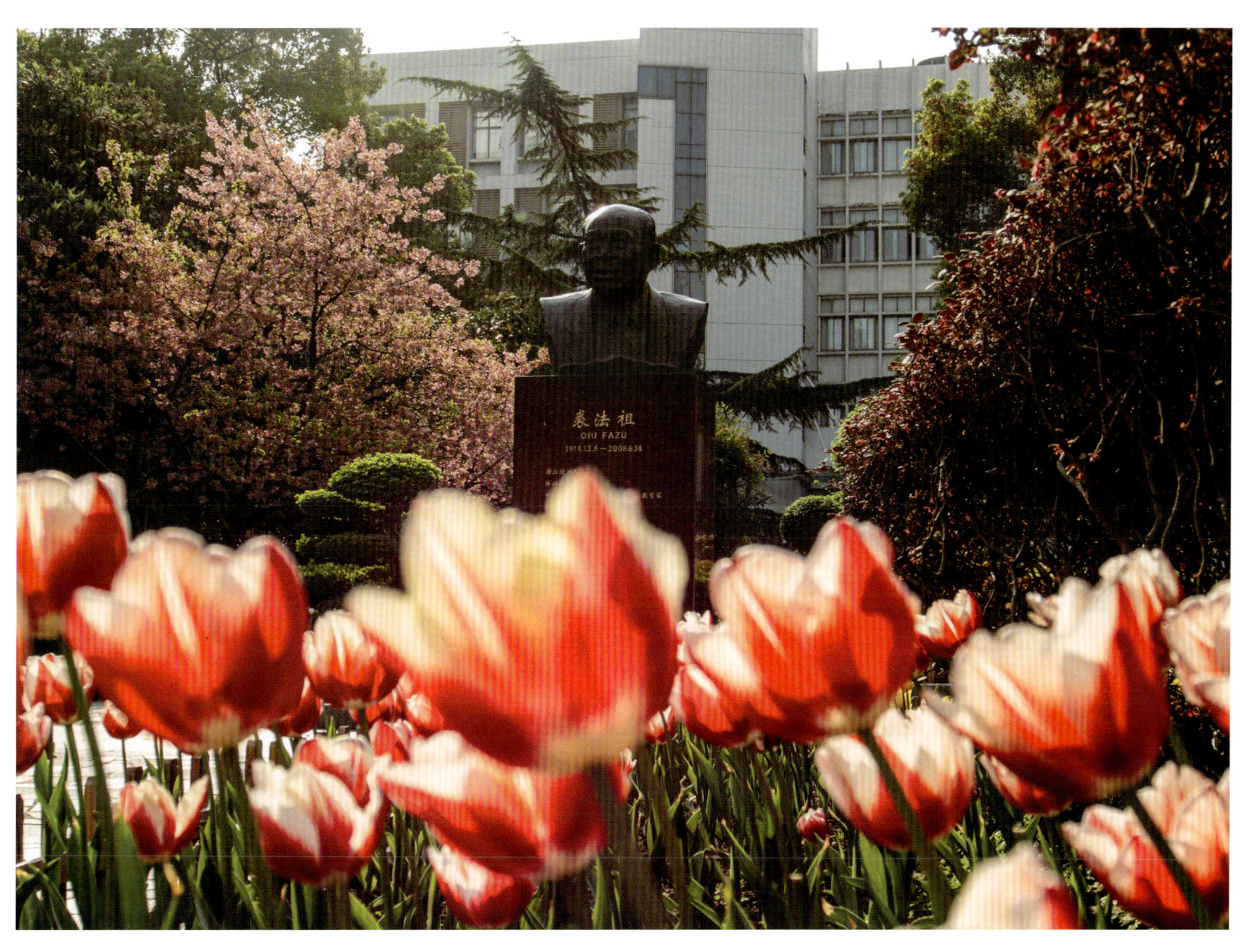

待到山花烂漫时　张浩翔（协和医院）

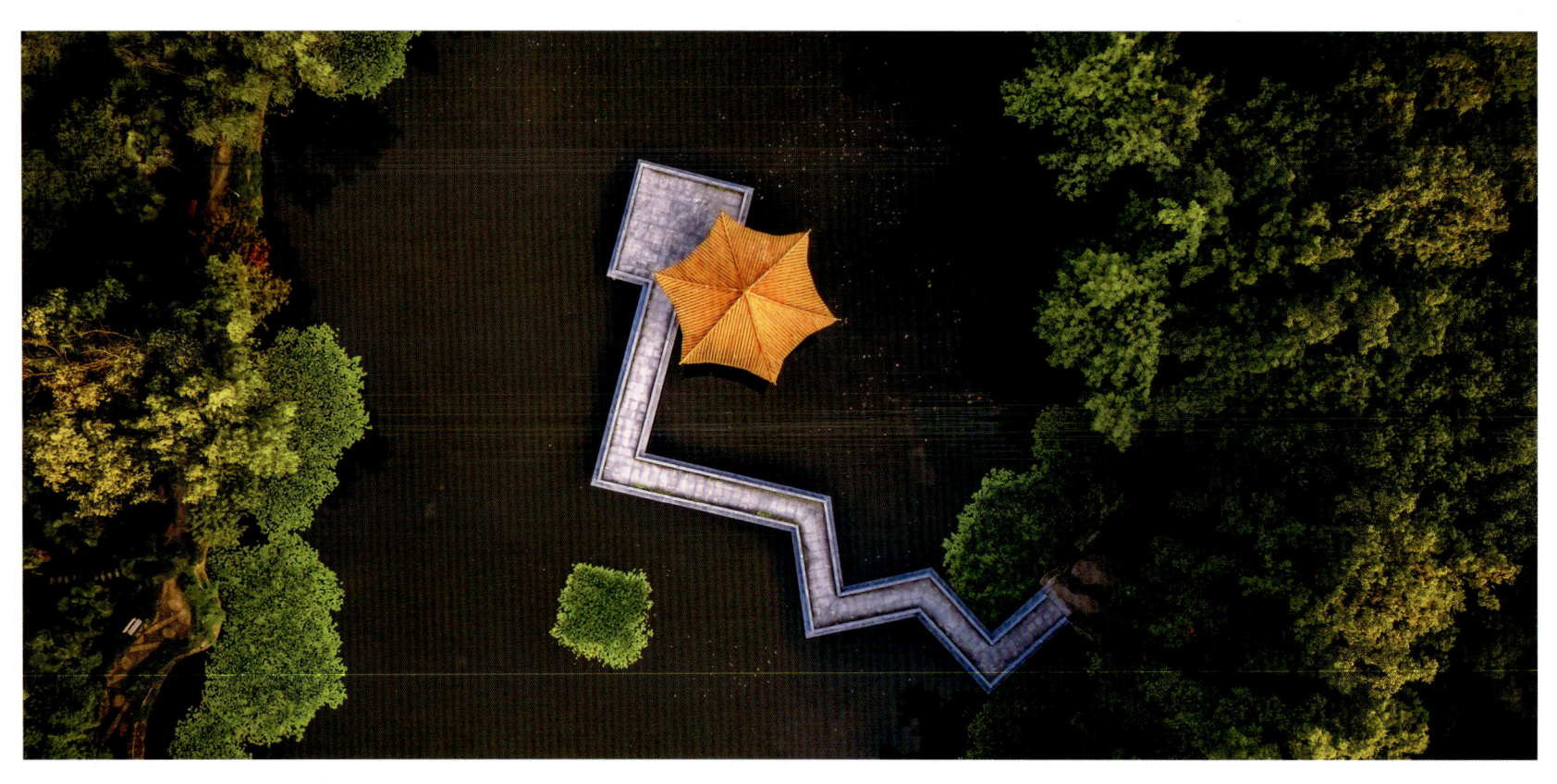

美丽校园一角——醉晚亭　沈明（档案馆）

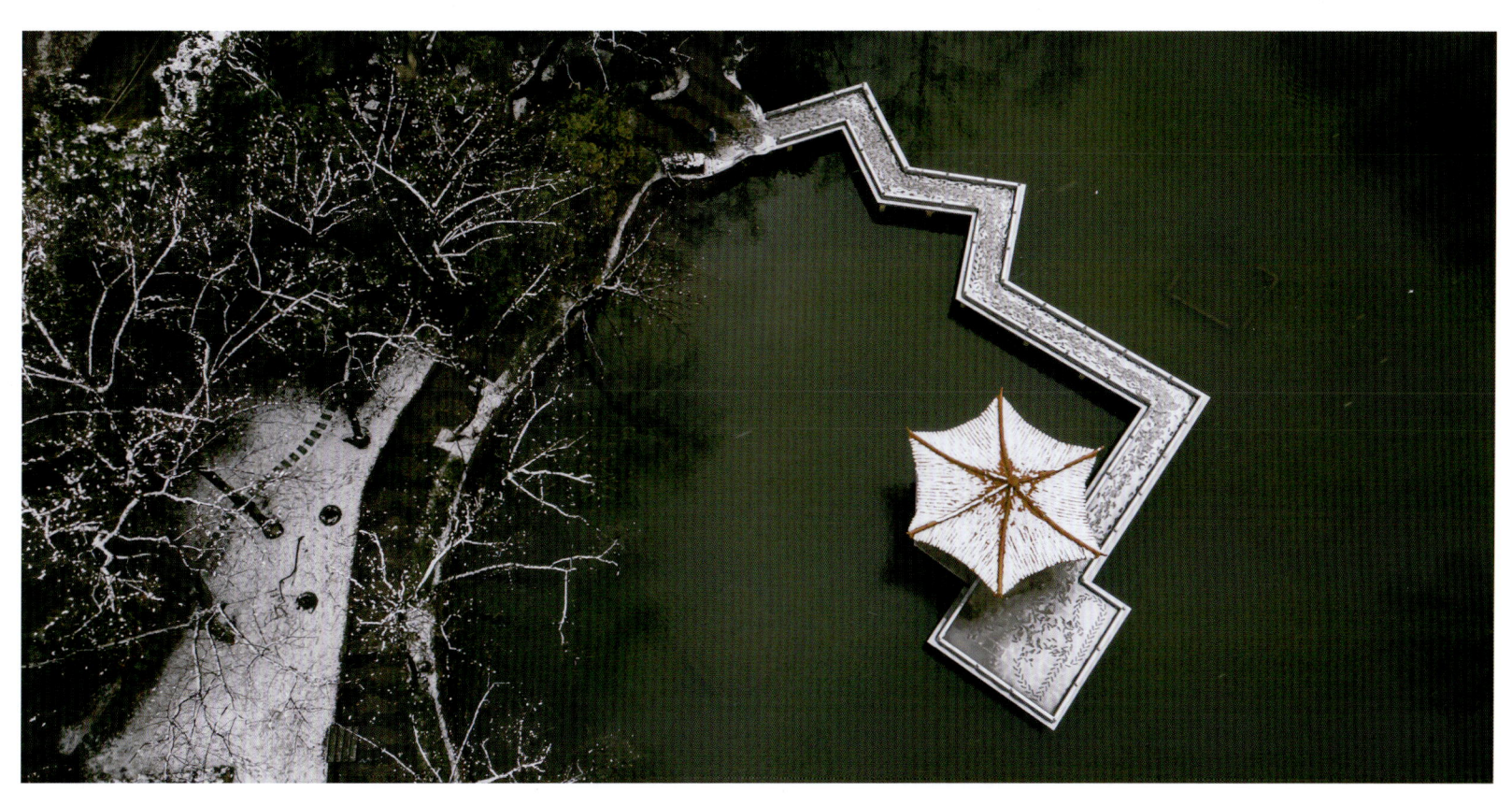

有故事的醉晚亭　罗建敏（校机关）

梅林深深　刘新文（图书馆）

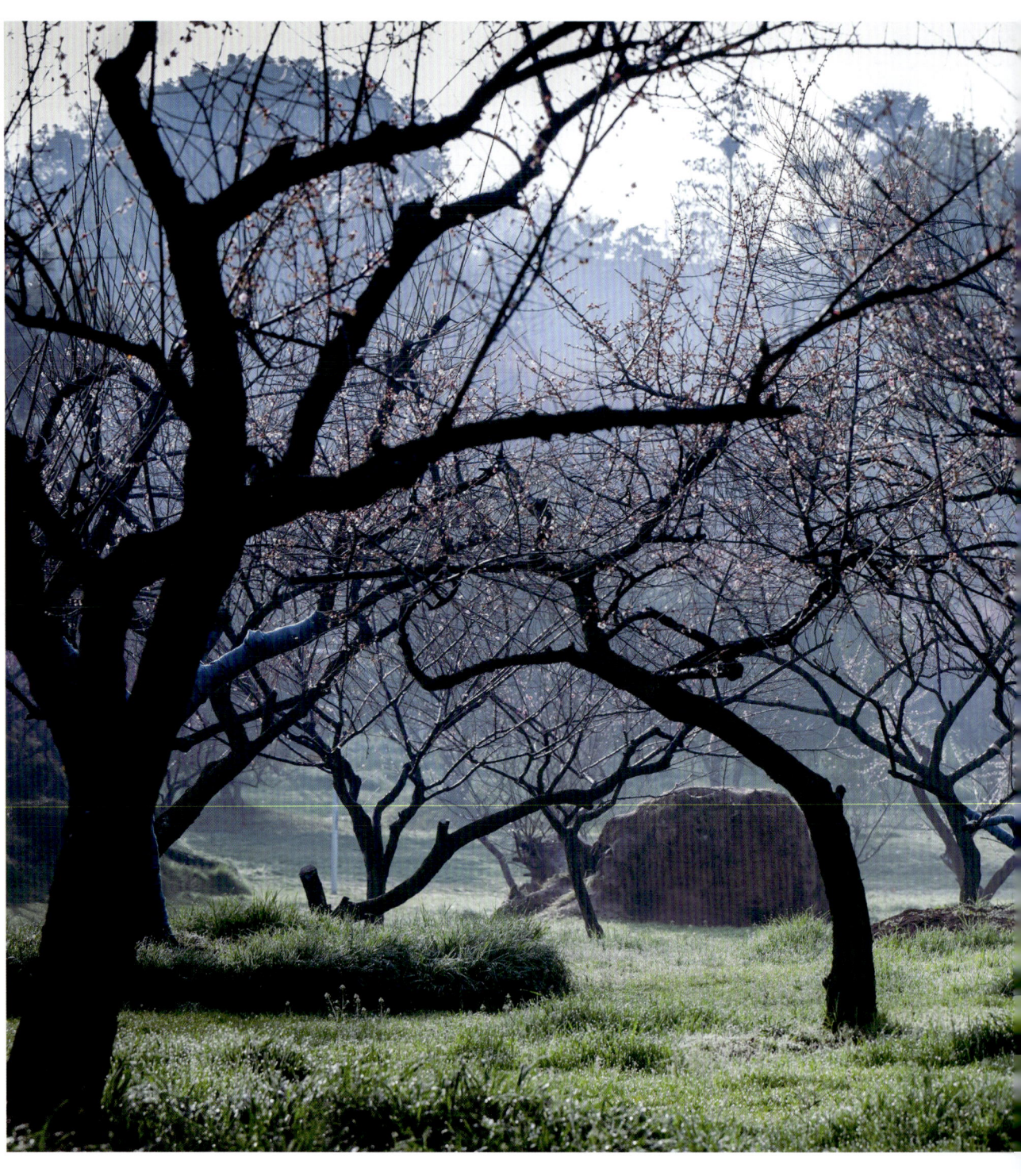

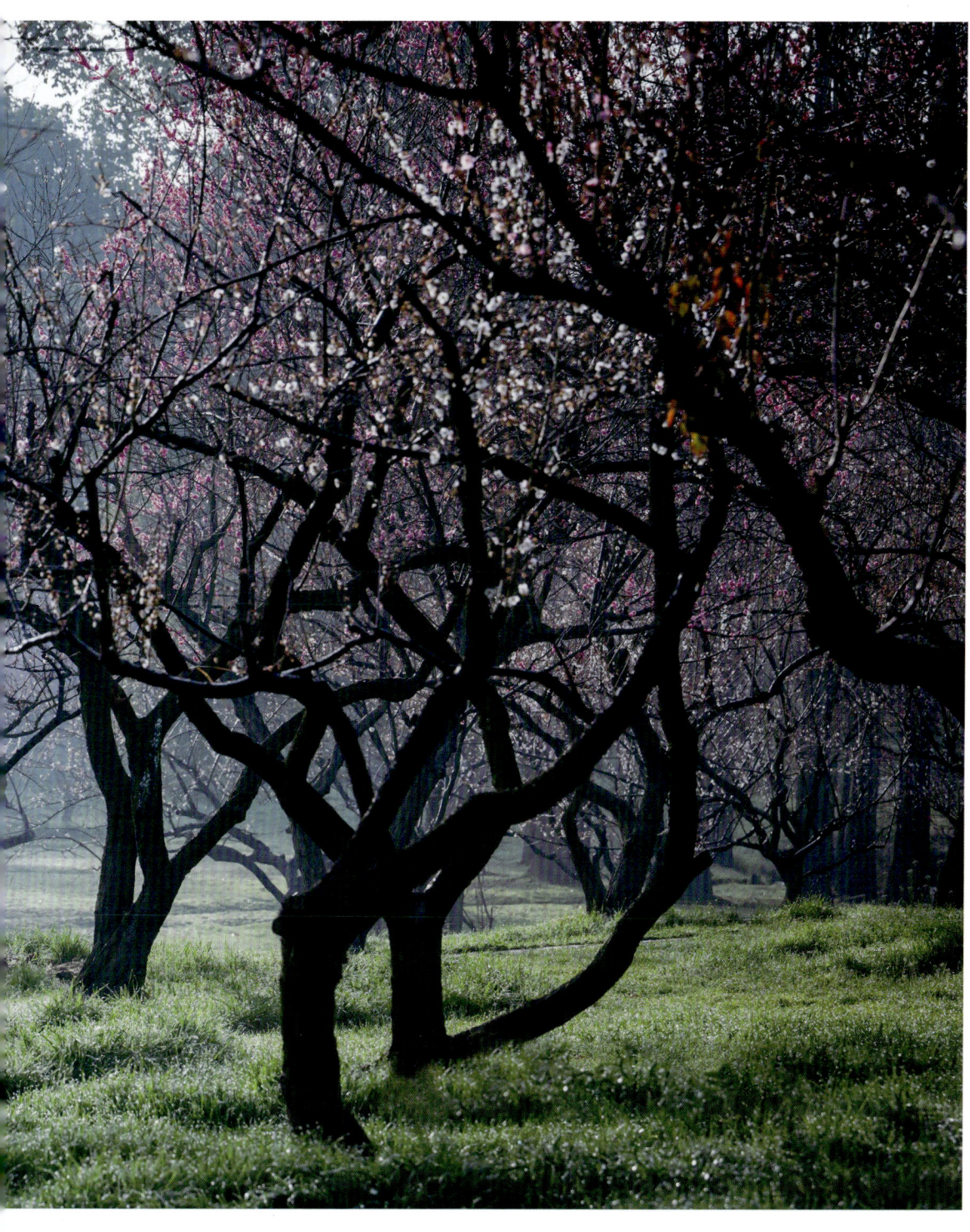

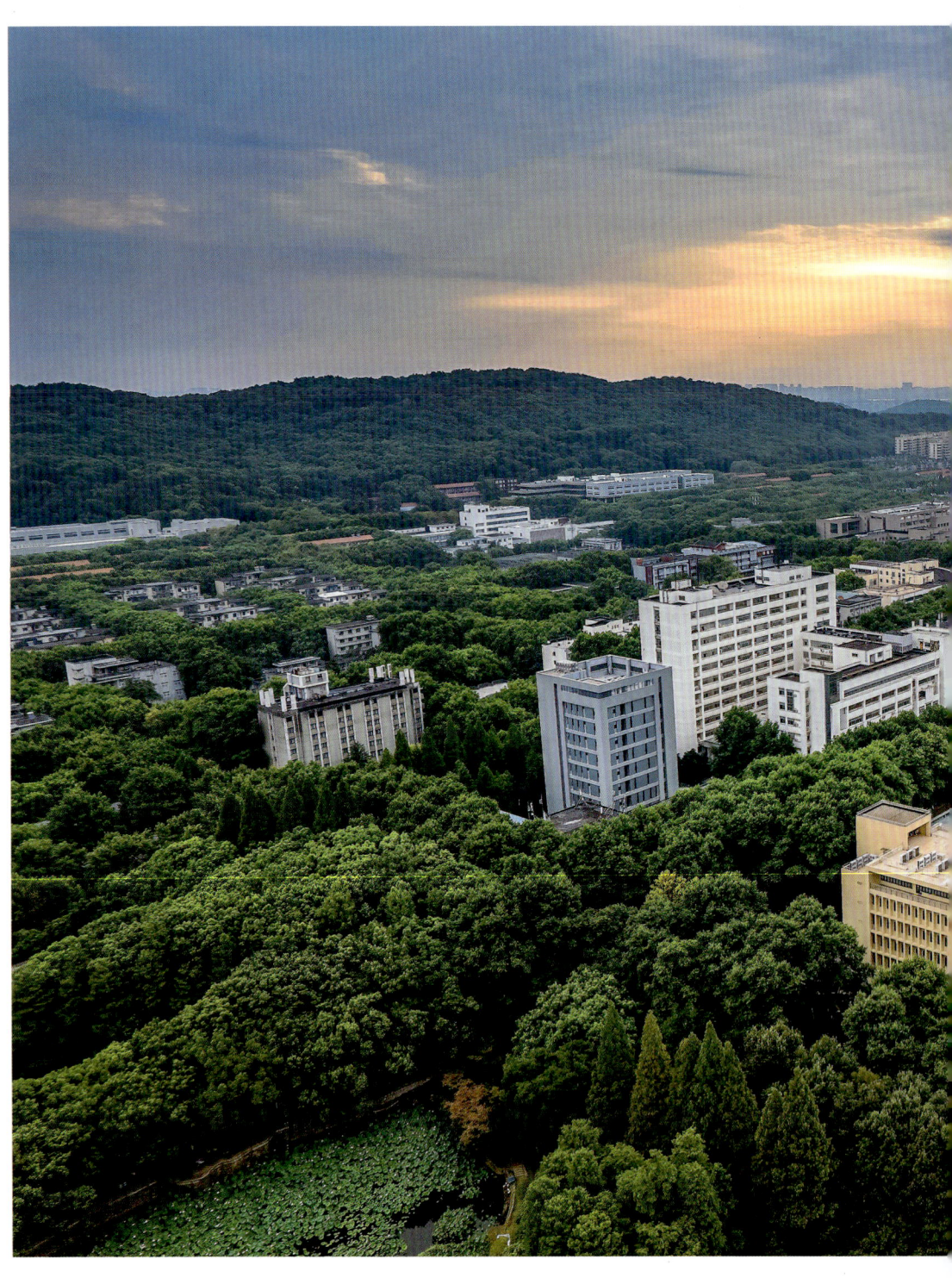

档案馆、图书馆楼群 沈明（档案馆）

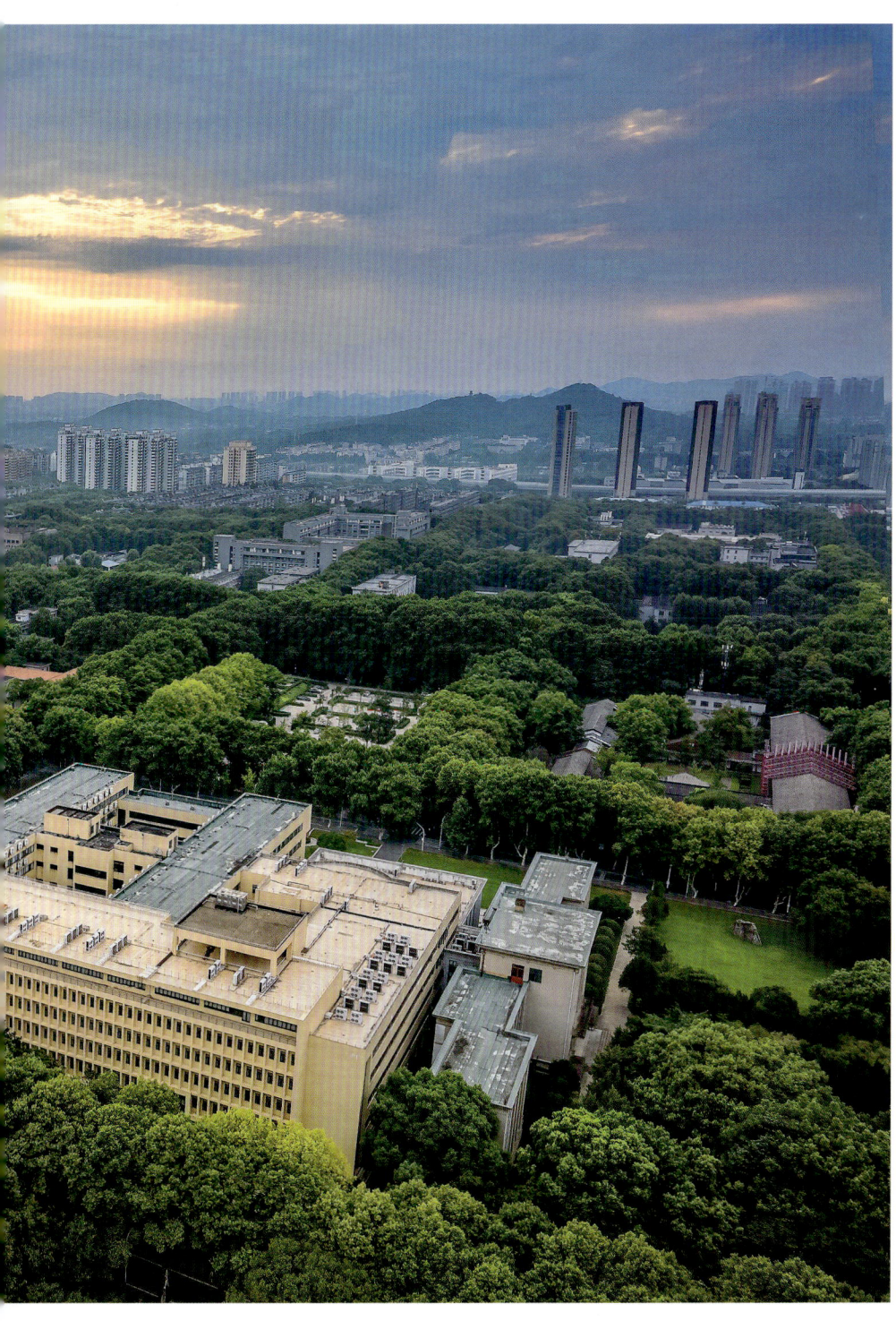

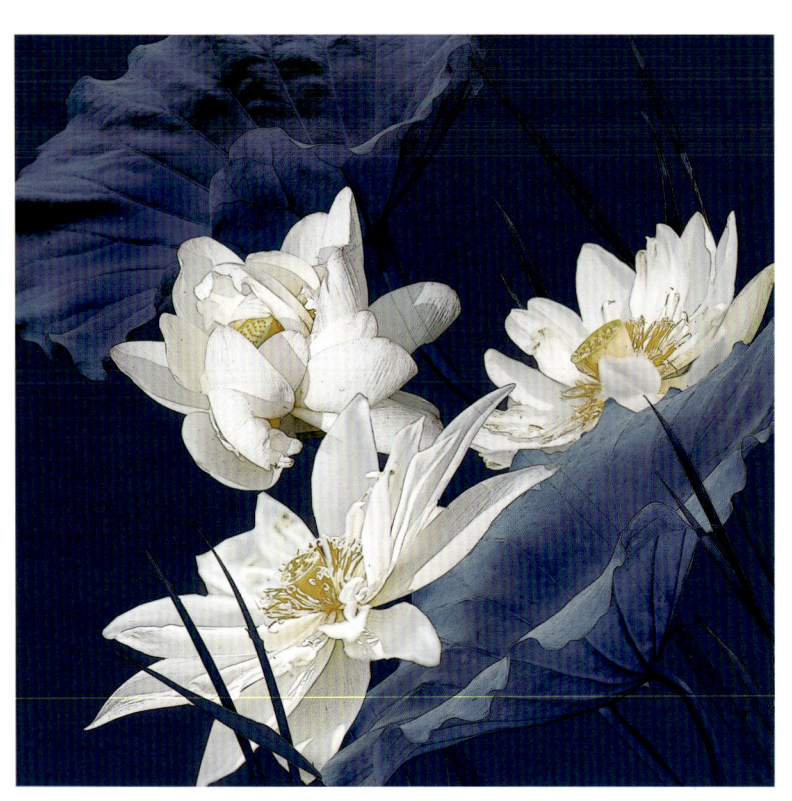
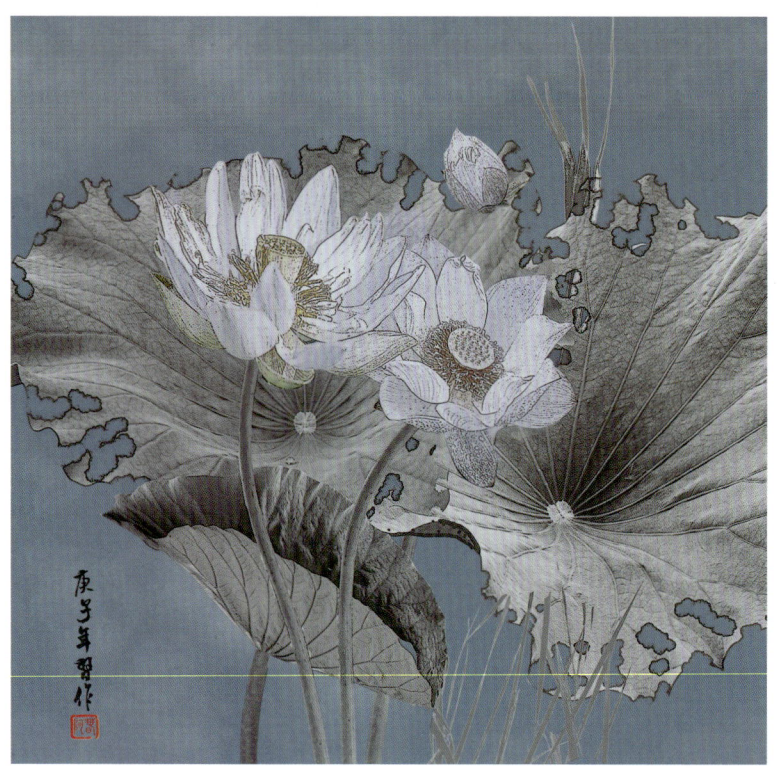

工笔荷花　谢世辉（电子信息与通信学院）

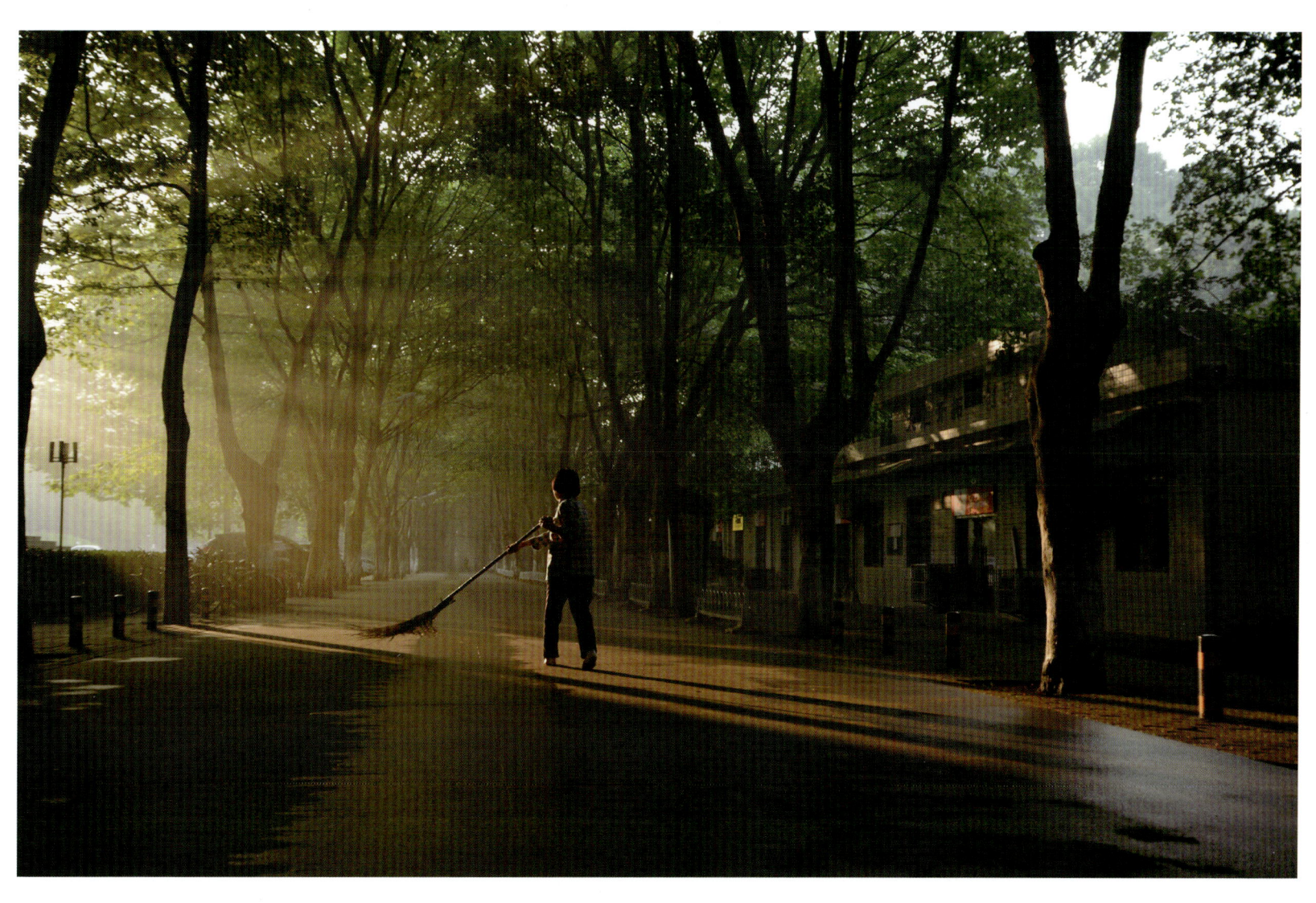

晨曦　朱沉浮（校机关）

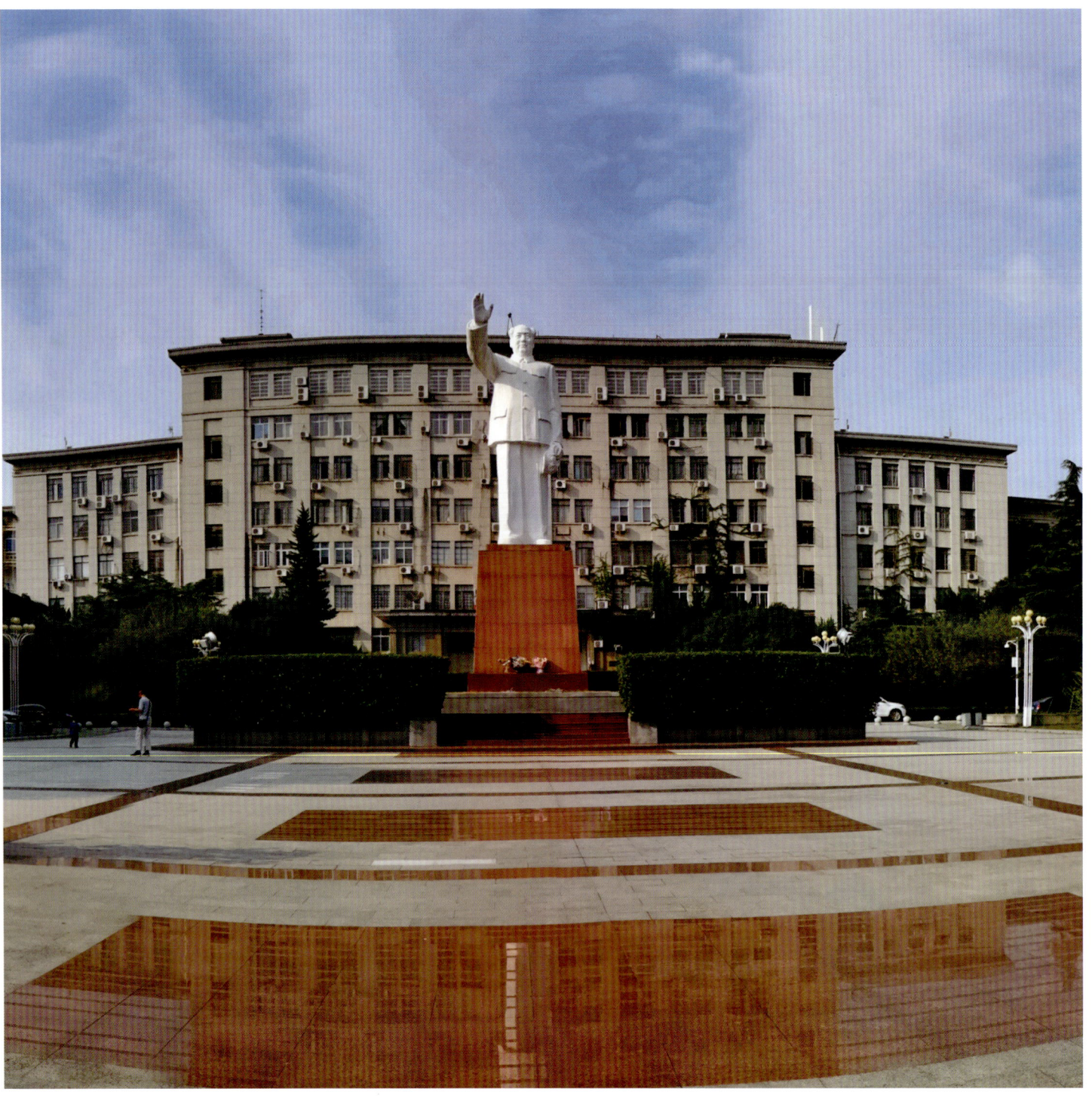

南大门广场

朱永峰（外国语学院）

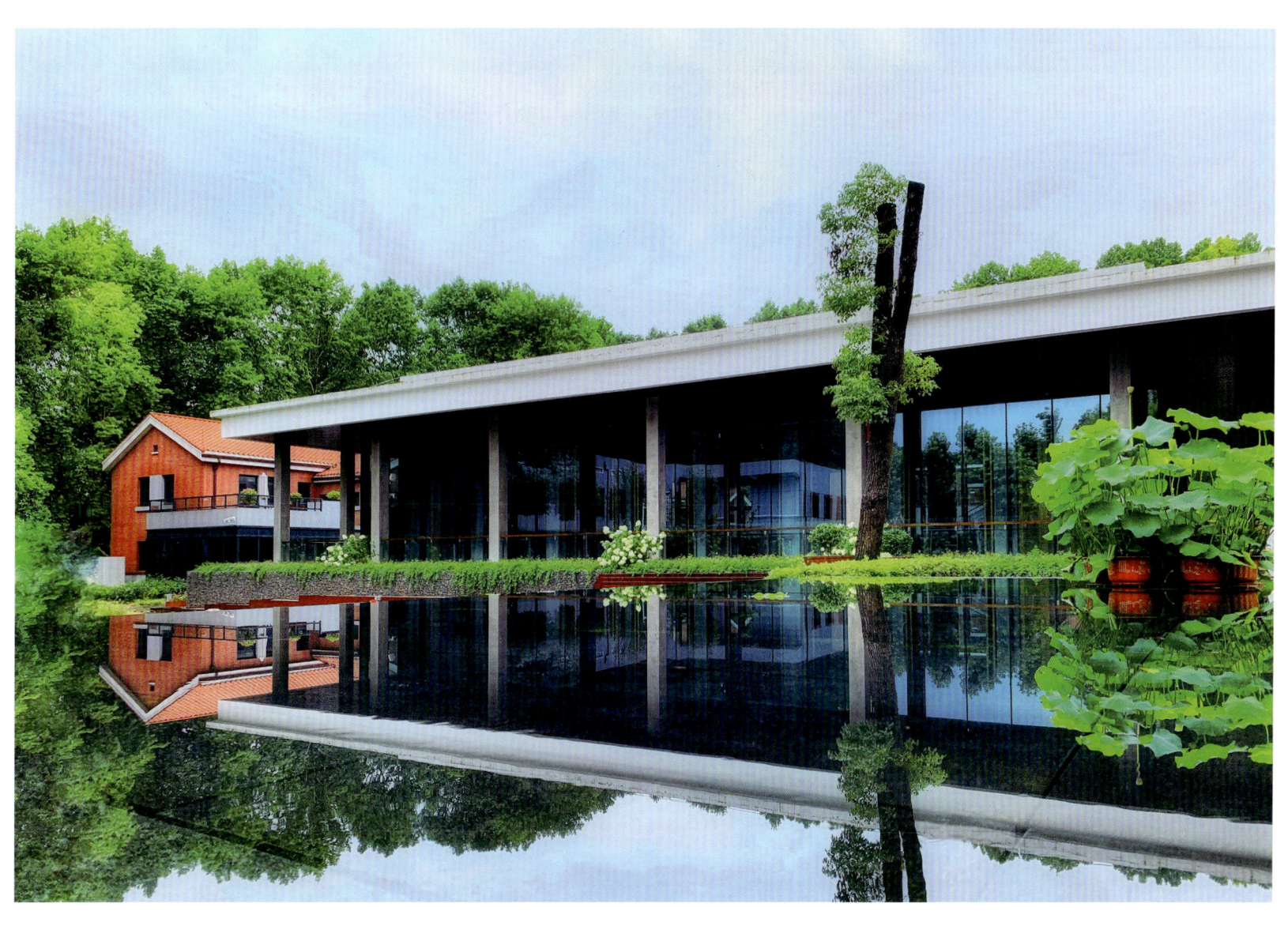

梧桐语倩影　程润文（校机关）

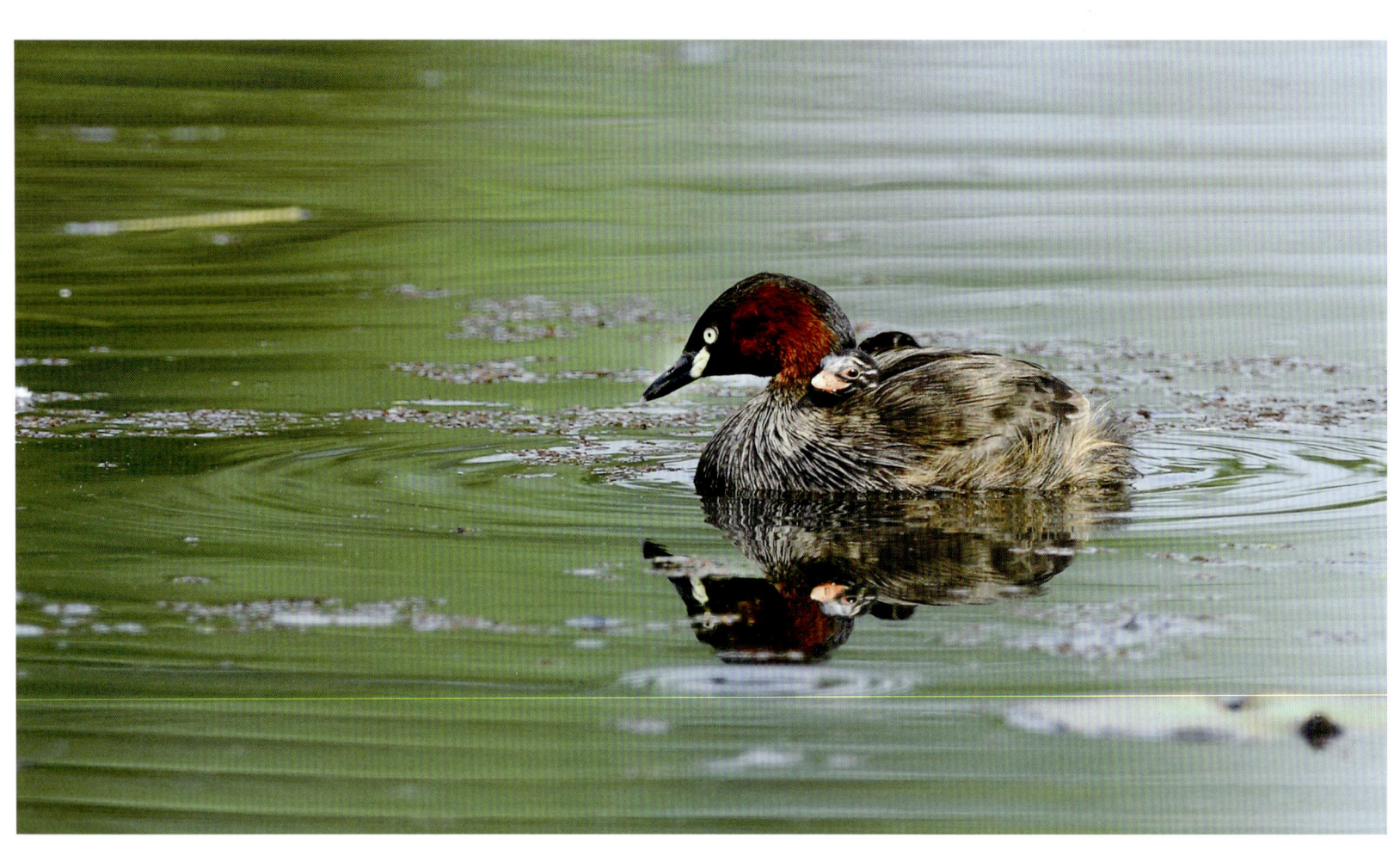

妈妈抱抱 张立志（土木与水利工程学院）

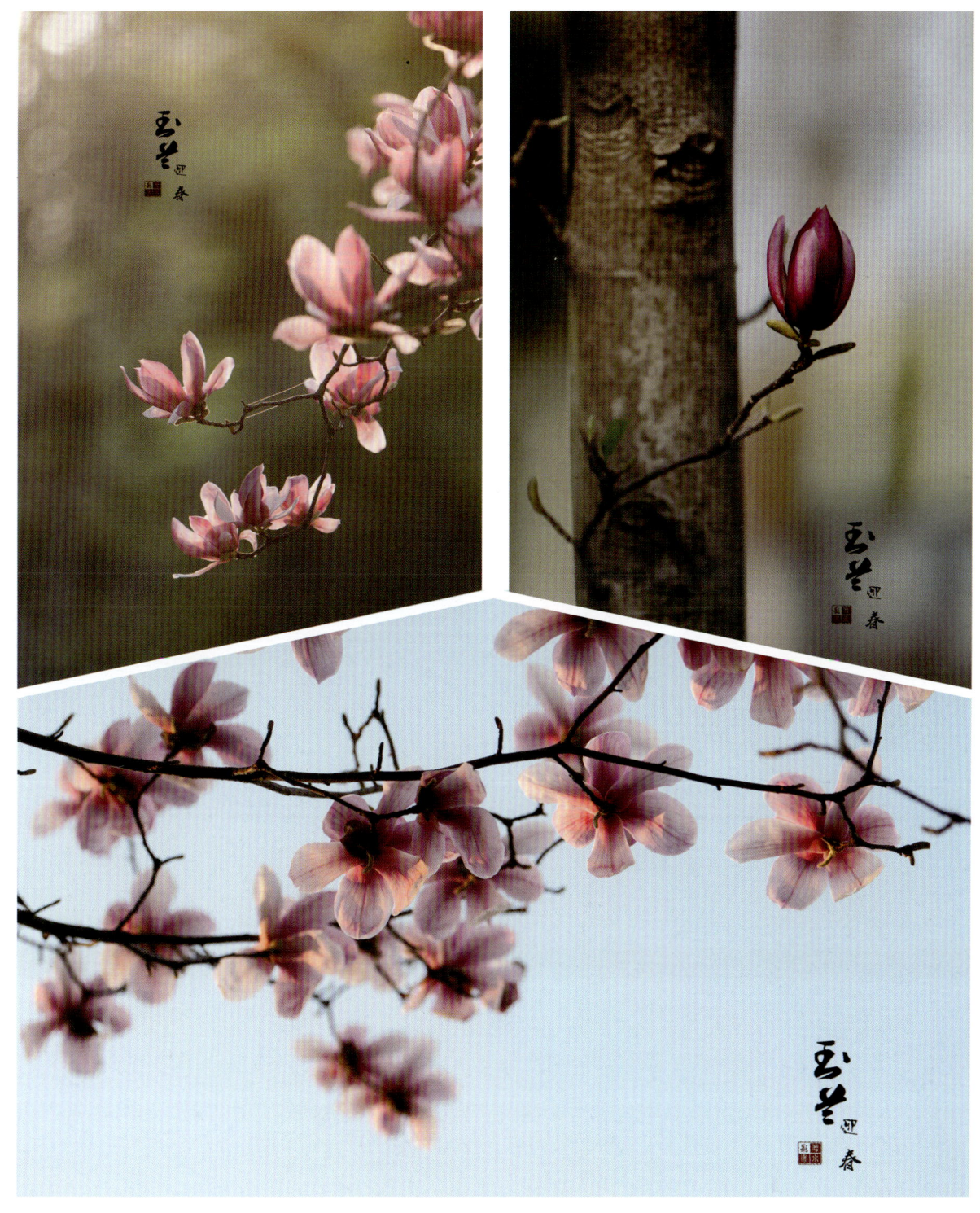

玉兰花开　张海珍（图书馆）

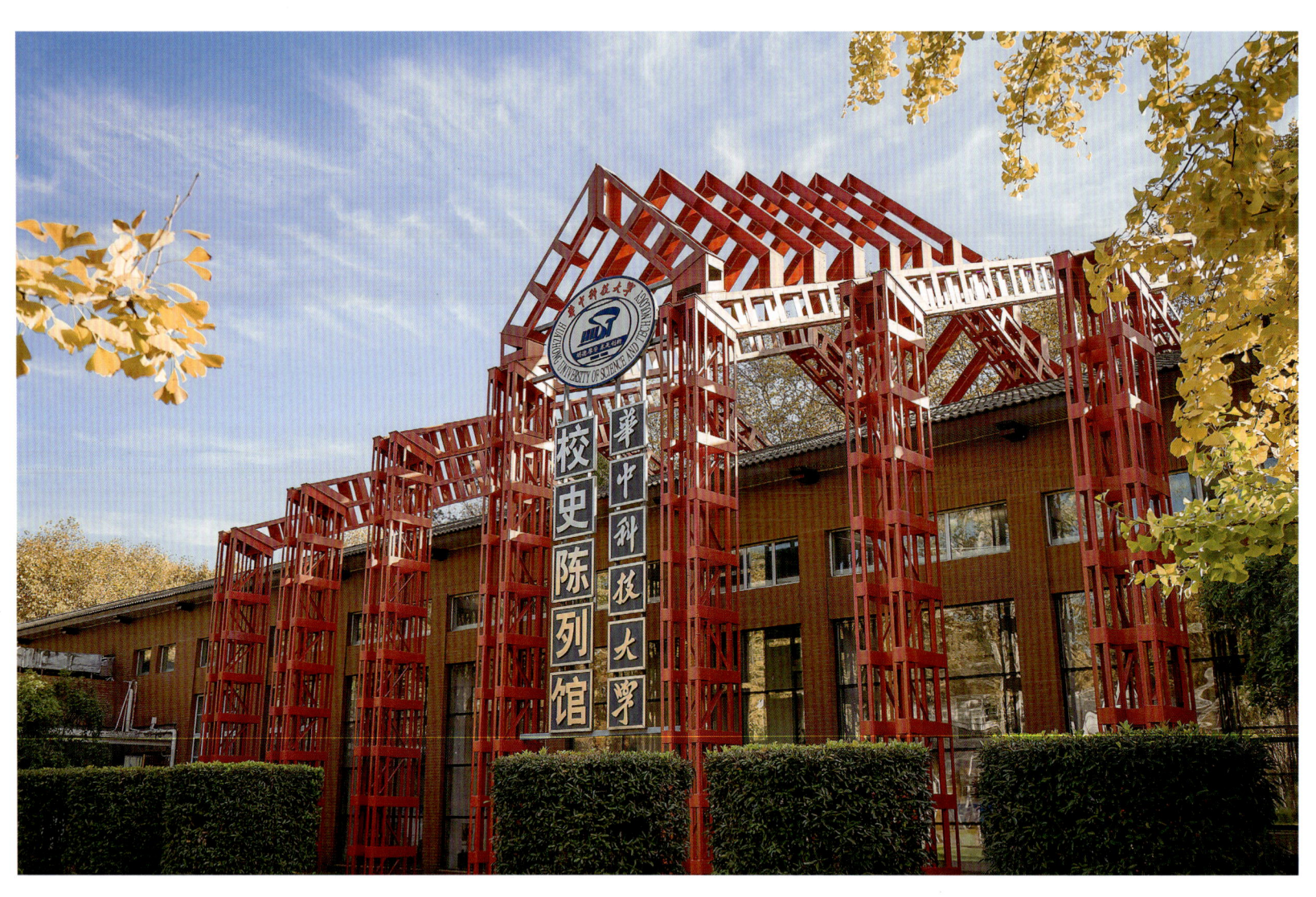

千叶轻黄妆兰台　范翠璇（档案馆）

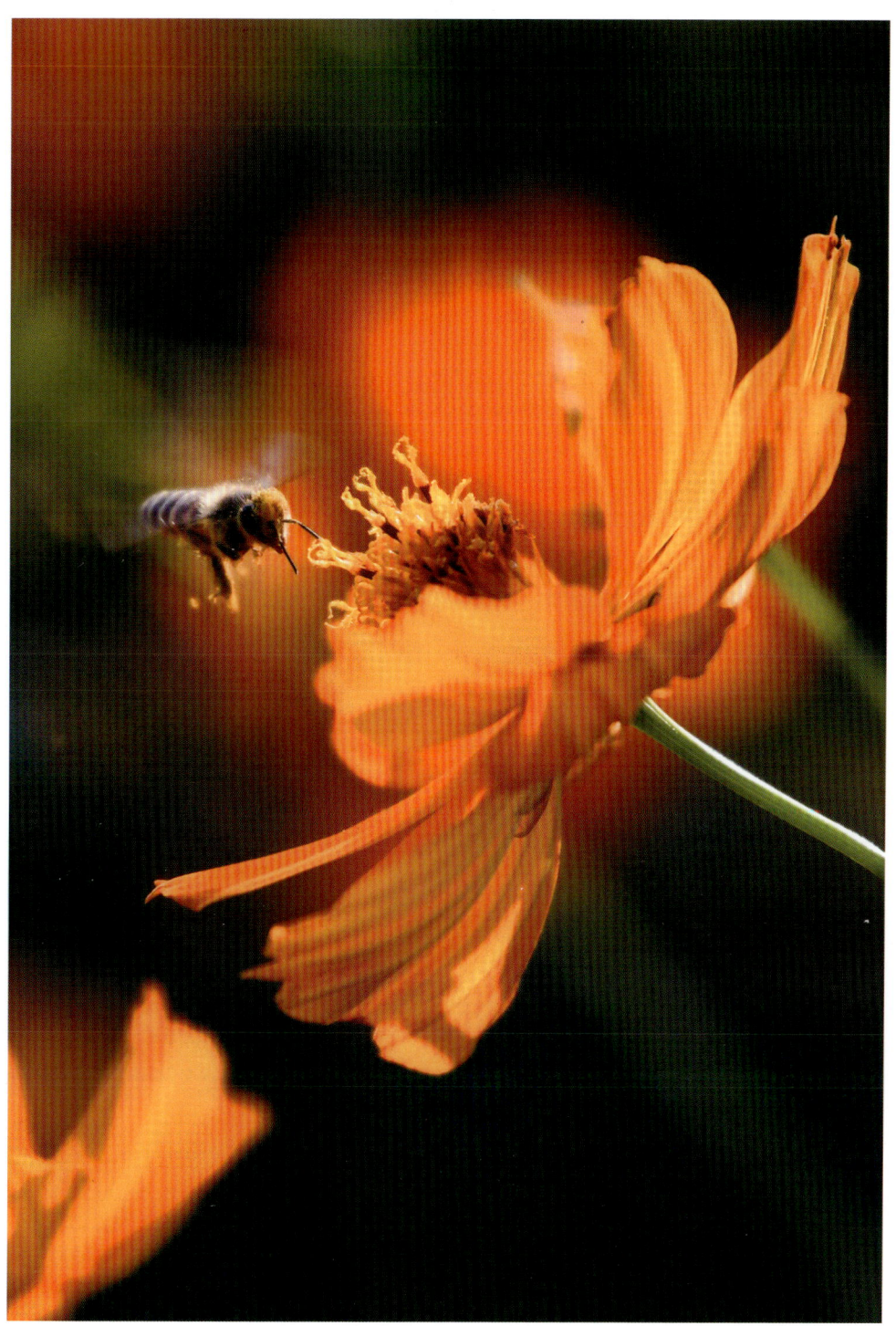

为谁辛苦为谁甜　张若愚（哲学学院）

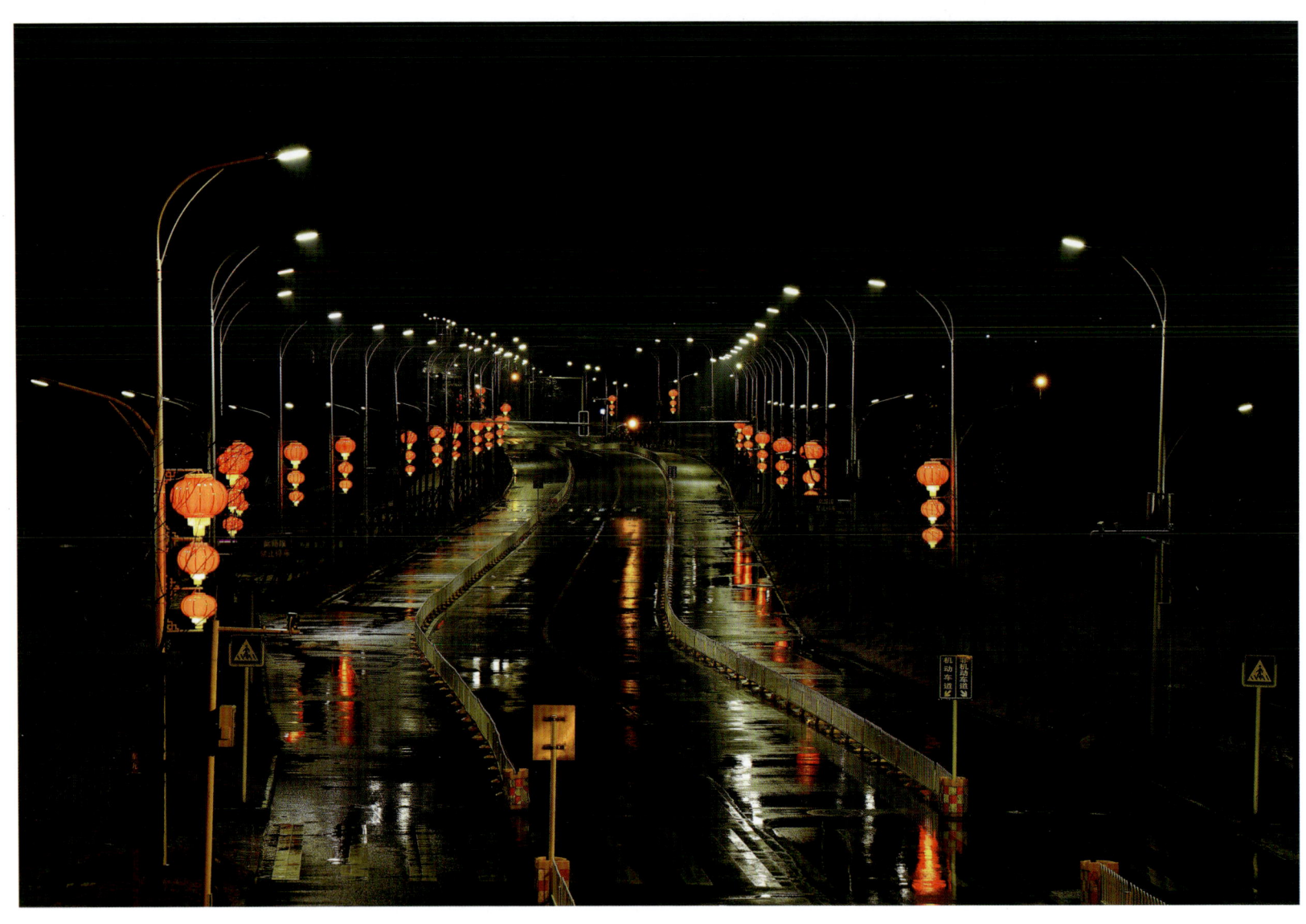

静谧　吴卫国（图书馆）

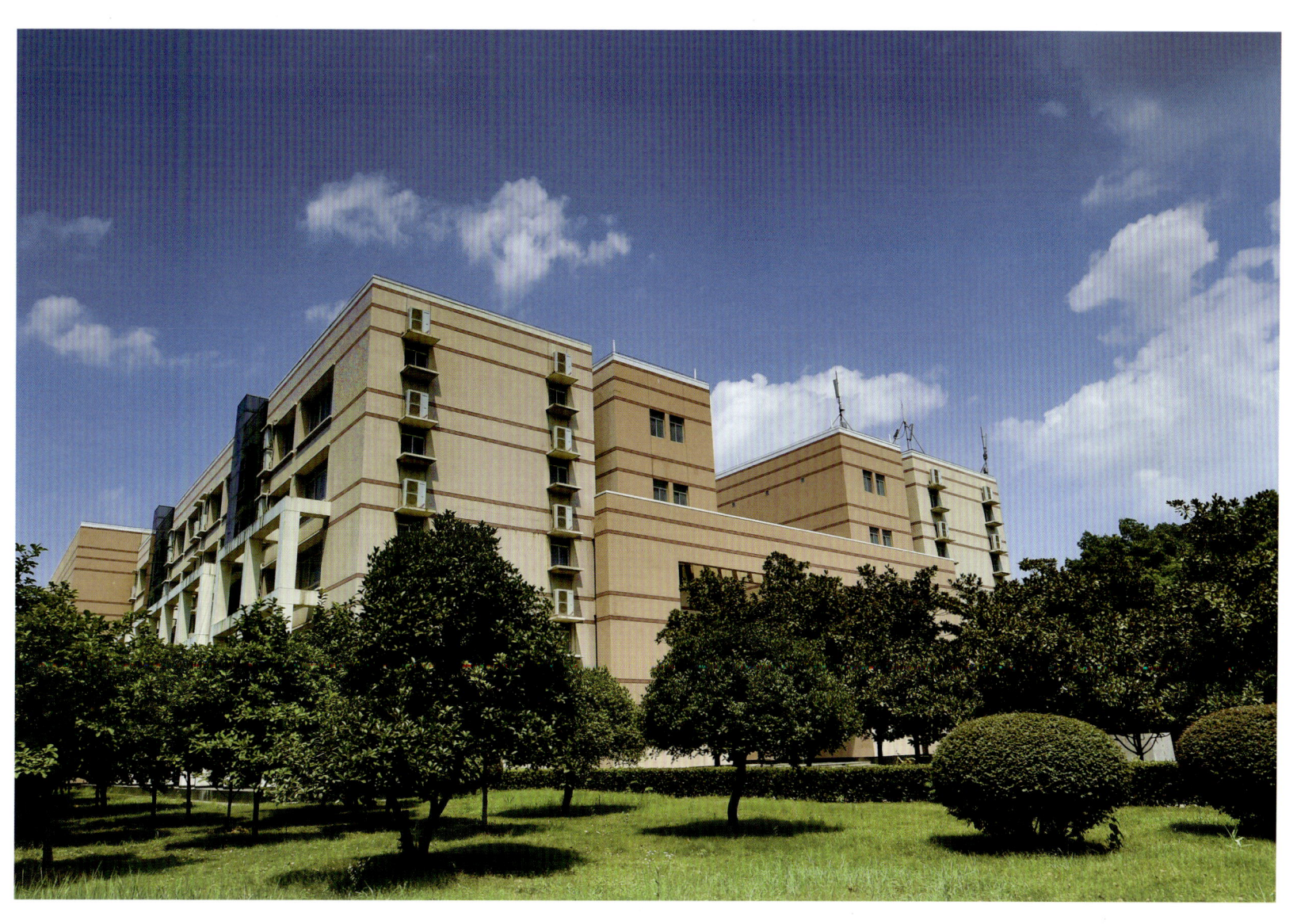

蓝天下的西十二楼 朱必勇（校机关）

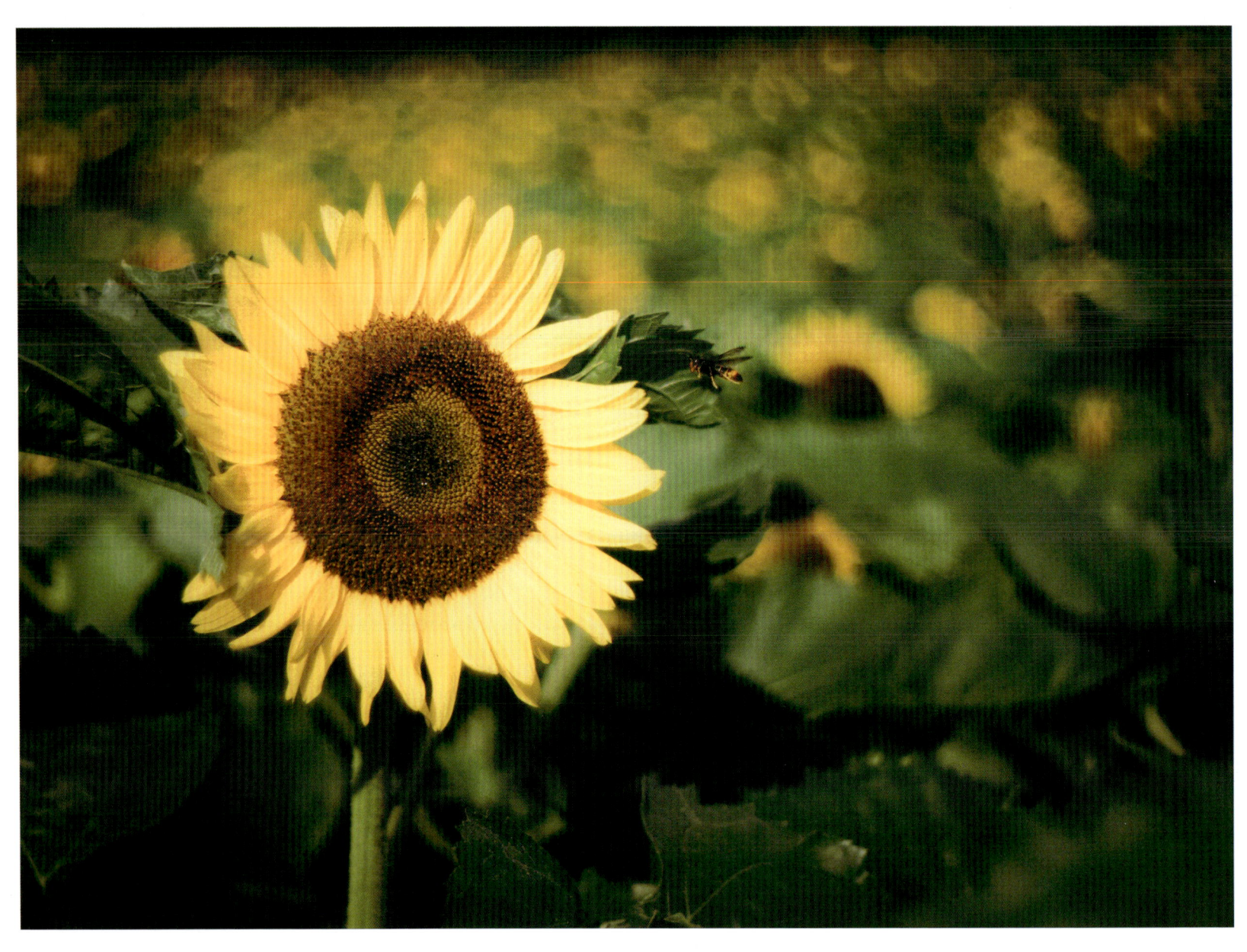

向日葵 田雨樵（新闻与信息传播学院）

南三楼紫藤　周治平（校机关）

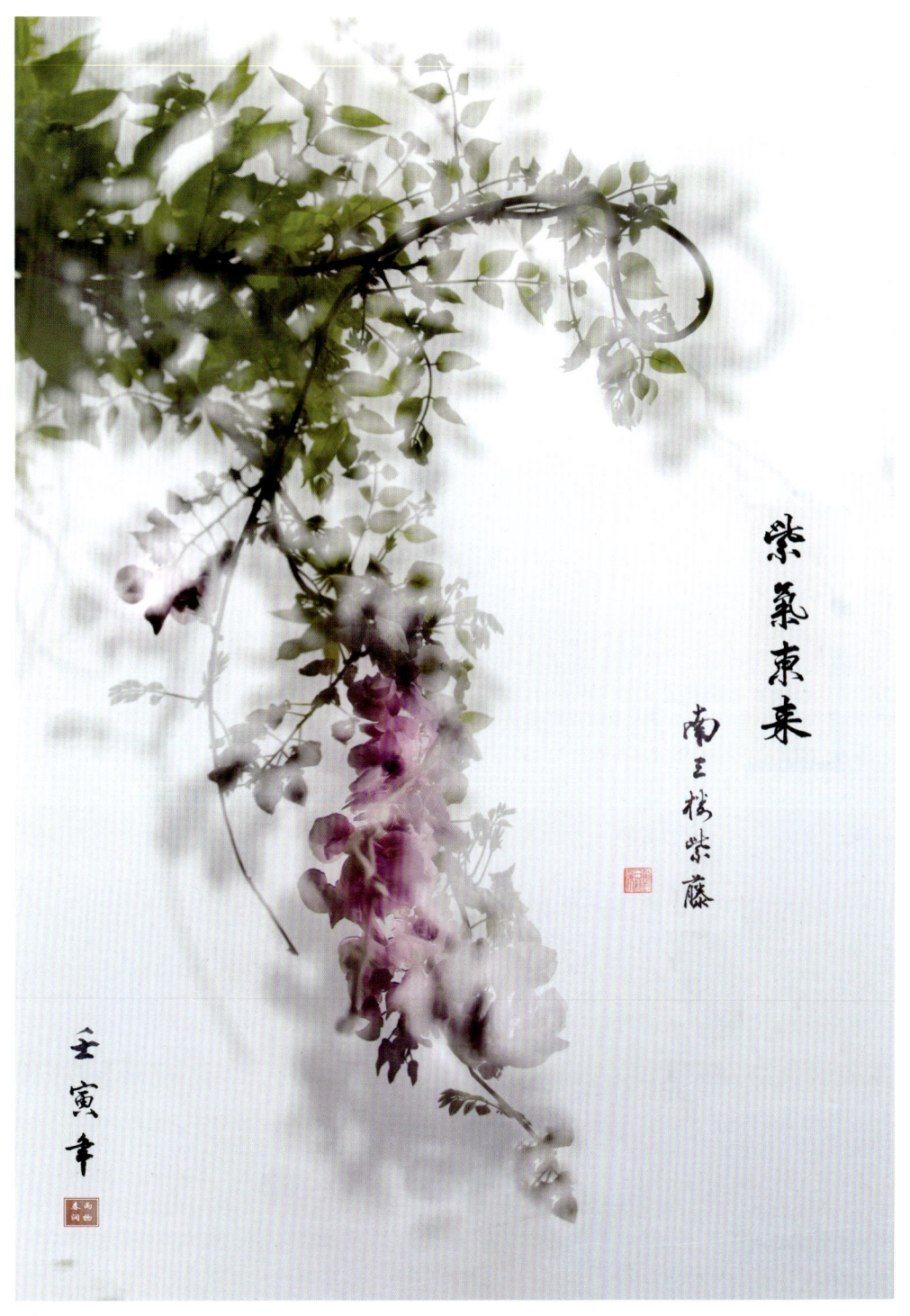

紫氣東来

南三楼紫藤

壬寅年

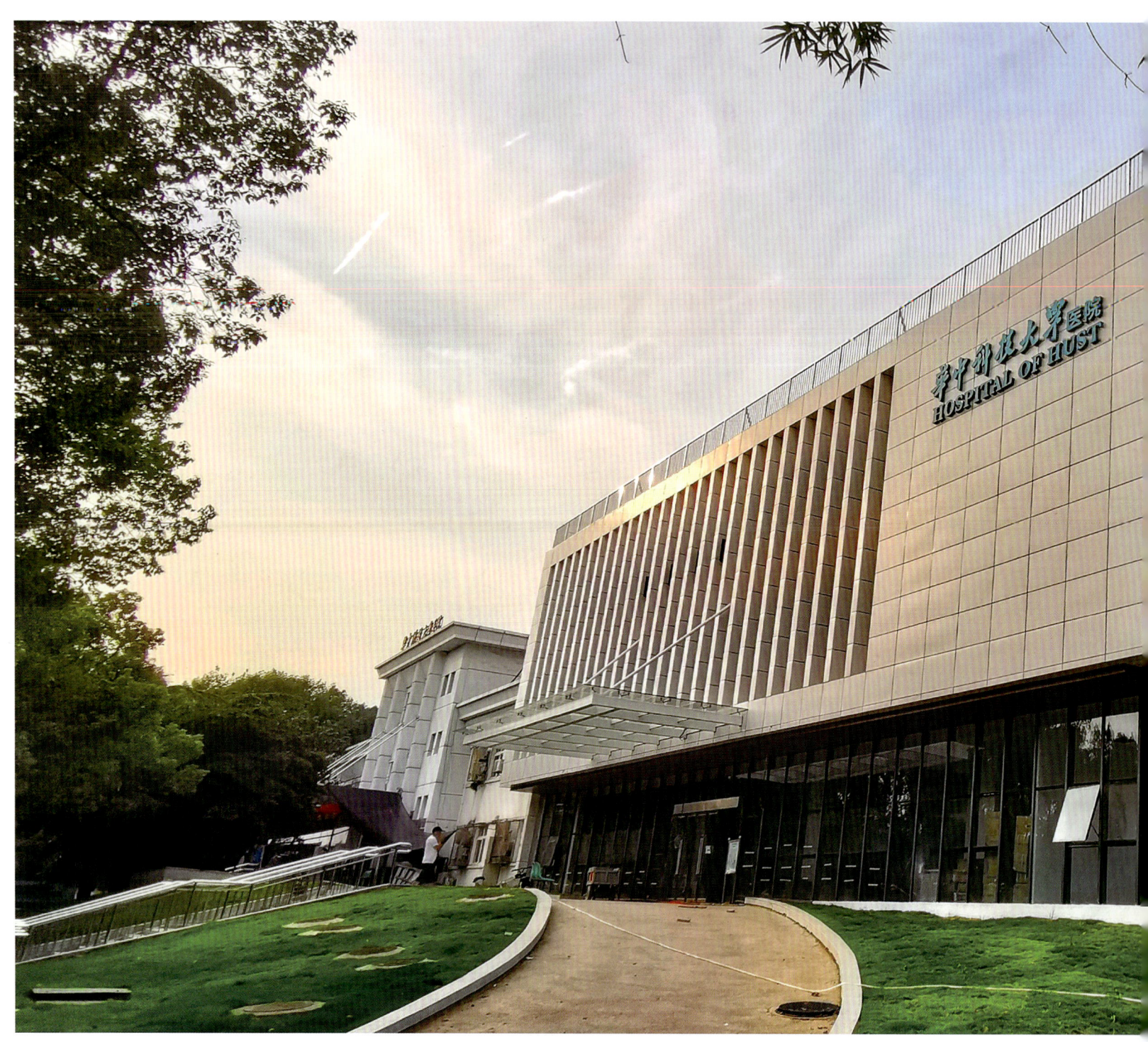

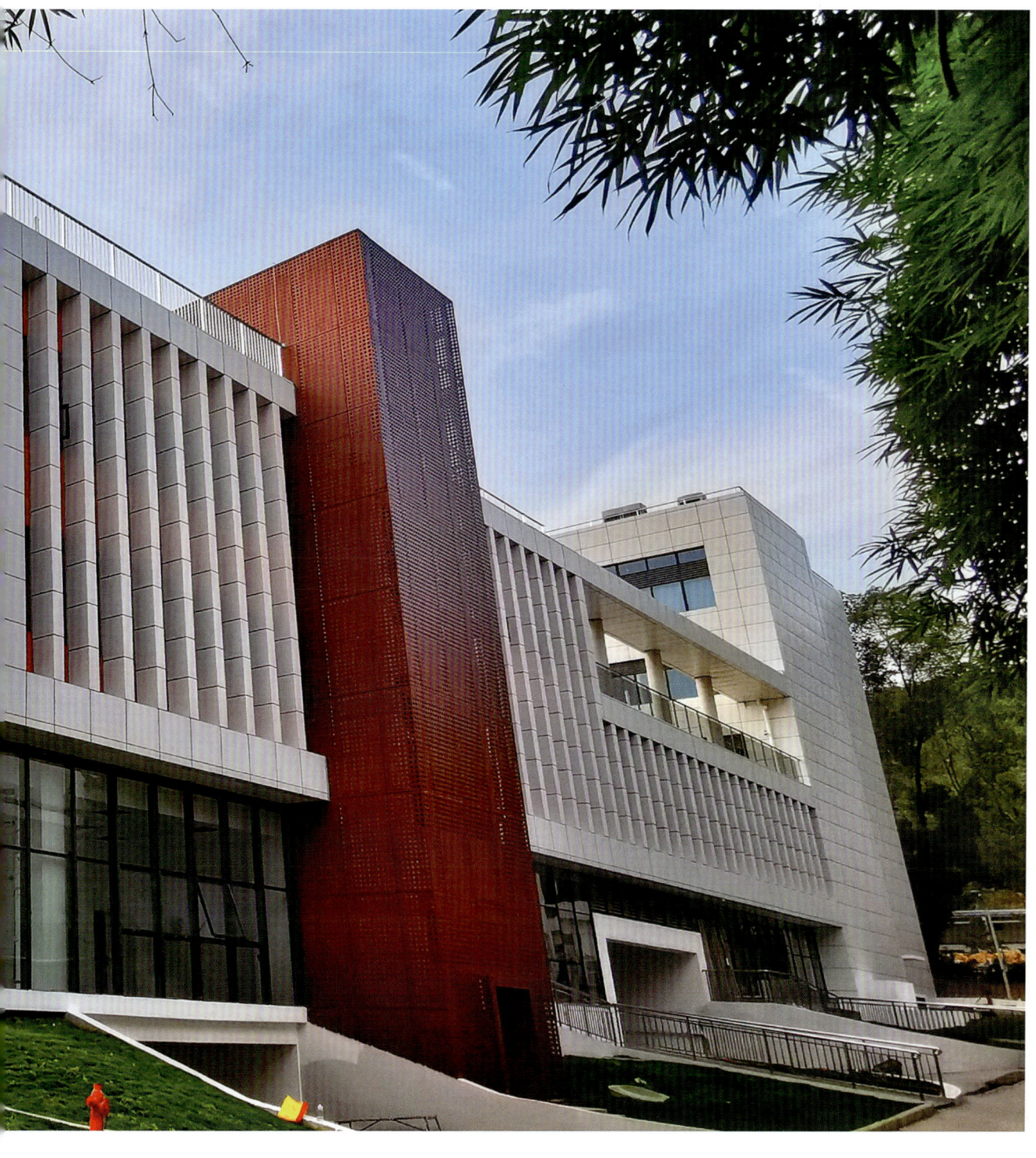

校医院新大楼落成　朱永峰（外国语学院）

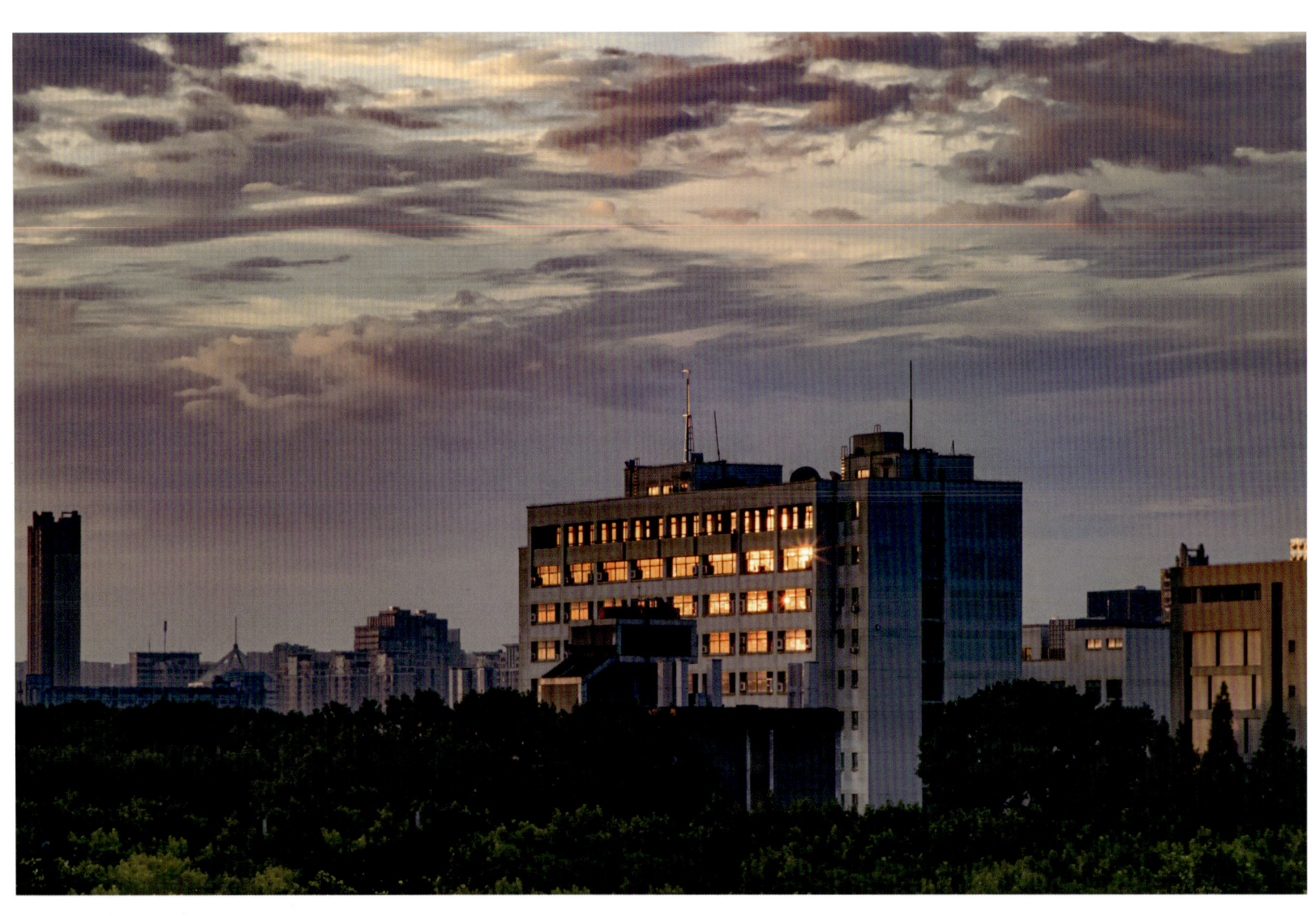

科技之光　秦敬（机械科学与工程学院）

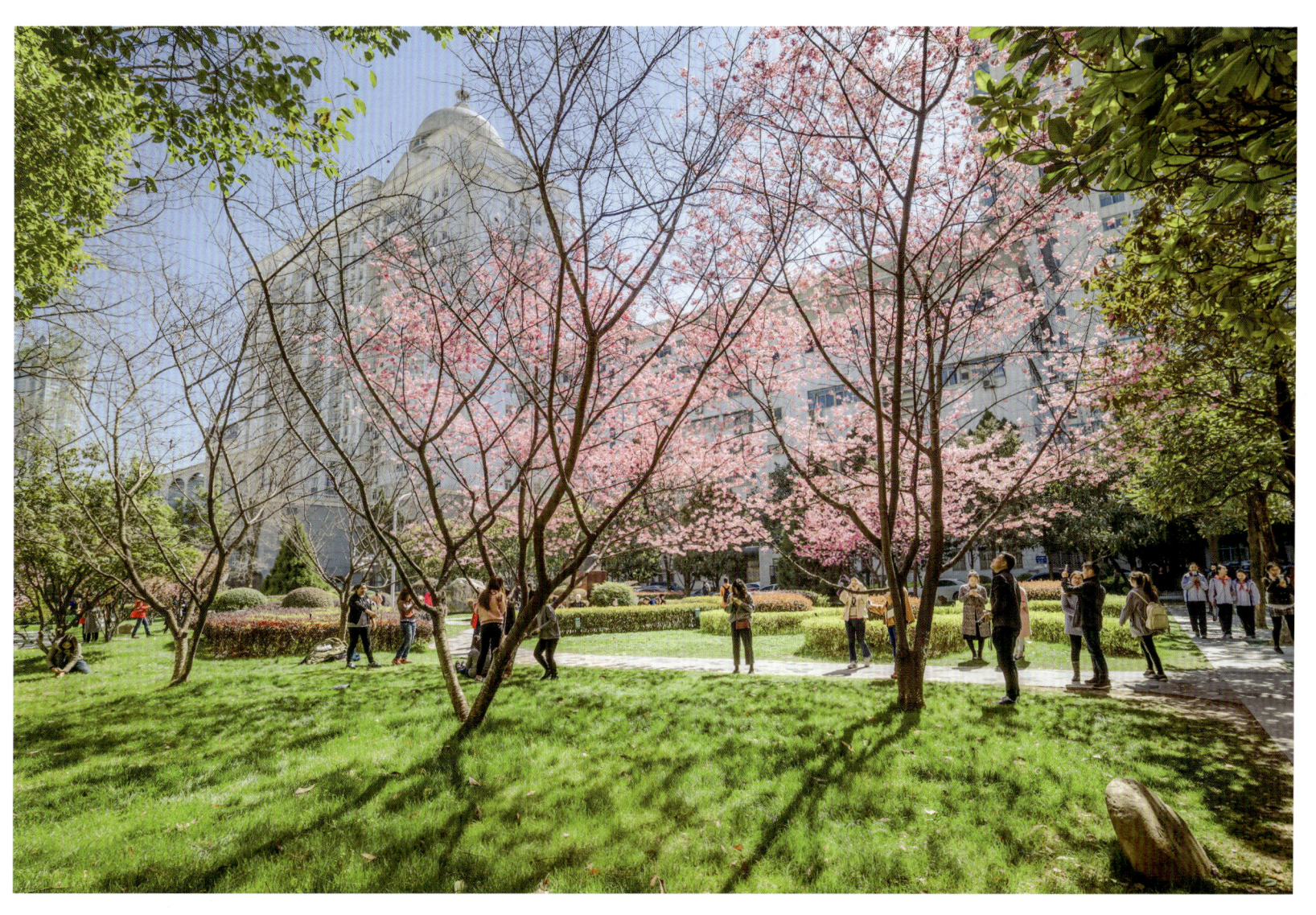

闲绕花行便当游　张开泉（现代教育技术中心）

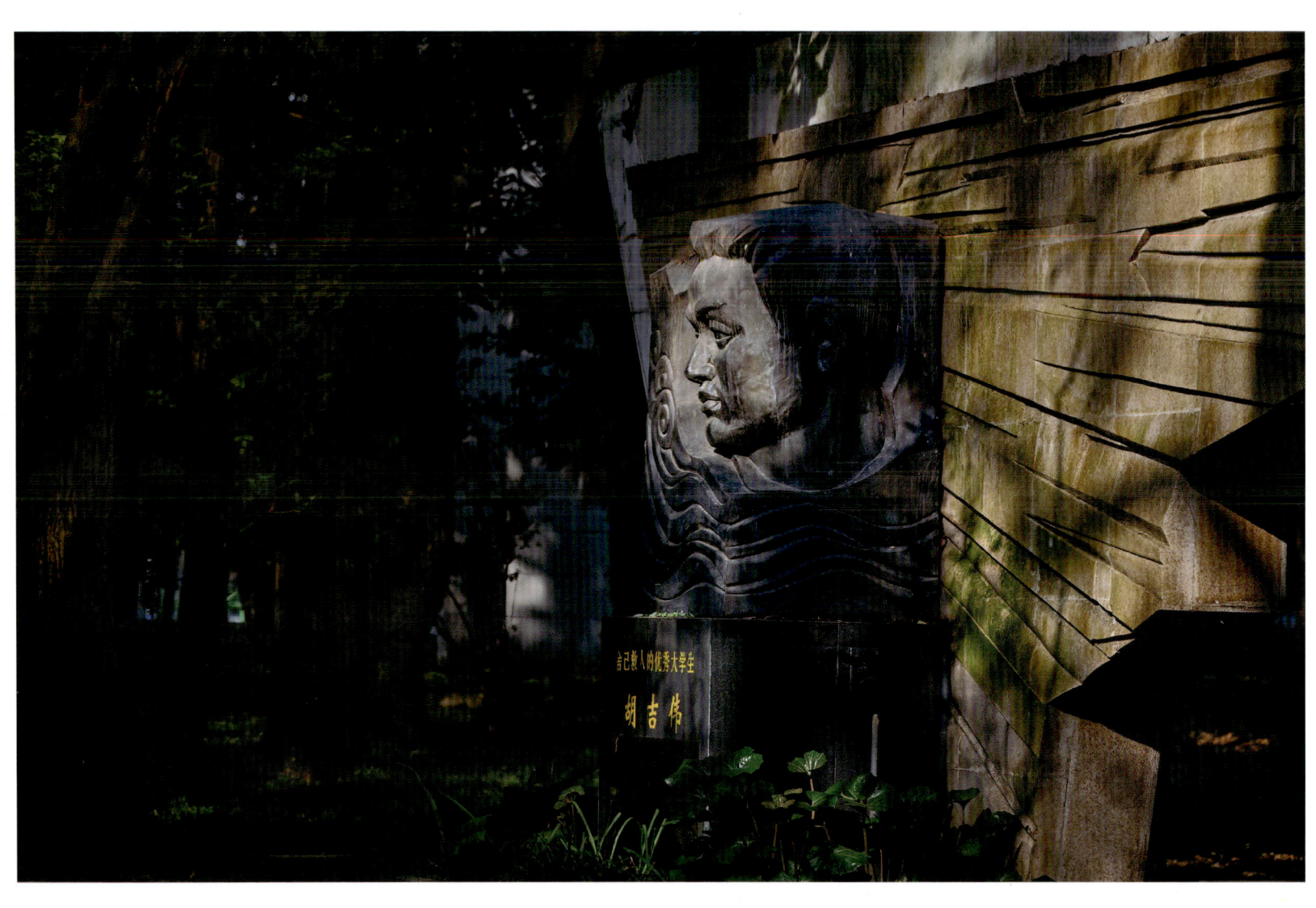

胡吉伟纪念碑　沈明（档案馆）

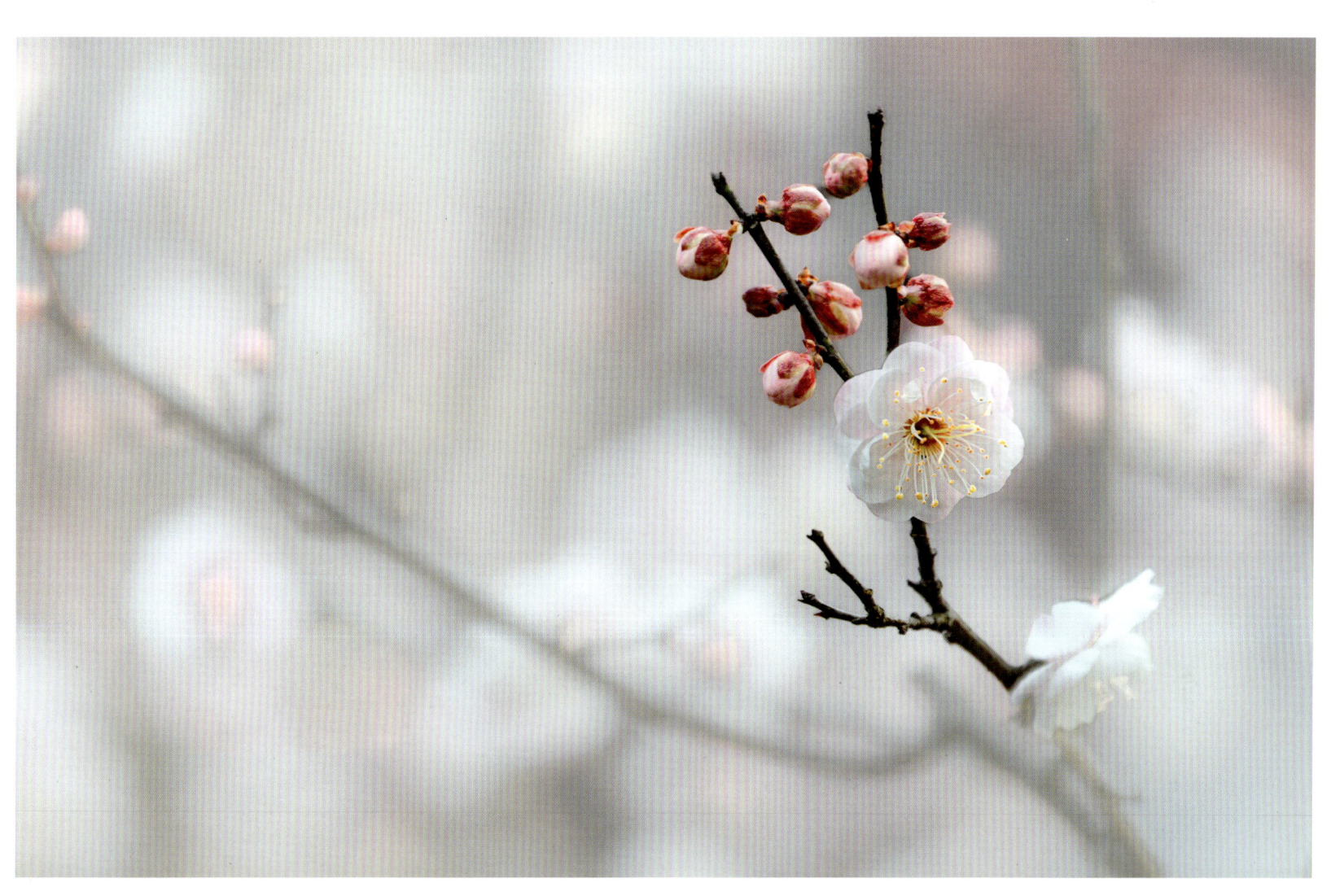

淡雅　王护平（人工智能与自动化学院）

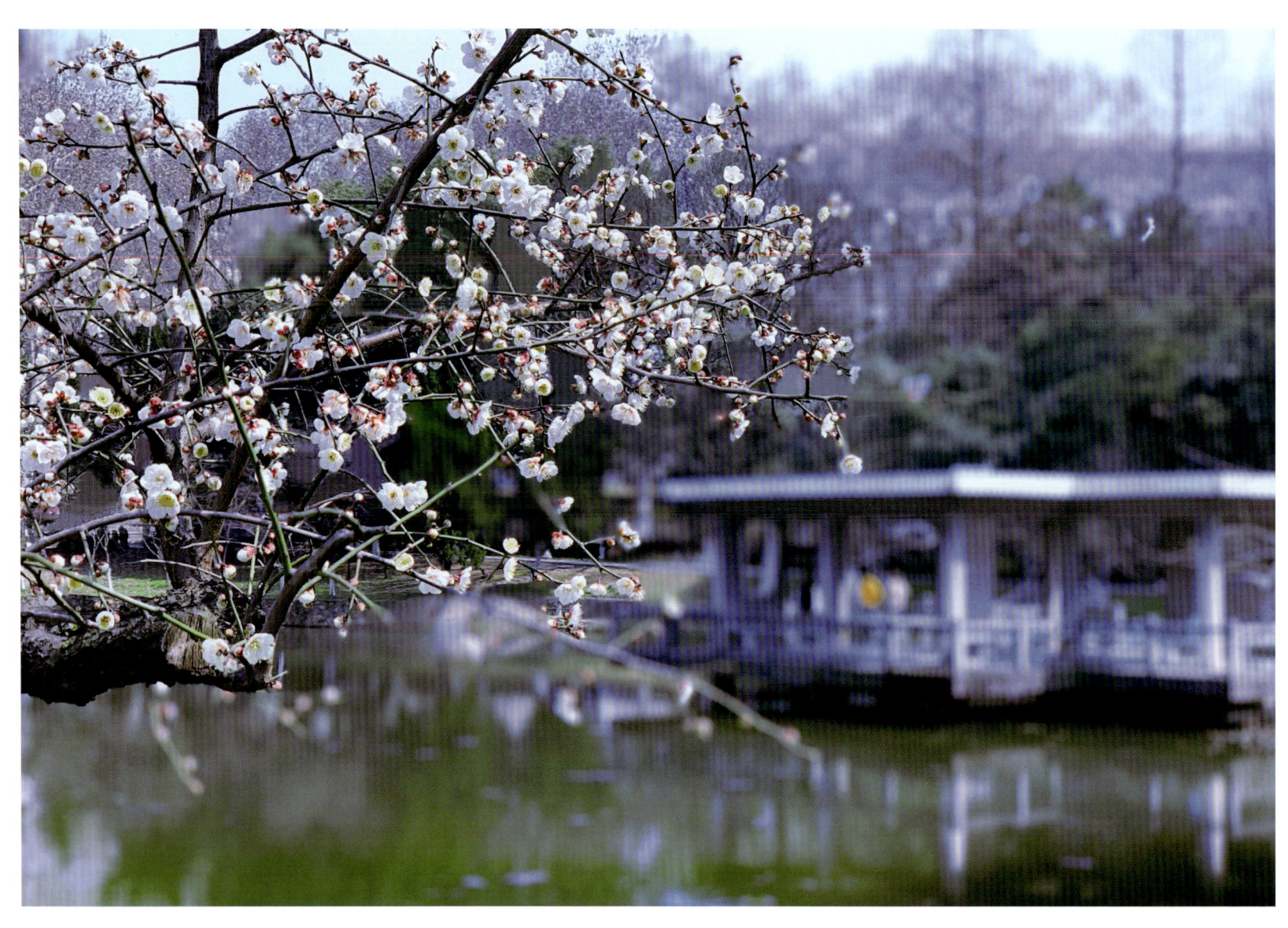

源湖冬梅 程润文（校机关）

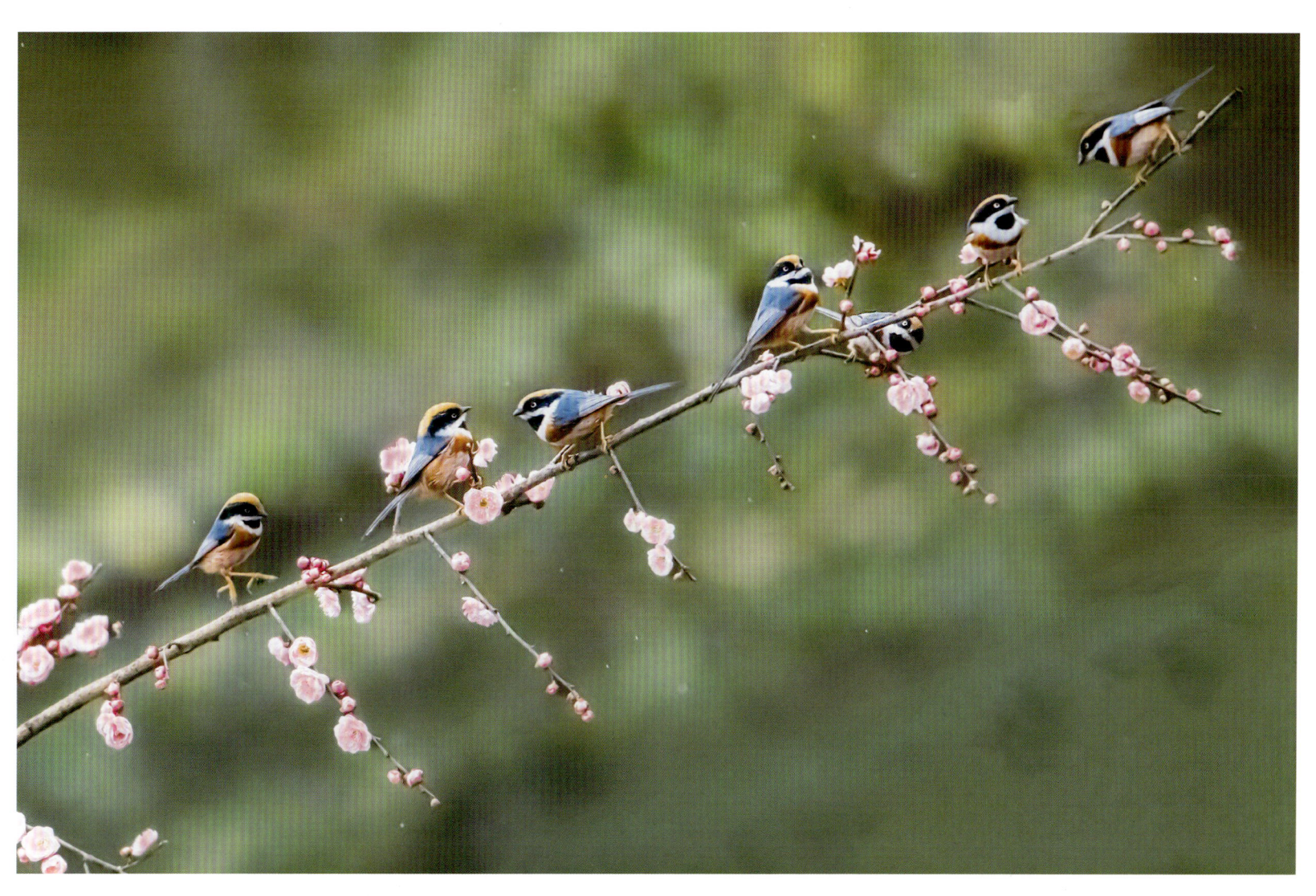

花鸟交响乐　周敬利（计算机科学与技术学院）

东九教学楼　张道宝（外国语学院）

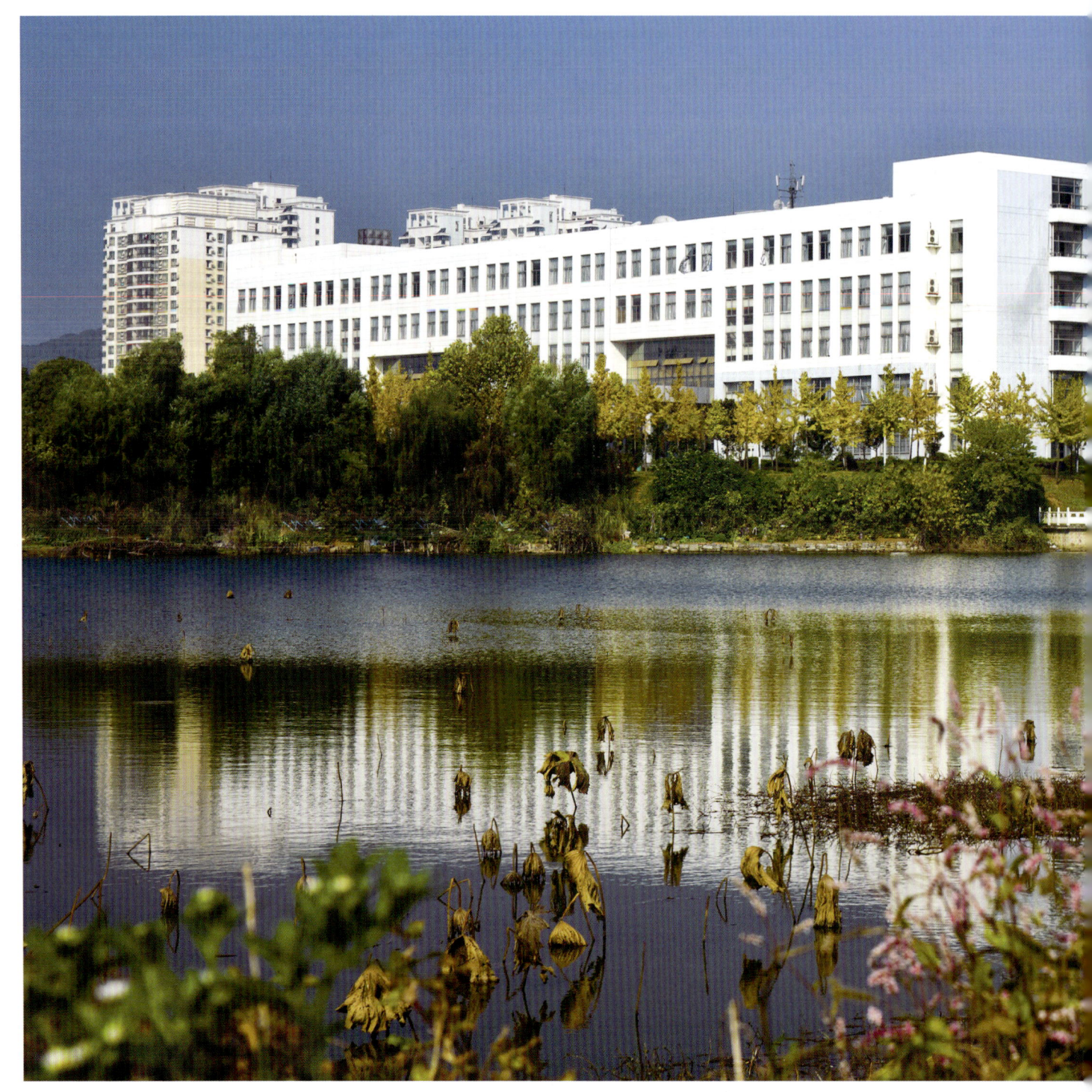

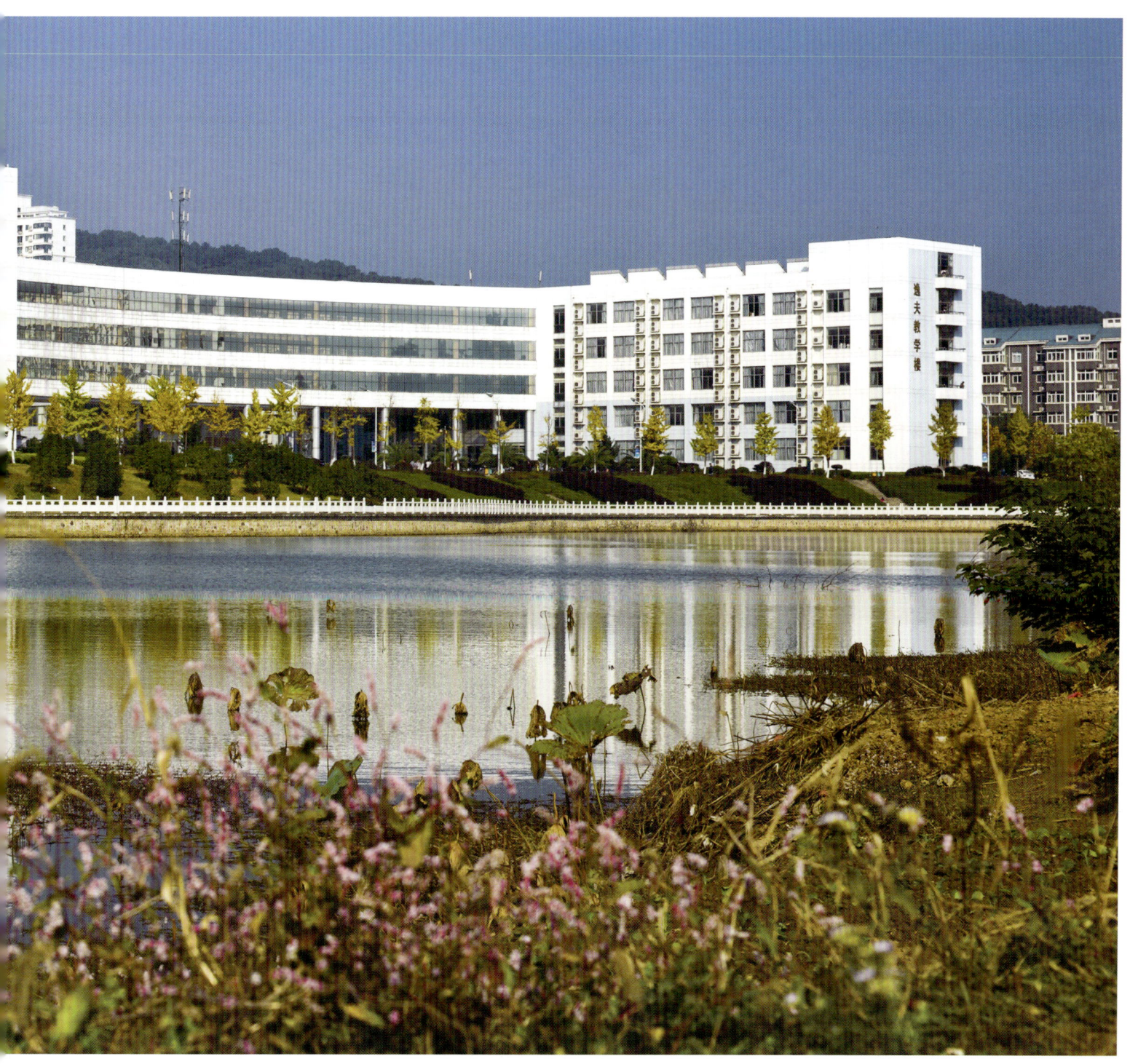

校园一角 苏军（华同总公司）

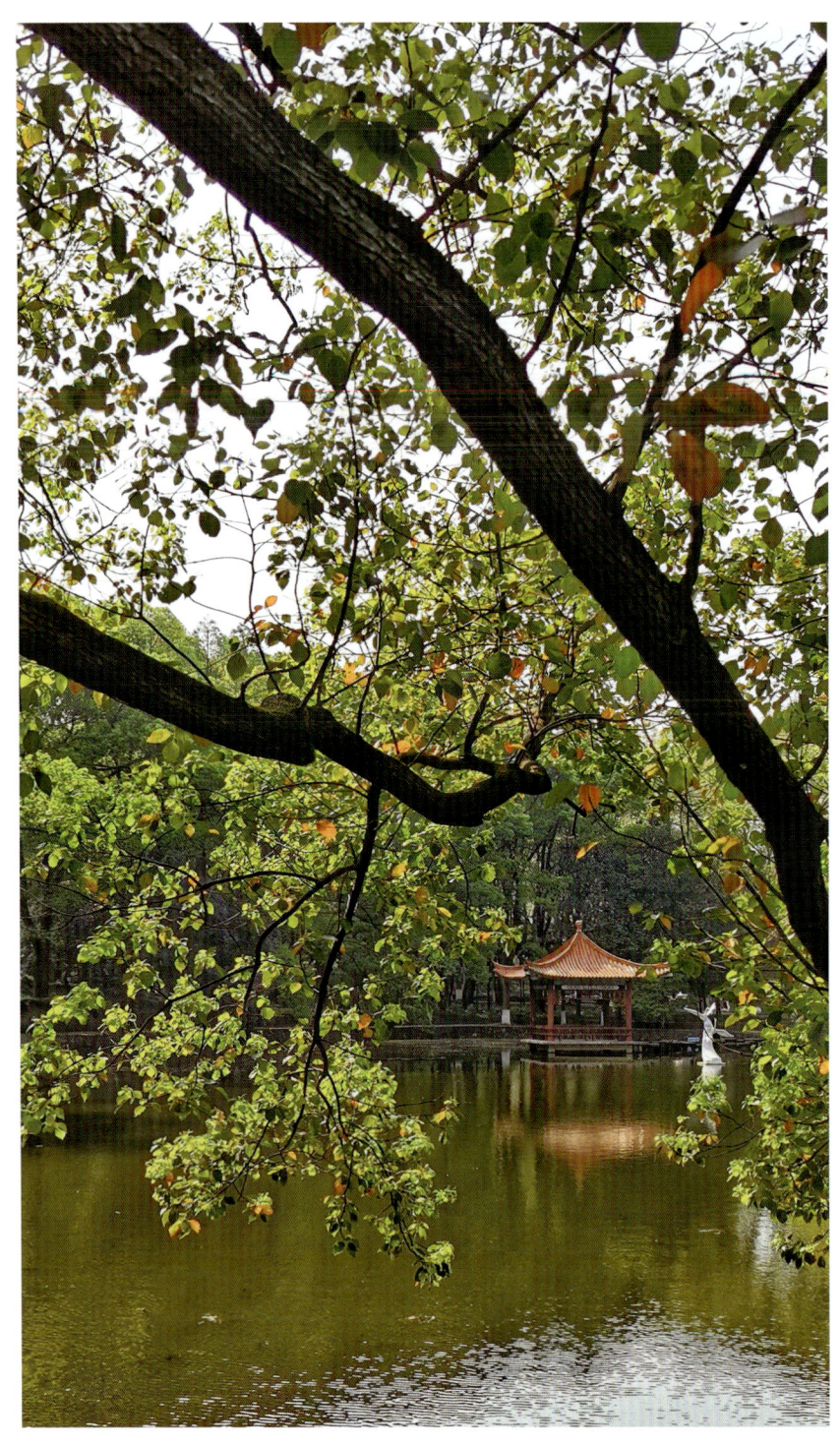

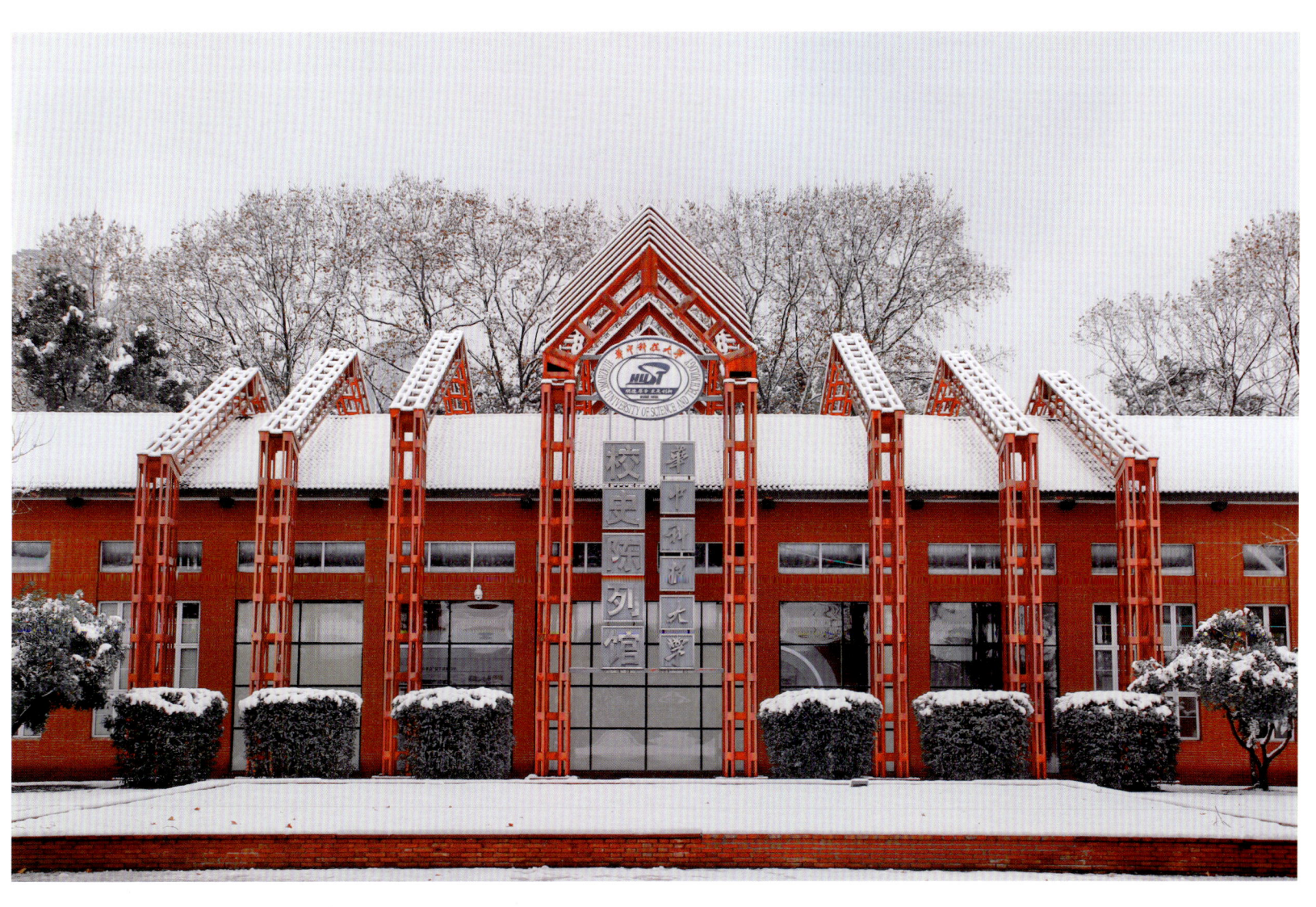

校史馆　焦孟雷（管理学院）

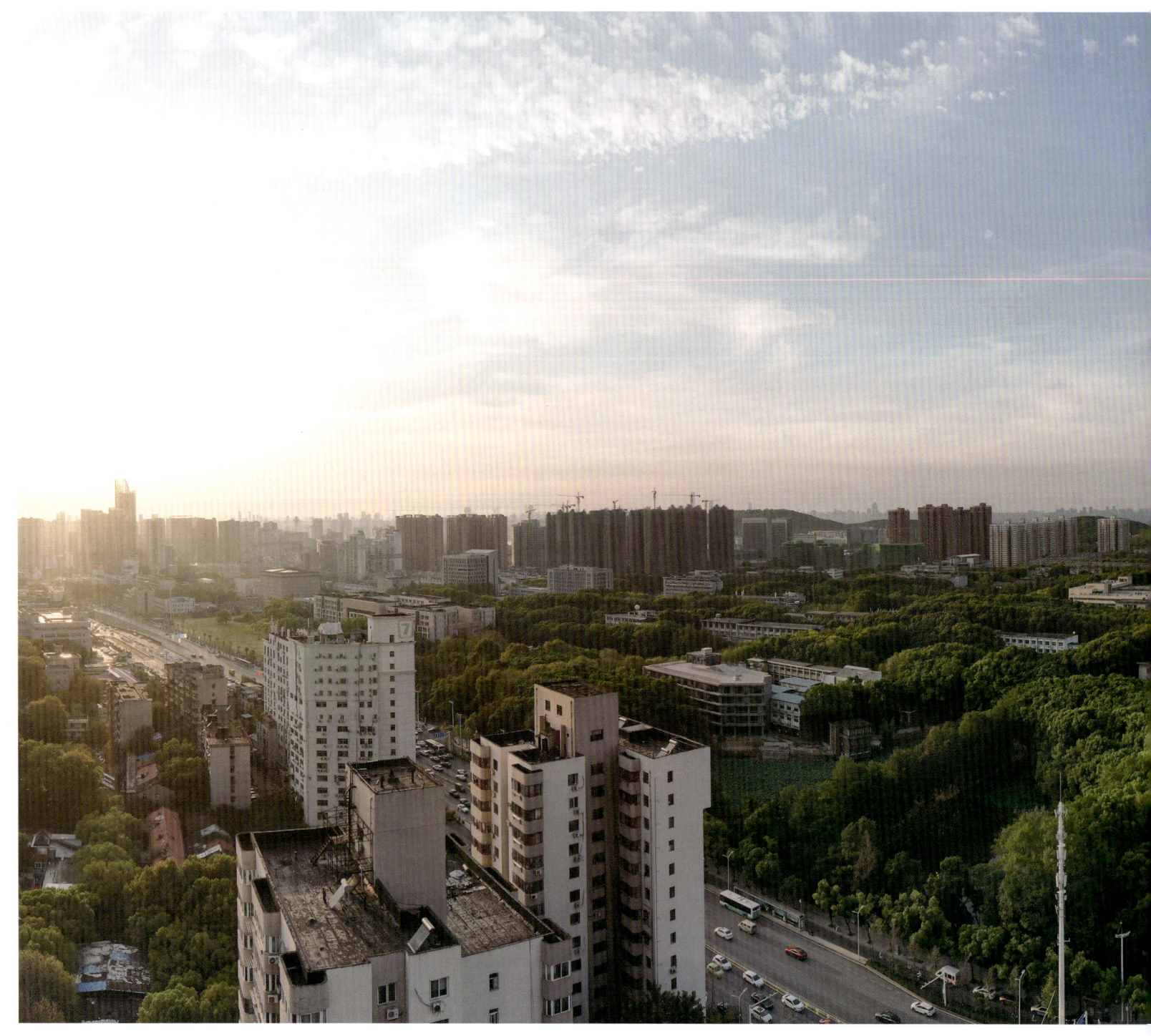

喻家山下青意浓　田野（光学与电子信息学院）

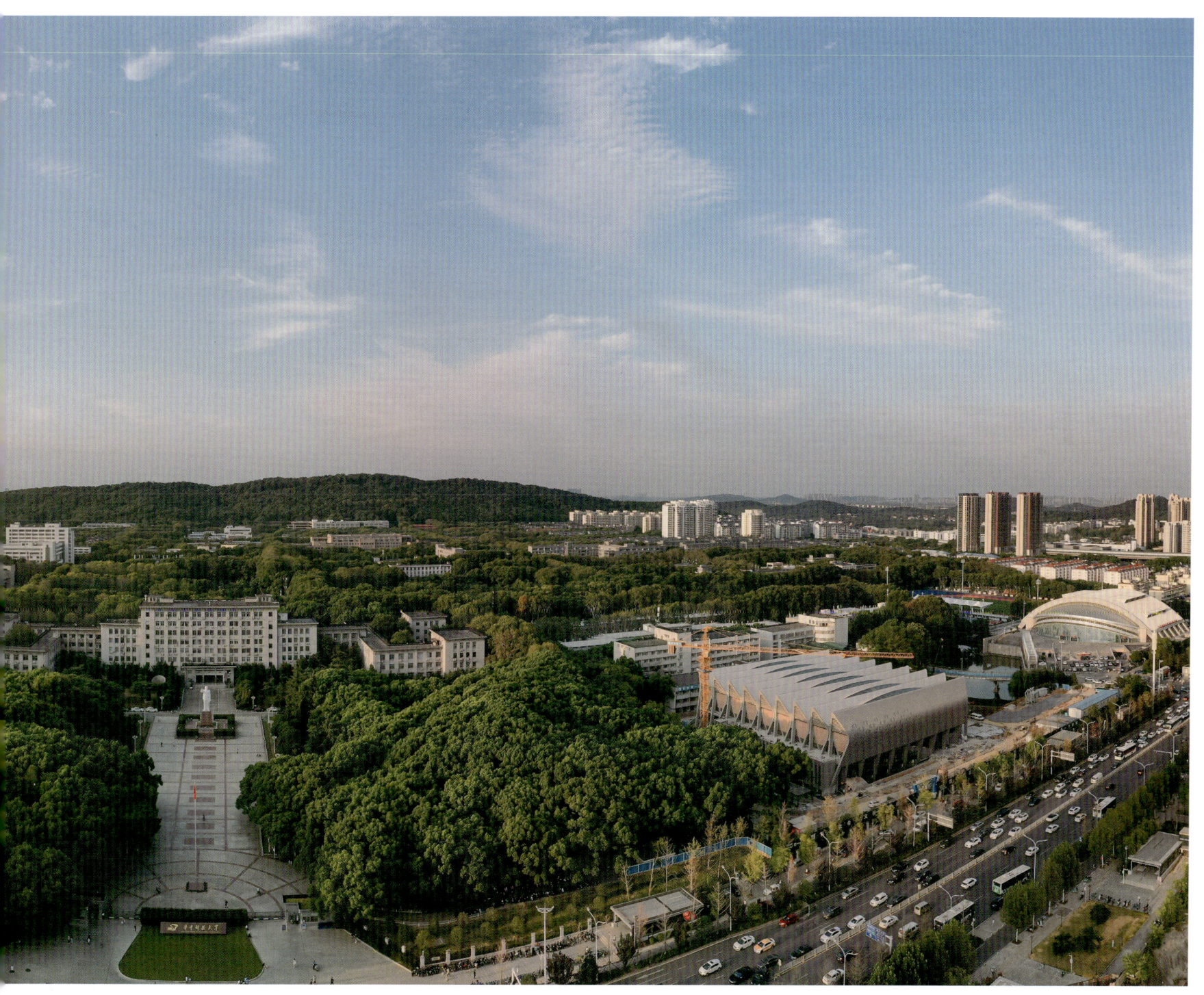

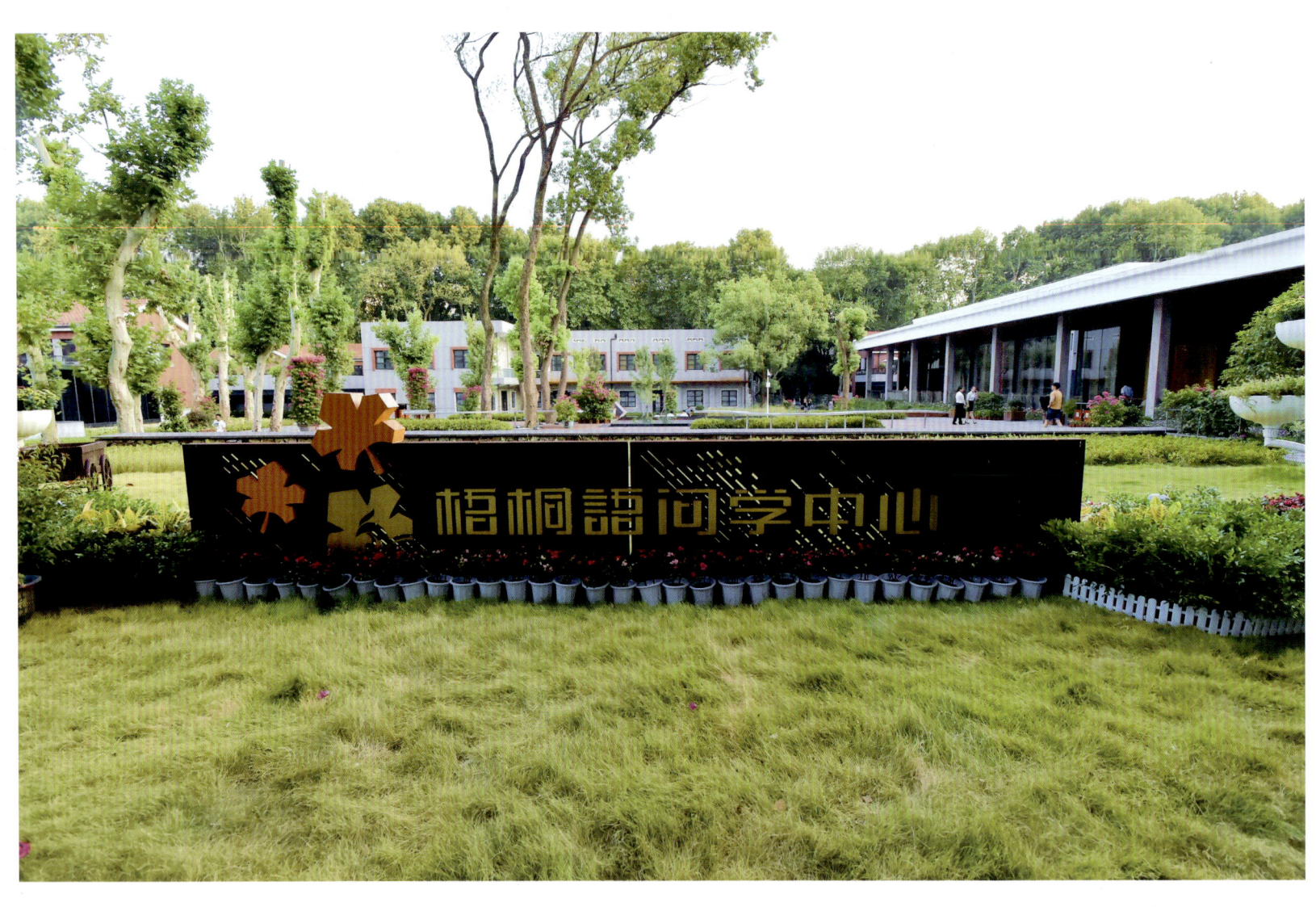

梧桐语掠影 朱必勇（校机关）

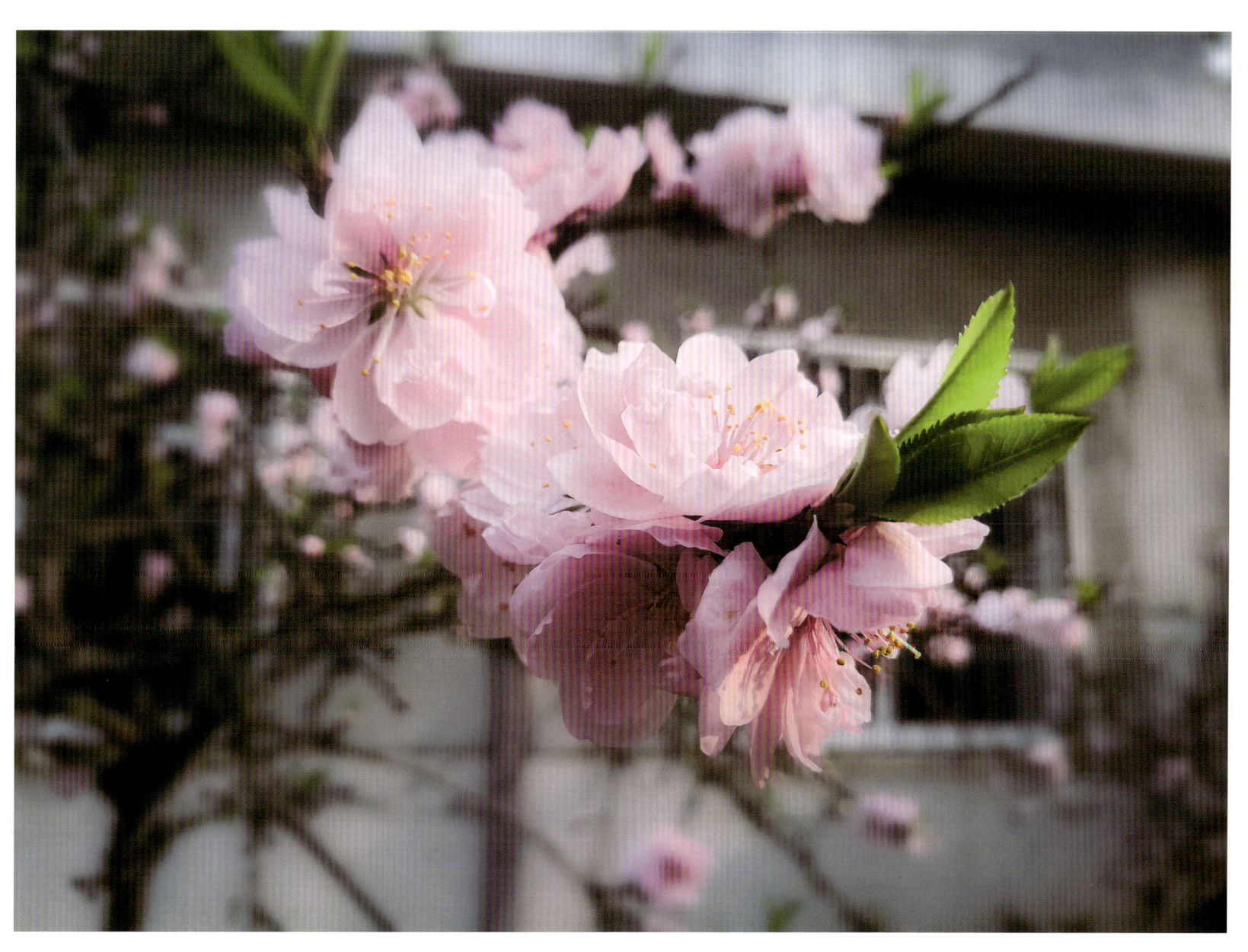

春漾小院　宗雪（校机关）

光明大道　苏军（华同总公司）

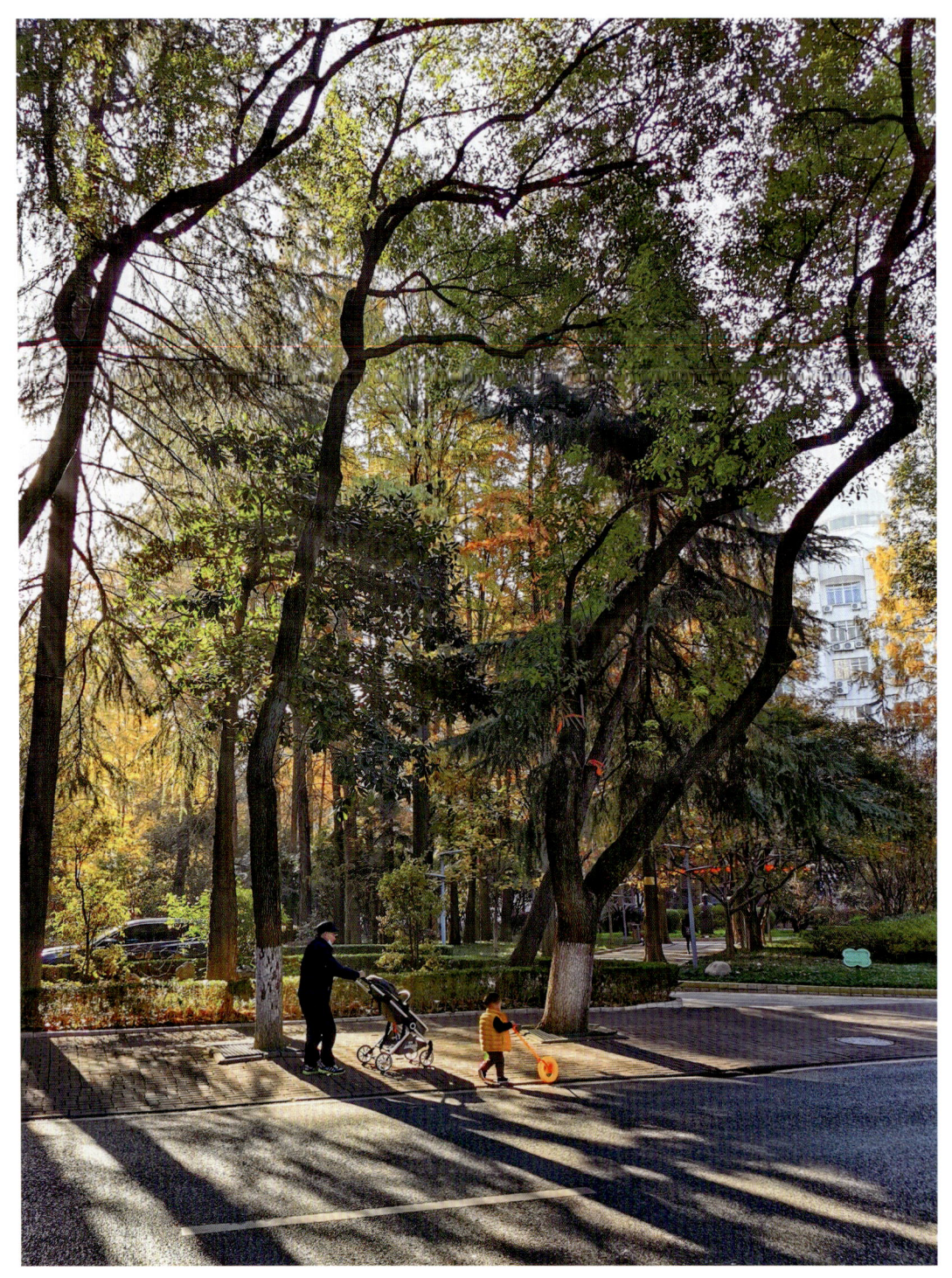

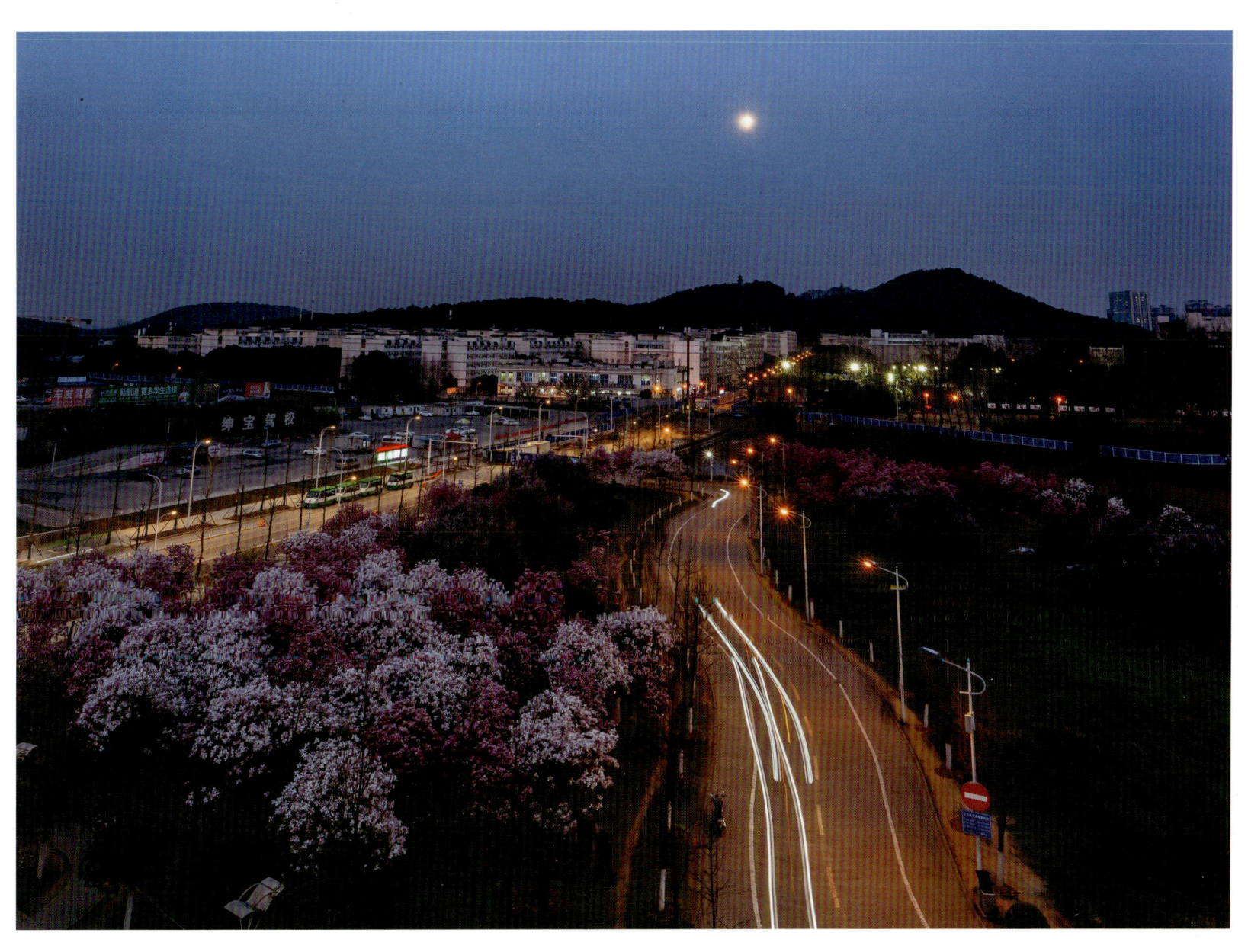

月夜校园　胡道伟（生命科学与技术学院）

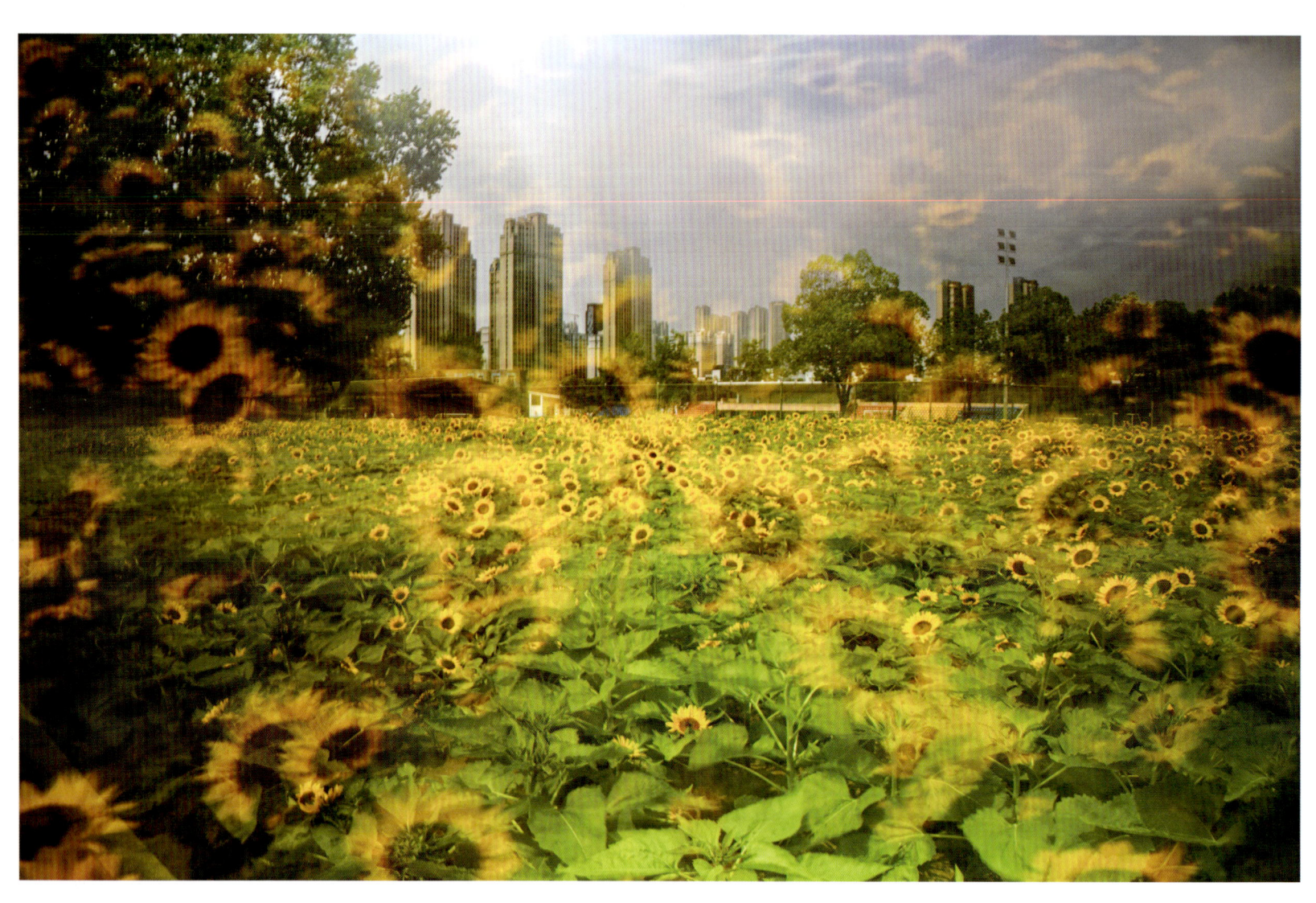

金色的校园　周敬利（计算机科学与技术学院）

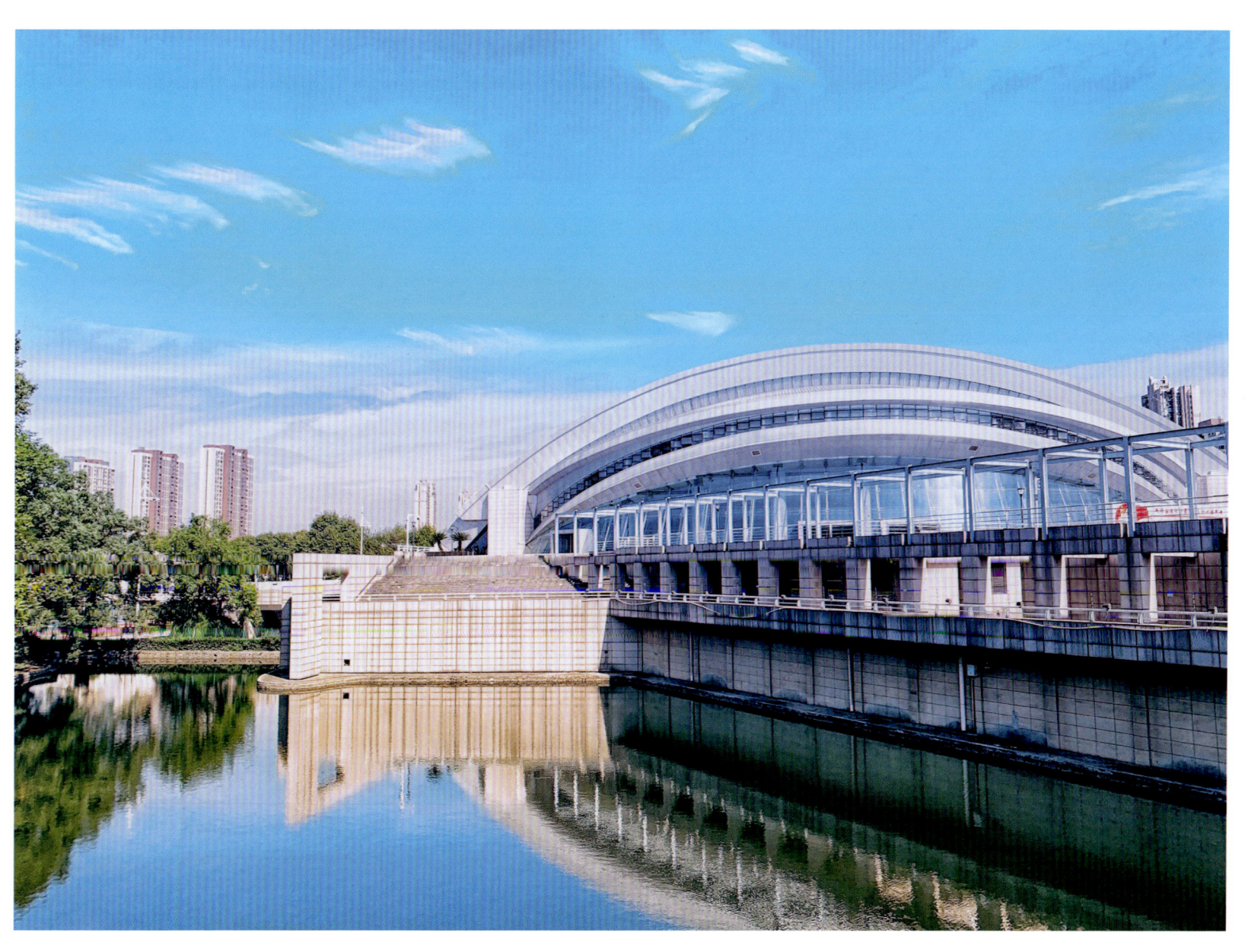

光谷体育馆靓影　程润文（校机关）

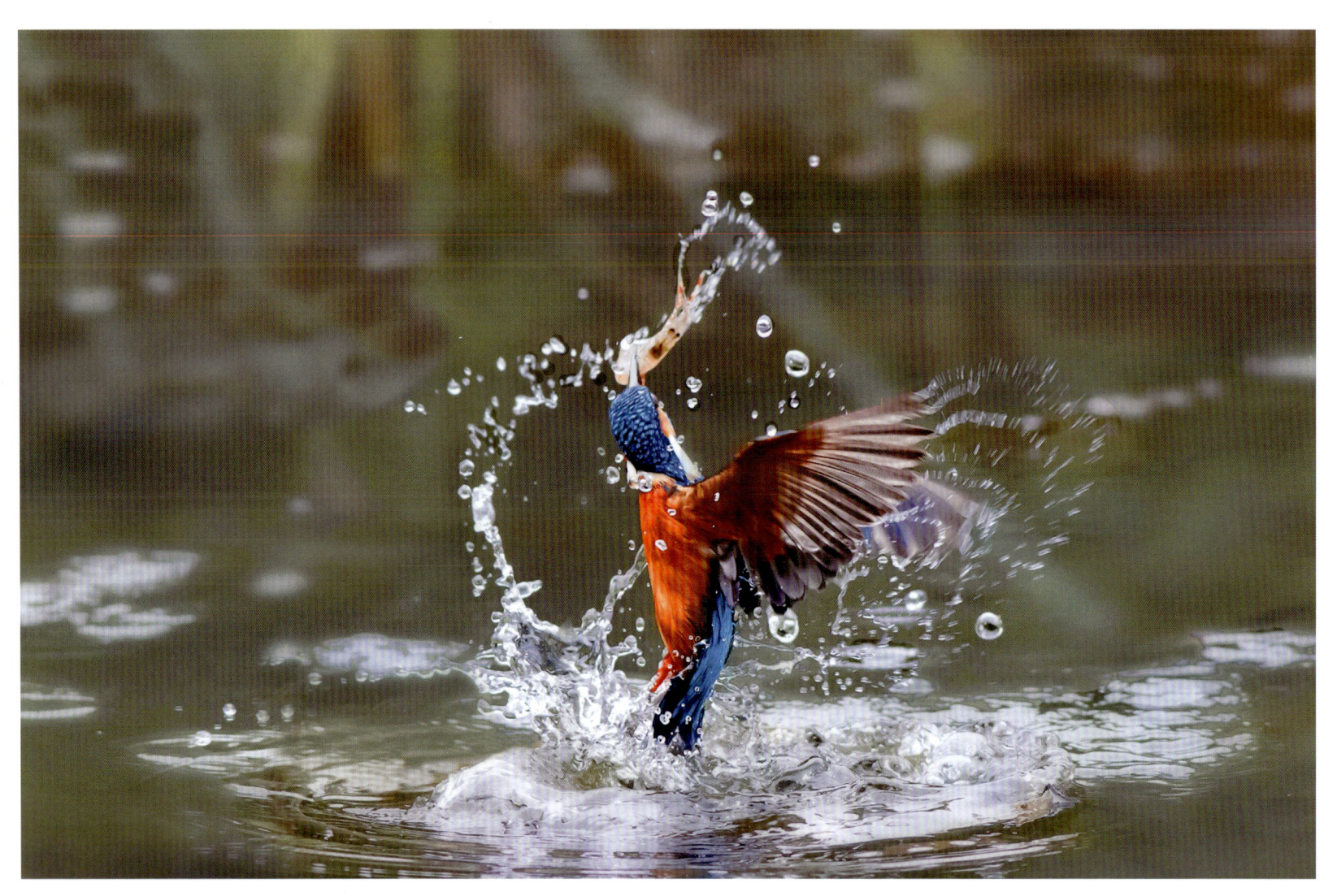

收获　秦敬（机械科学与工程学院）

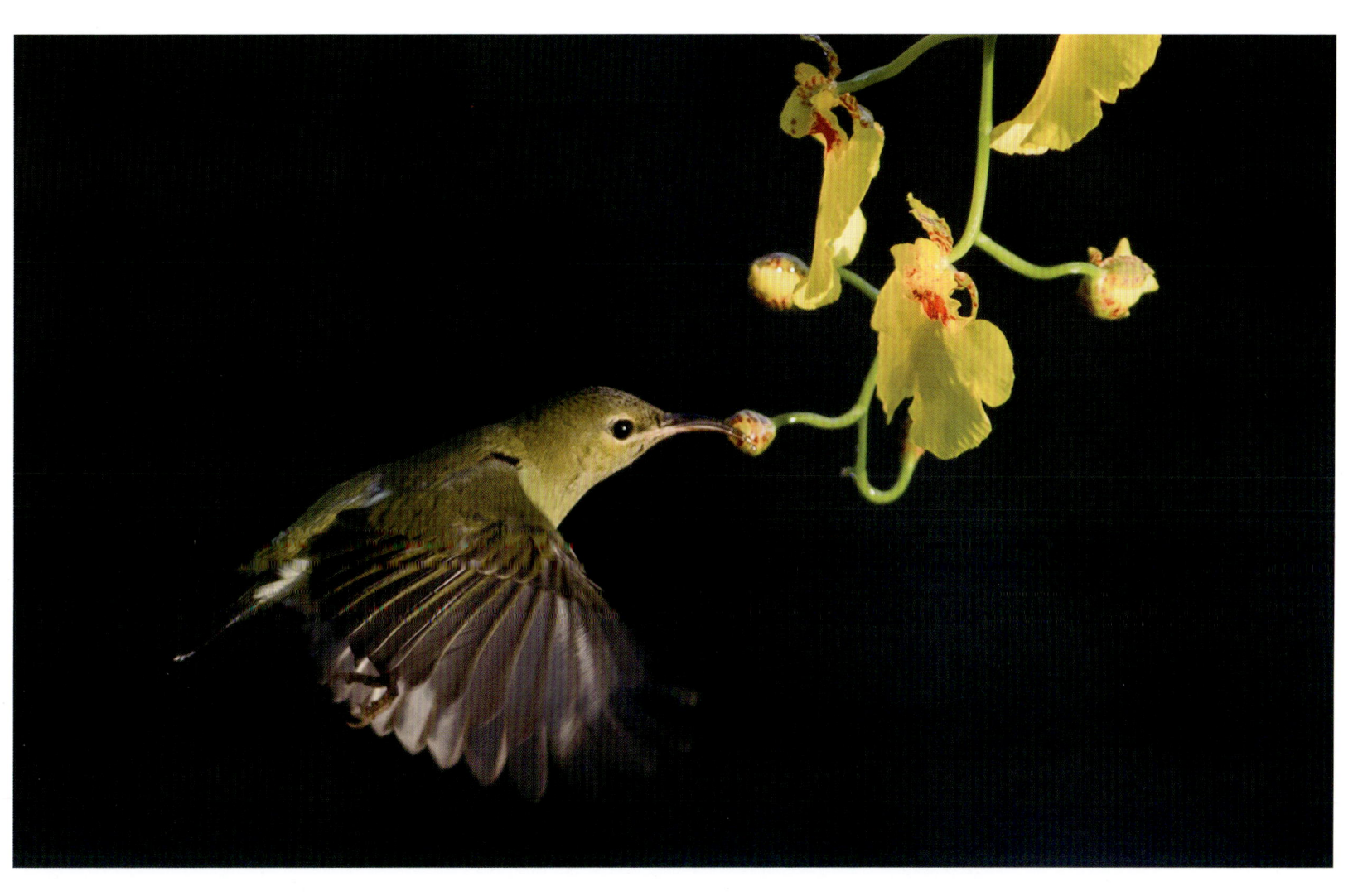

勤劳的太阳鸟　罗建敏（校机关）

雾漫东园　张道宝（外国语学院）

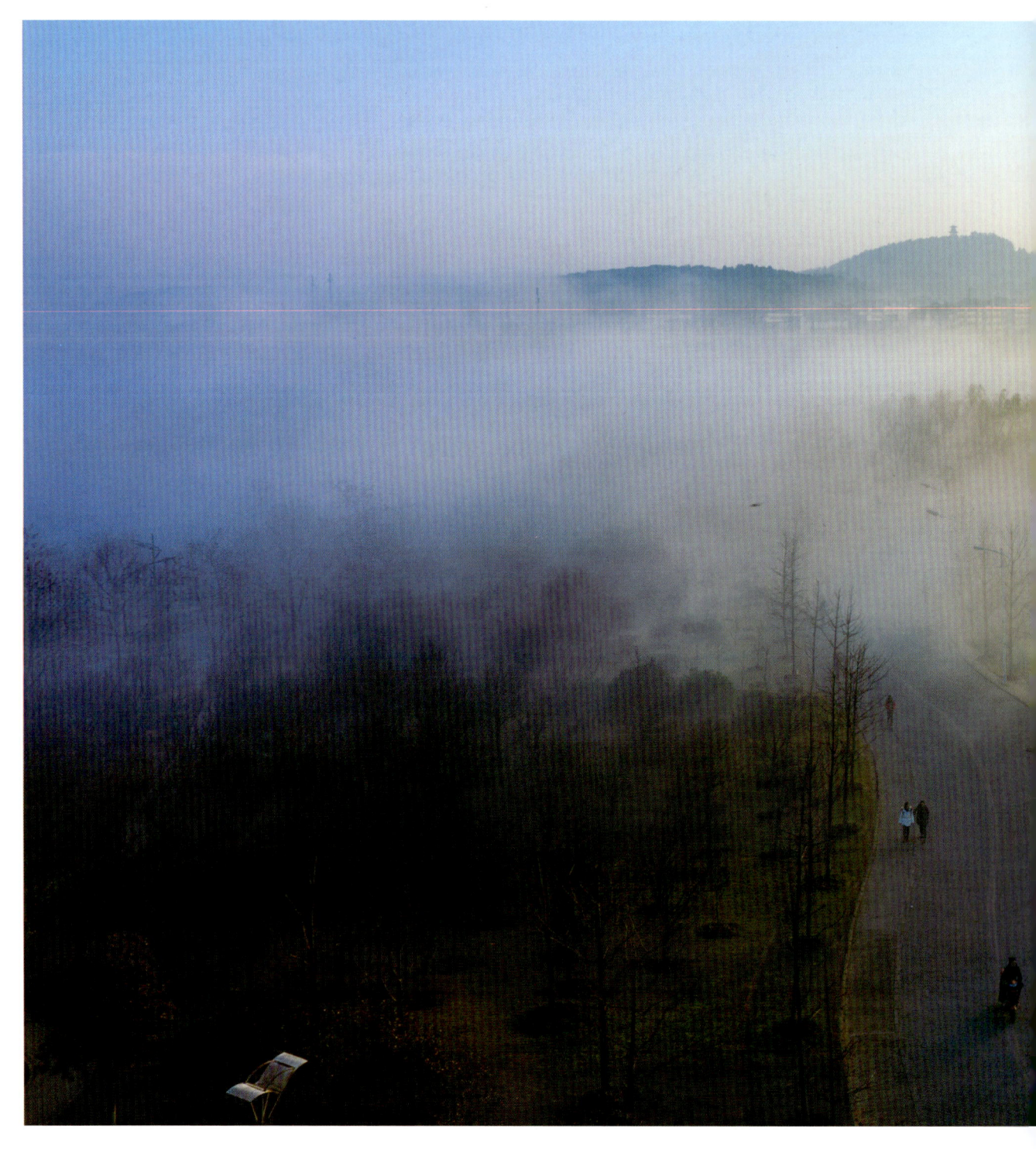

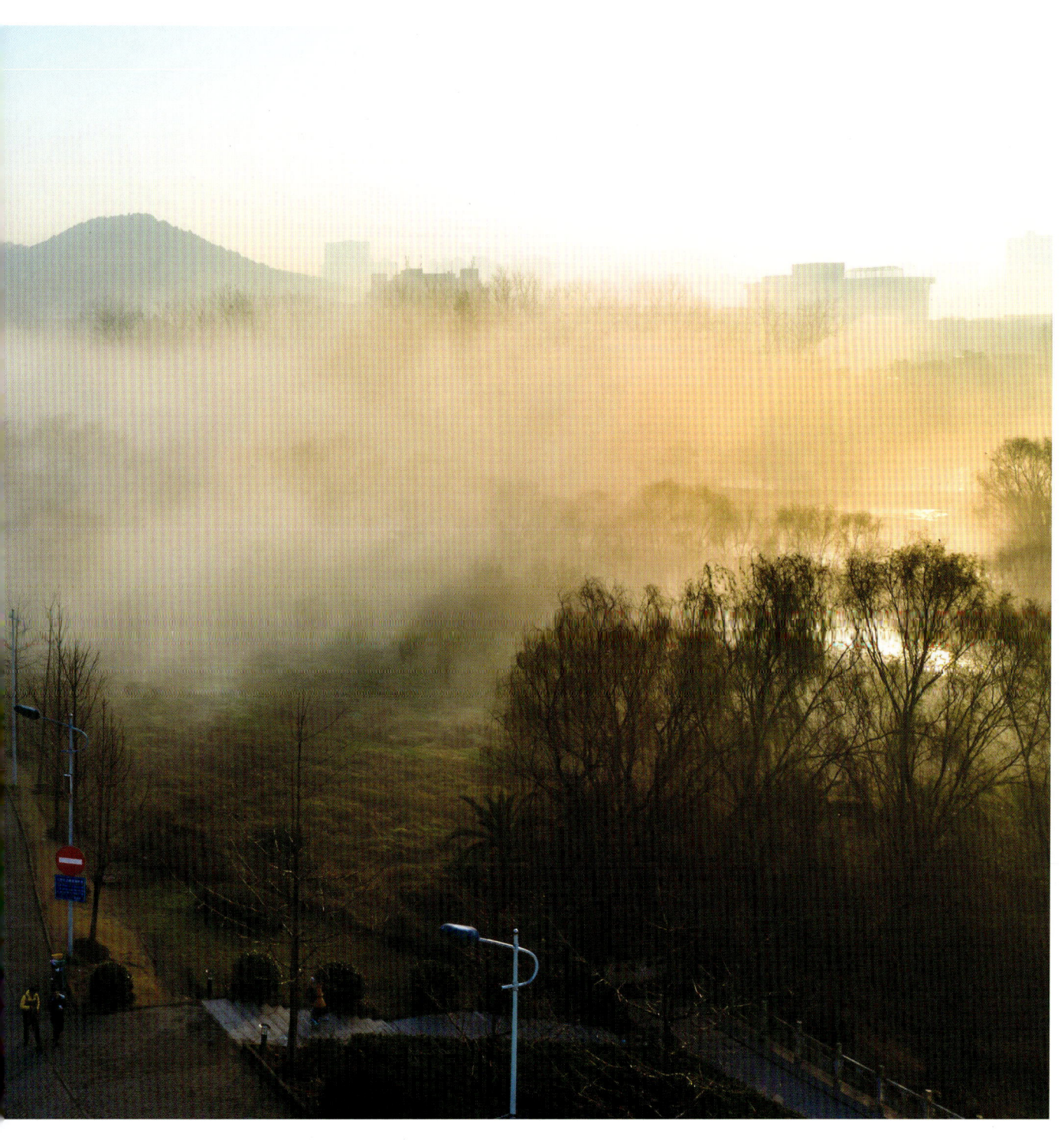

娇艳 张桂菊（土木与水利工程学院）

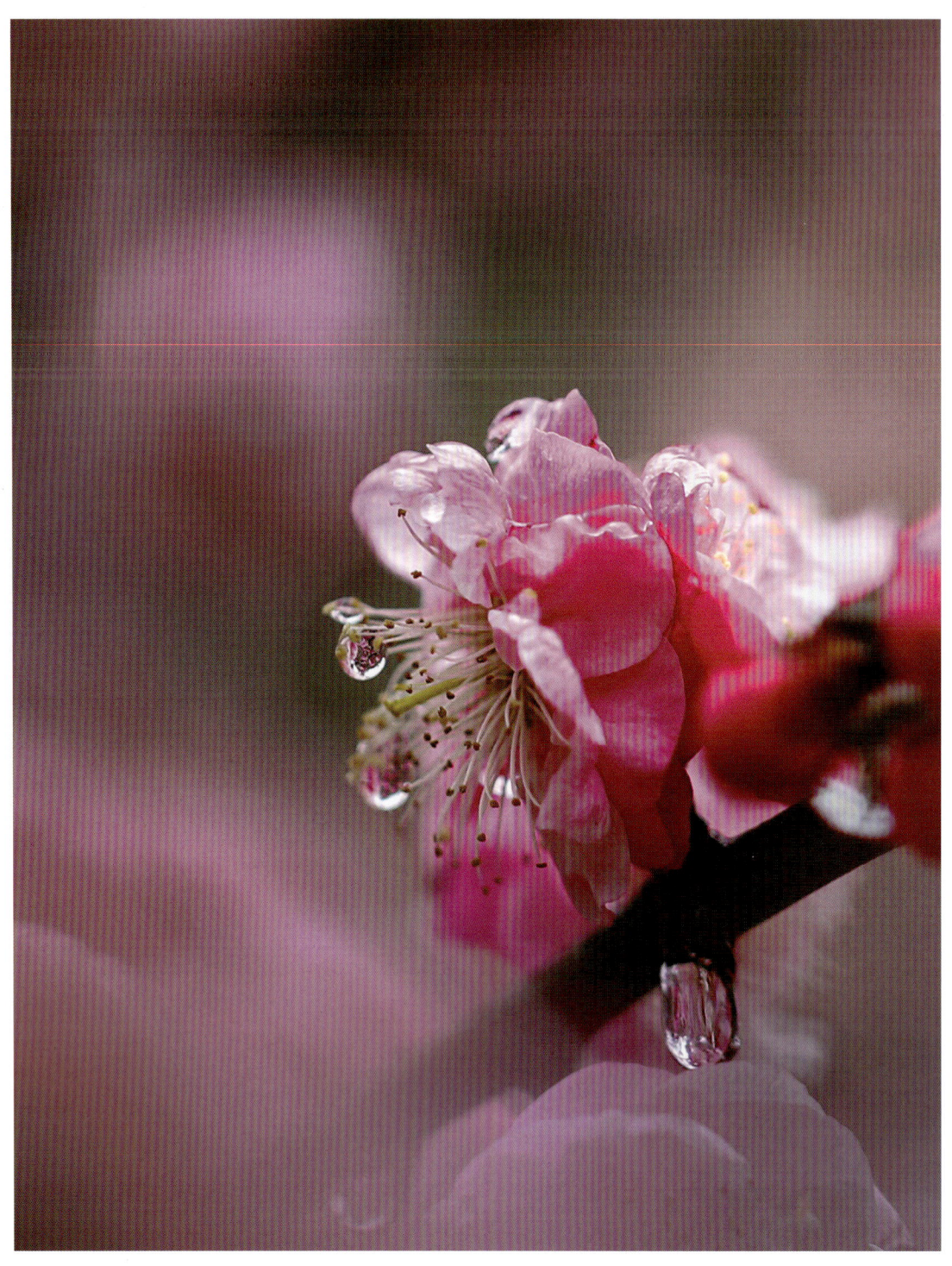

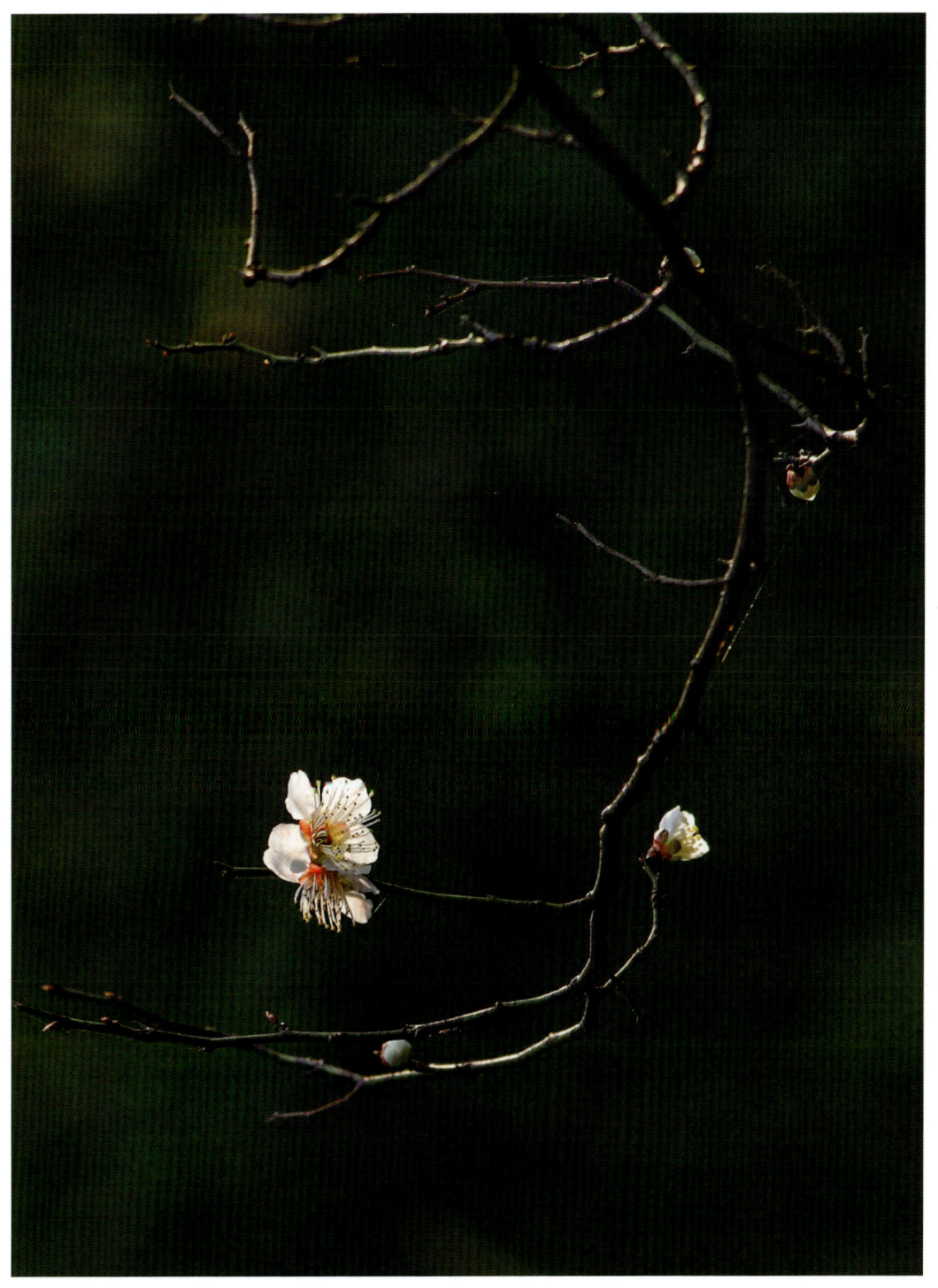

苍劲　曹山鹰（总务后勤处）

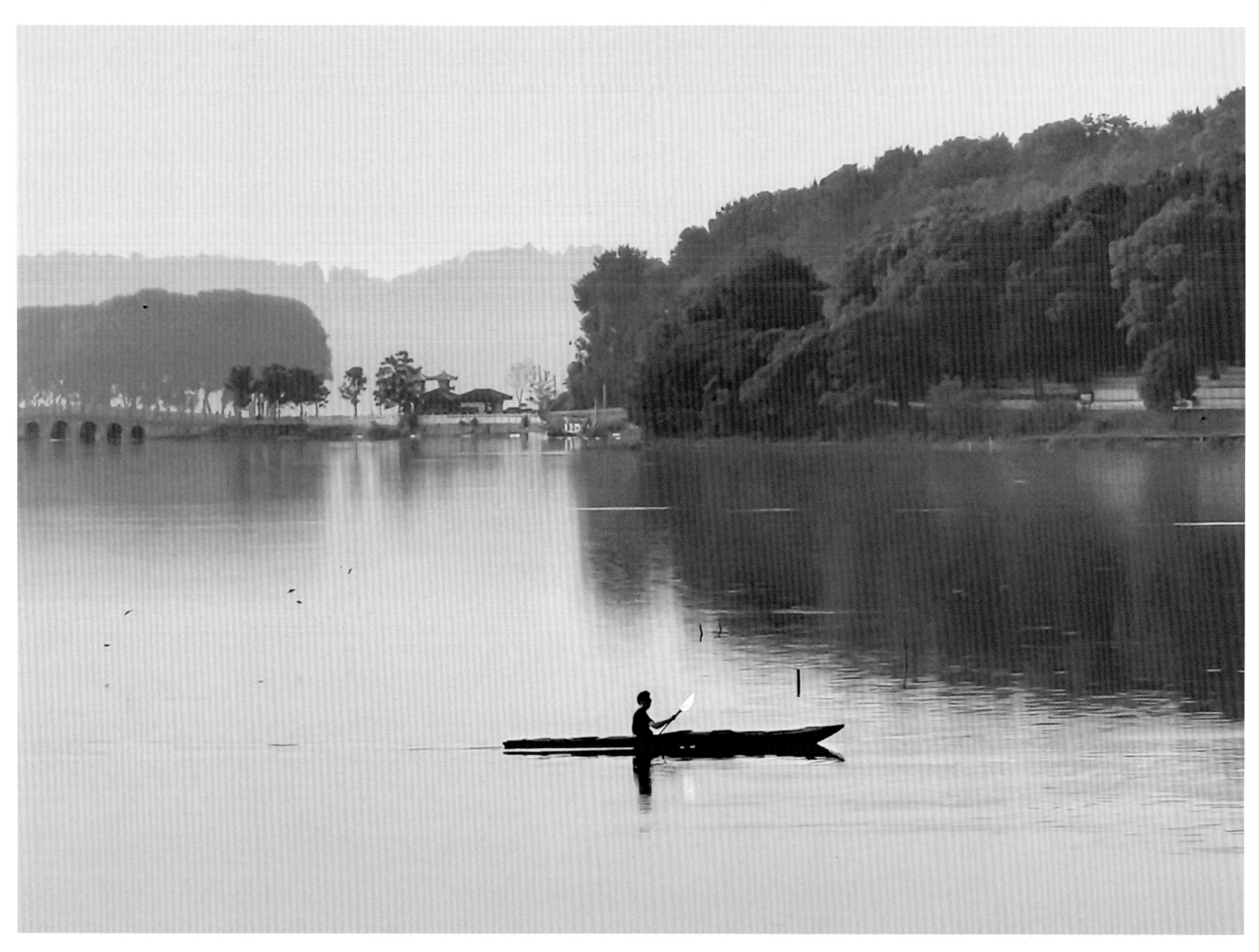

泛舟喻家湖　胡道伟（生命科学与技术学院）

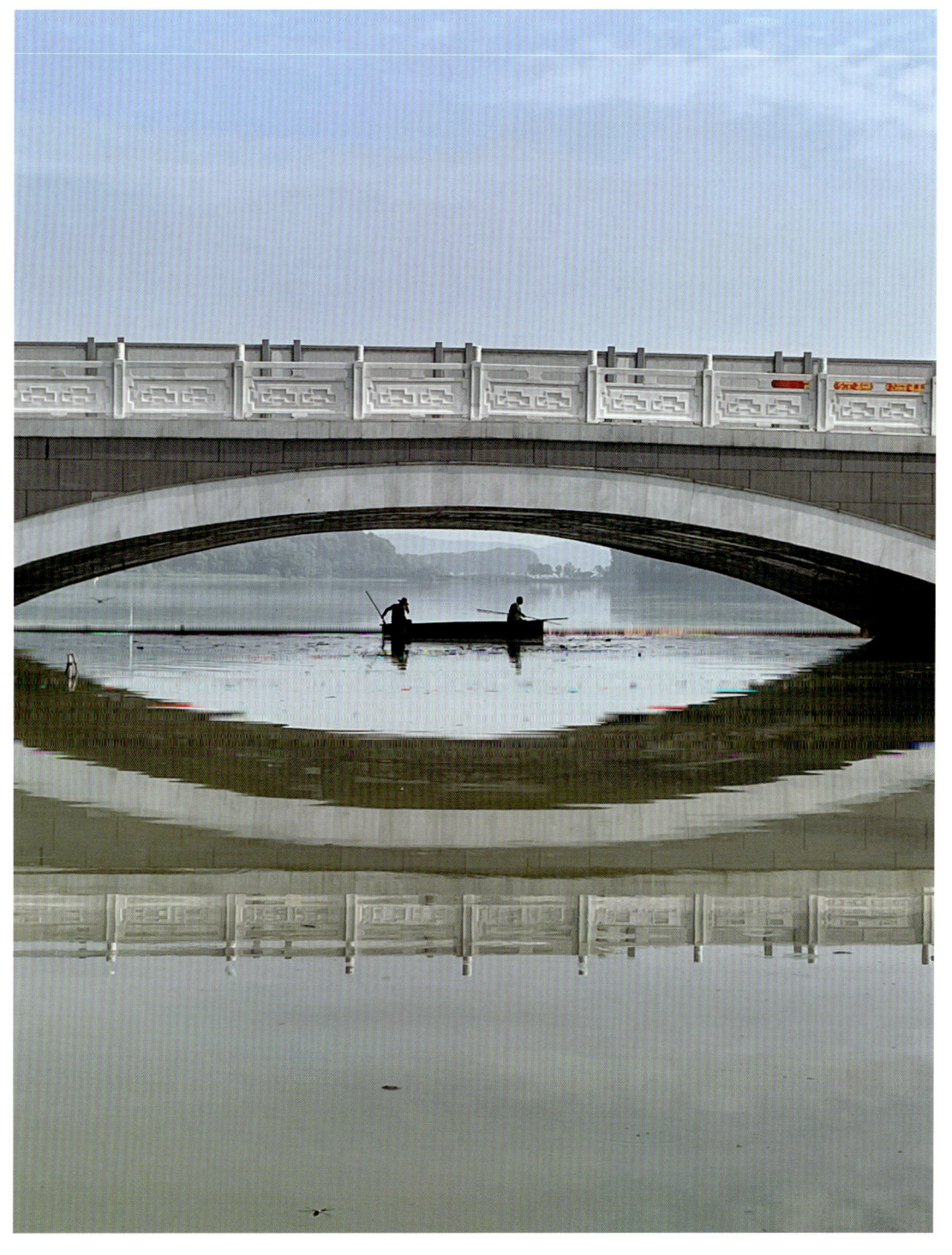

渔哥　鲁再娣（光学与电子信息学院）

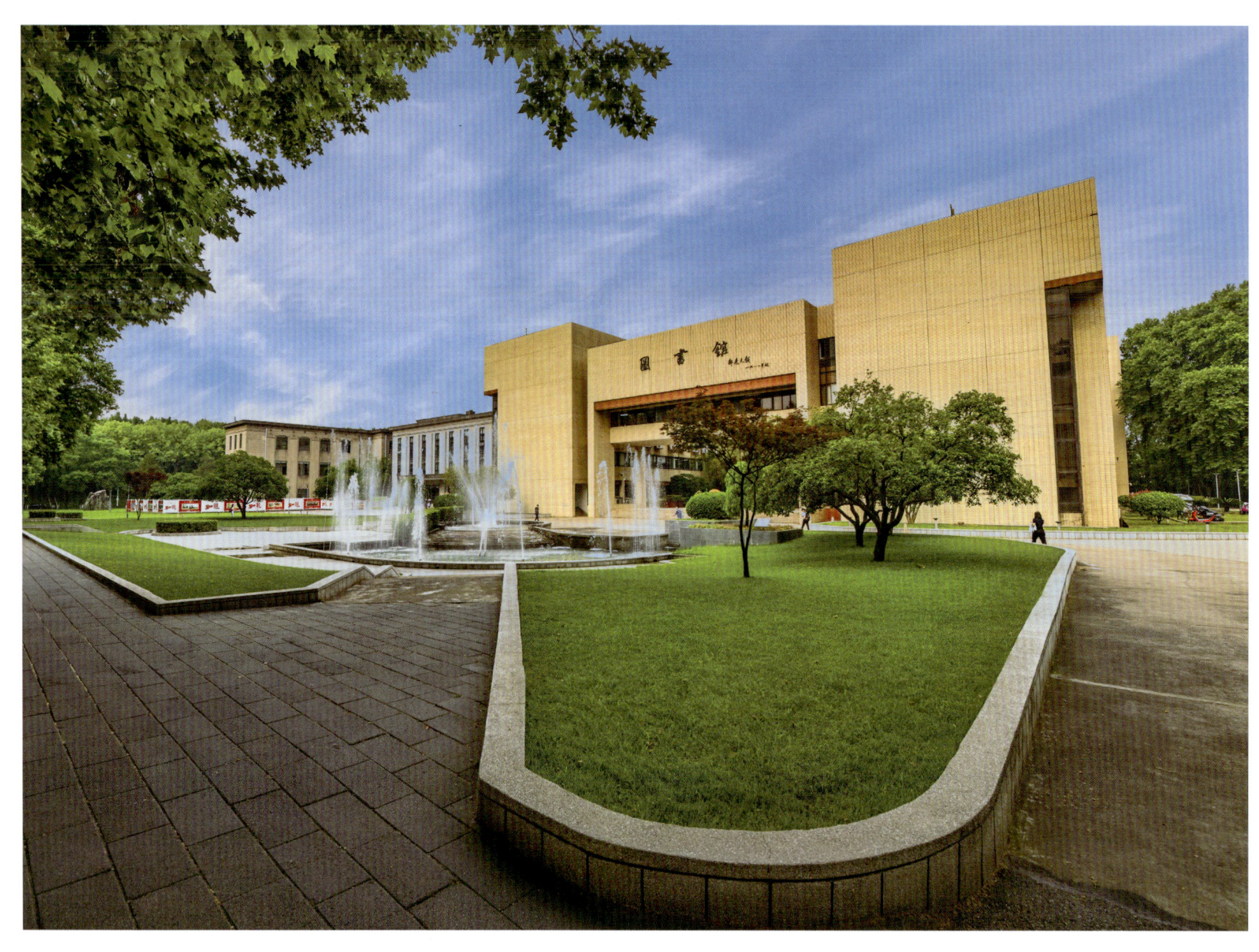

图书馆　熊伟（公共卫生学院）

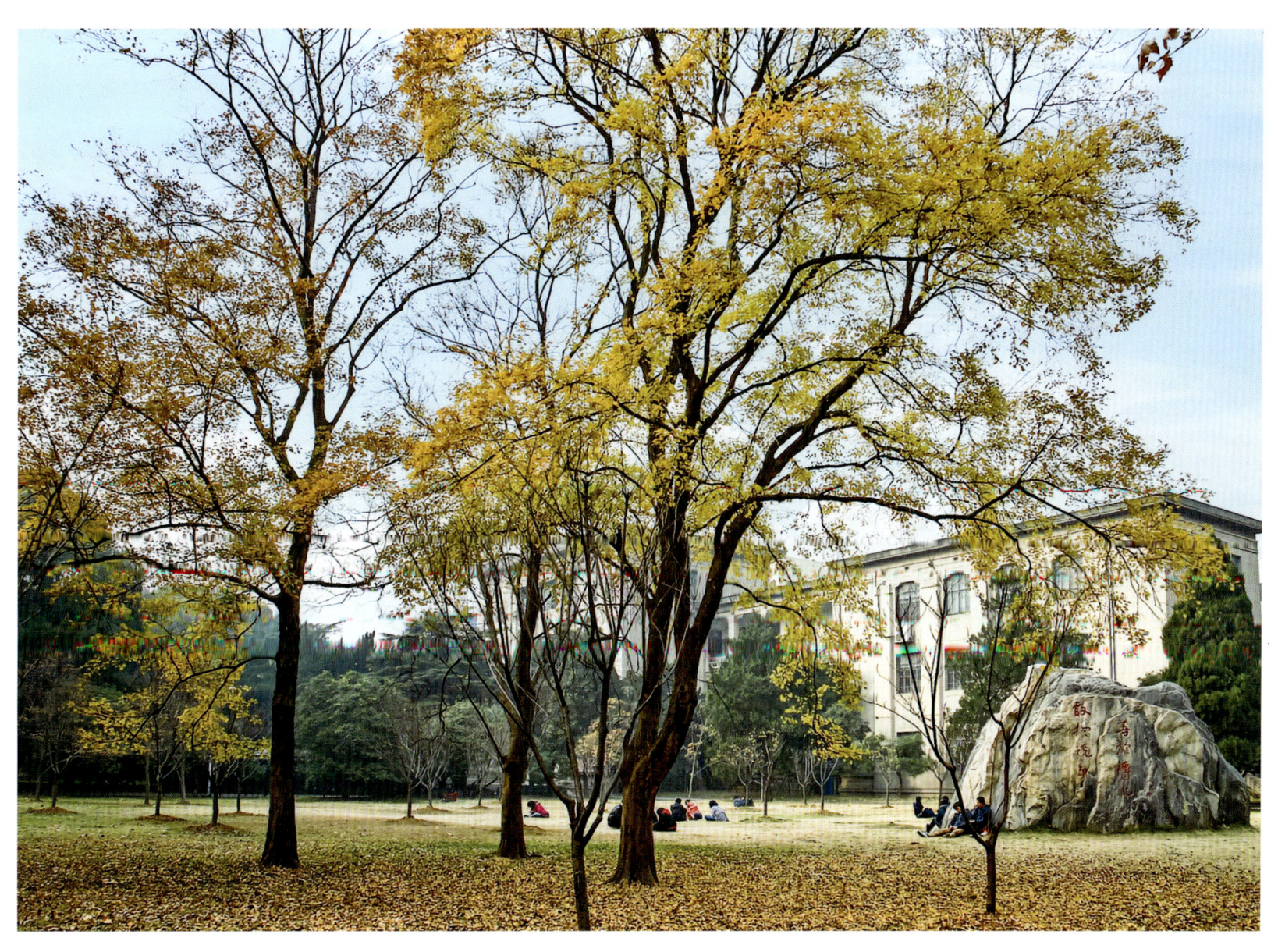

休闲地带　秦立轩（网络与计算中心）

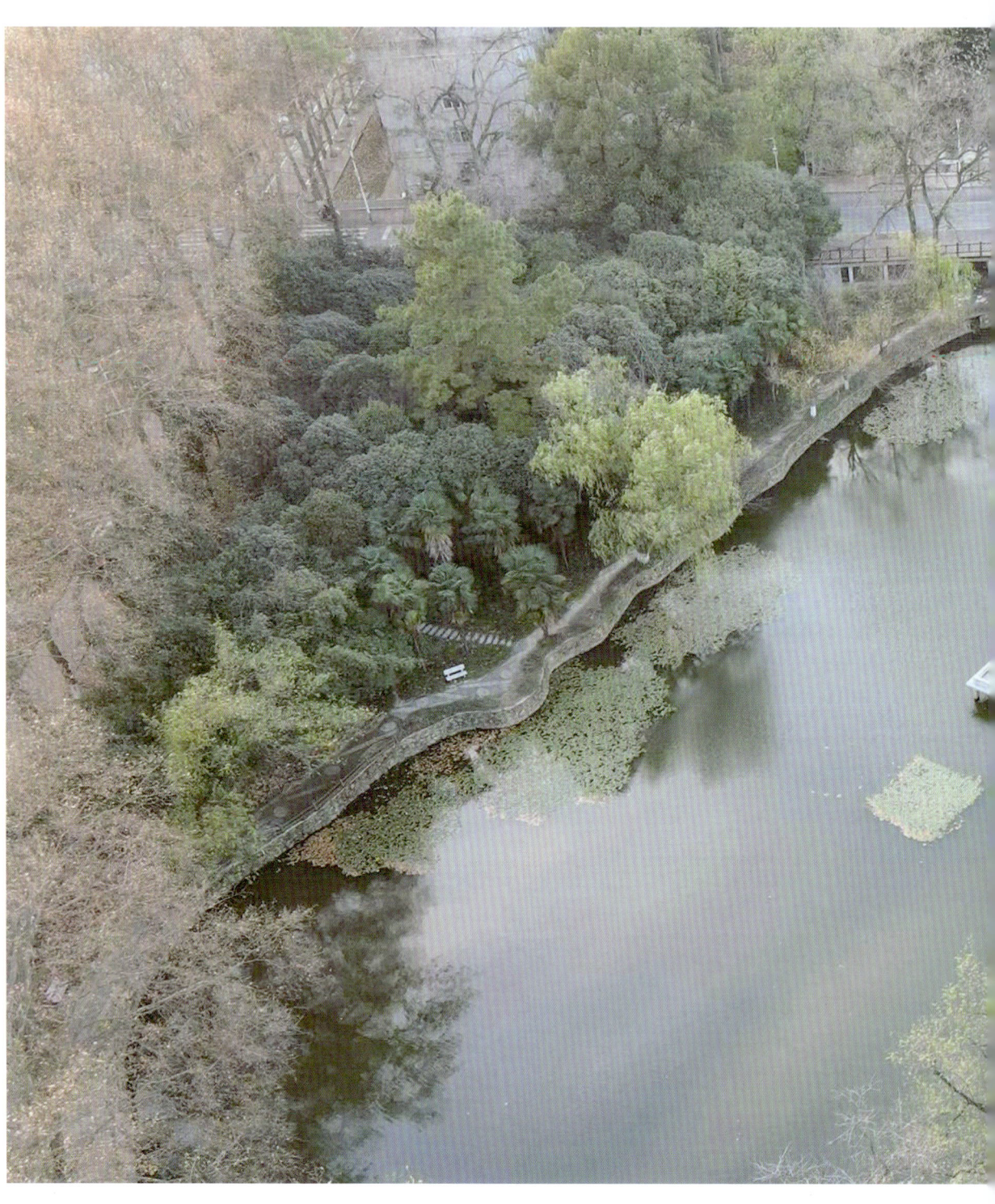

醉晚亭未曾忘　夏子龙（电气与电子工程学院）

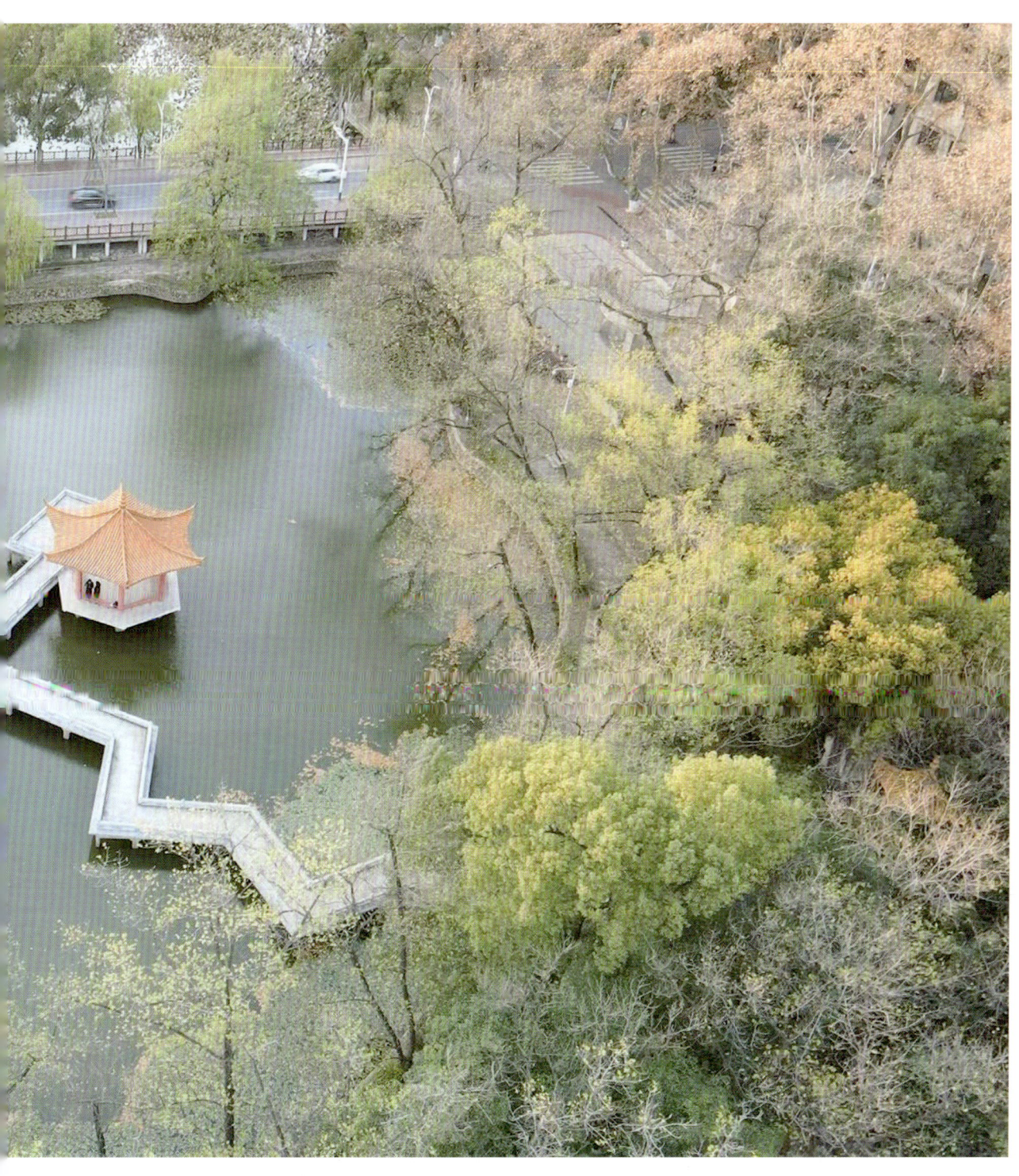

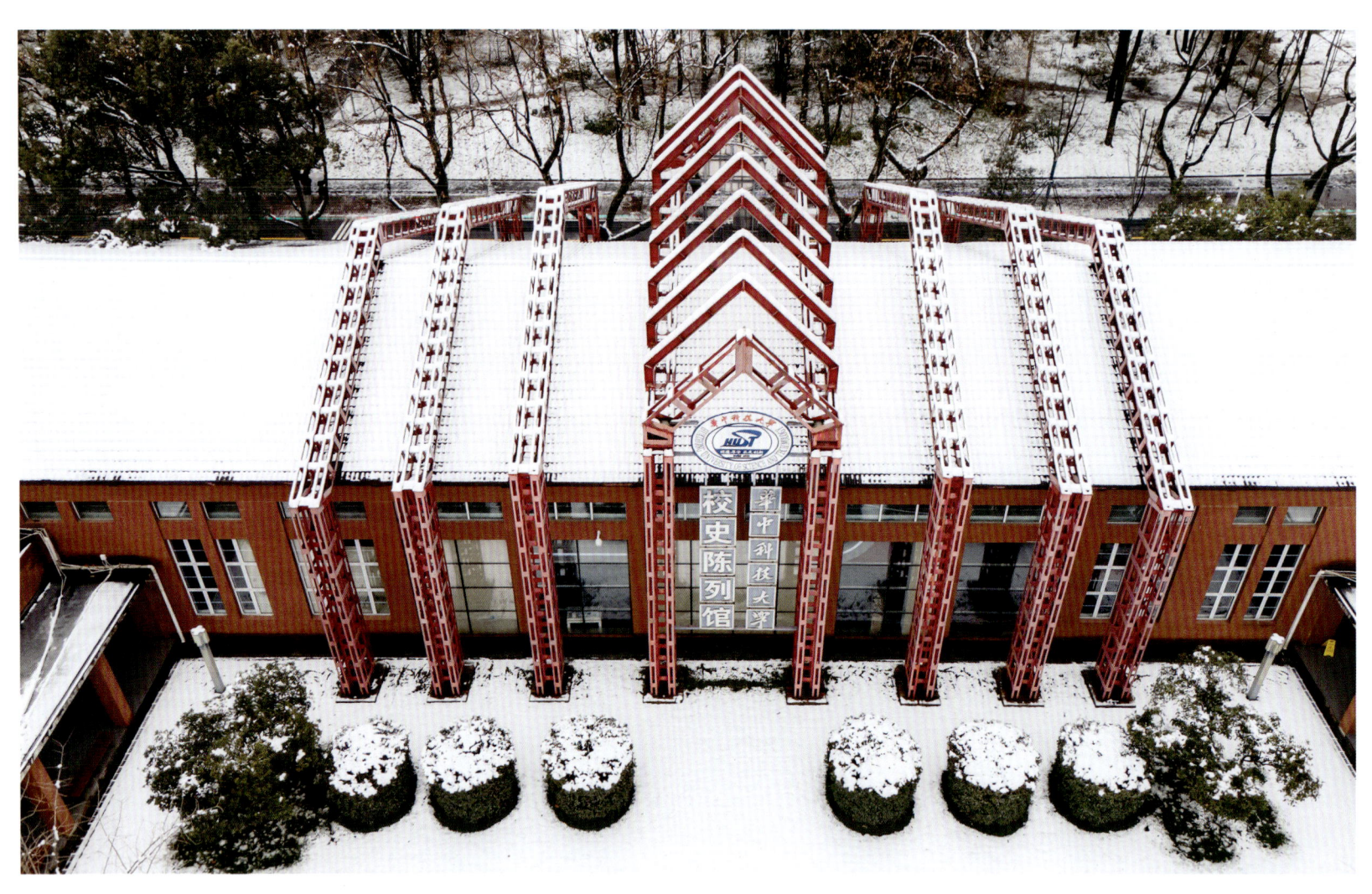

足迹无言　罗建敏（校机关）

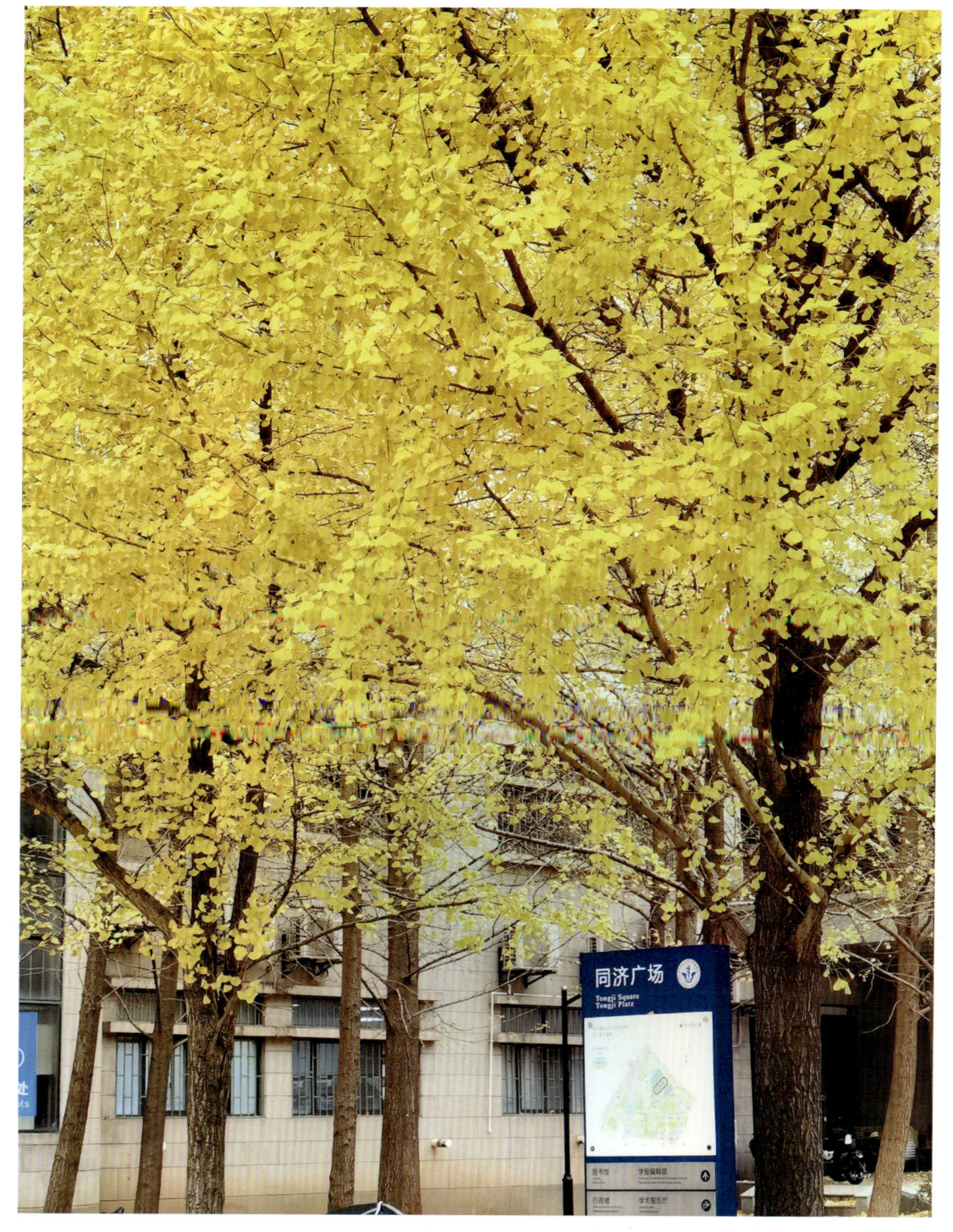

杏林秋色　邓光彦（同济医学院机关）

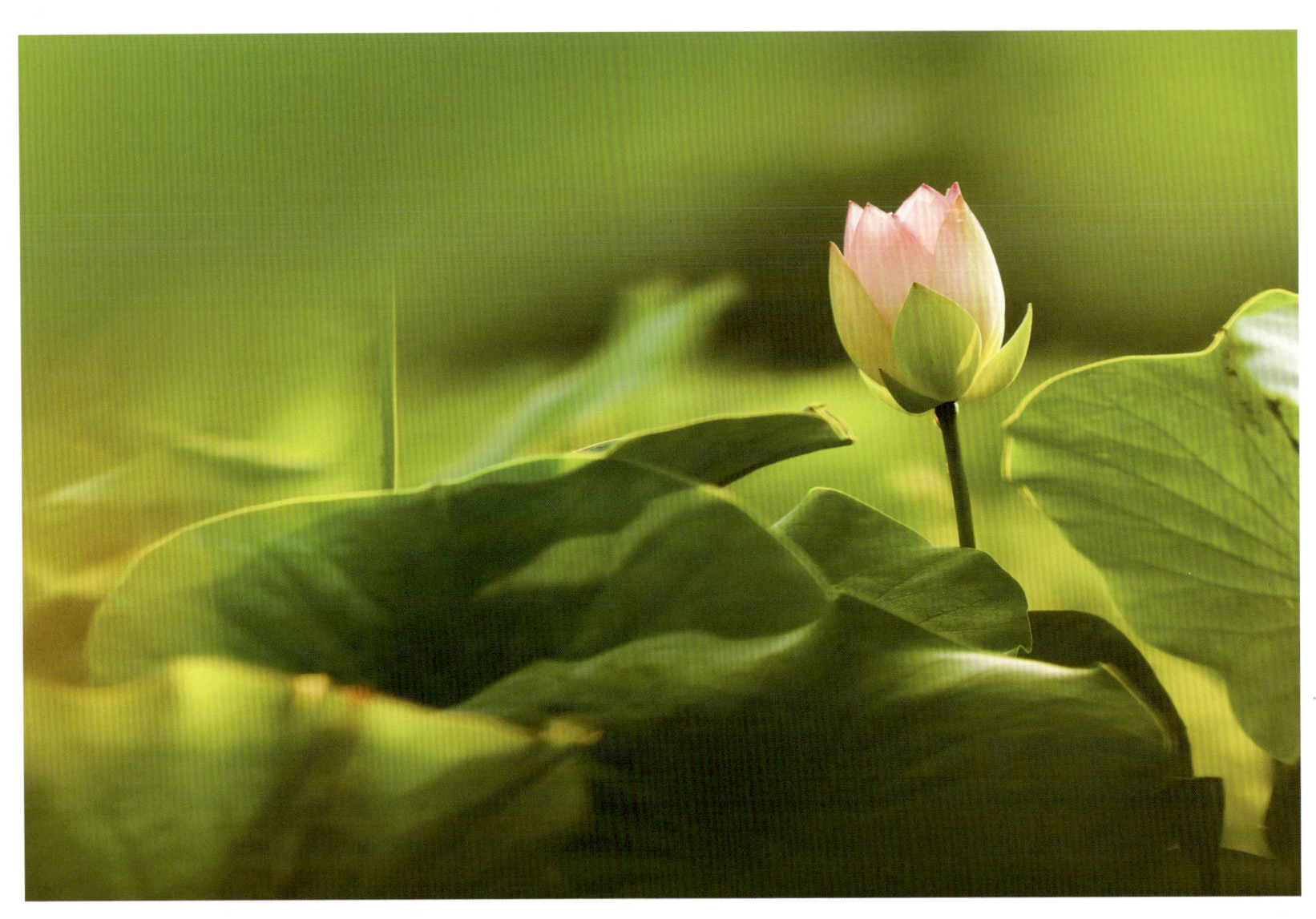

沐浴着金色的阳光　刘汉珍（化学与化工学院）

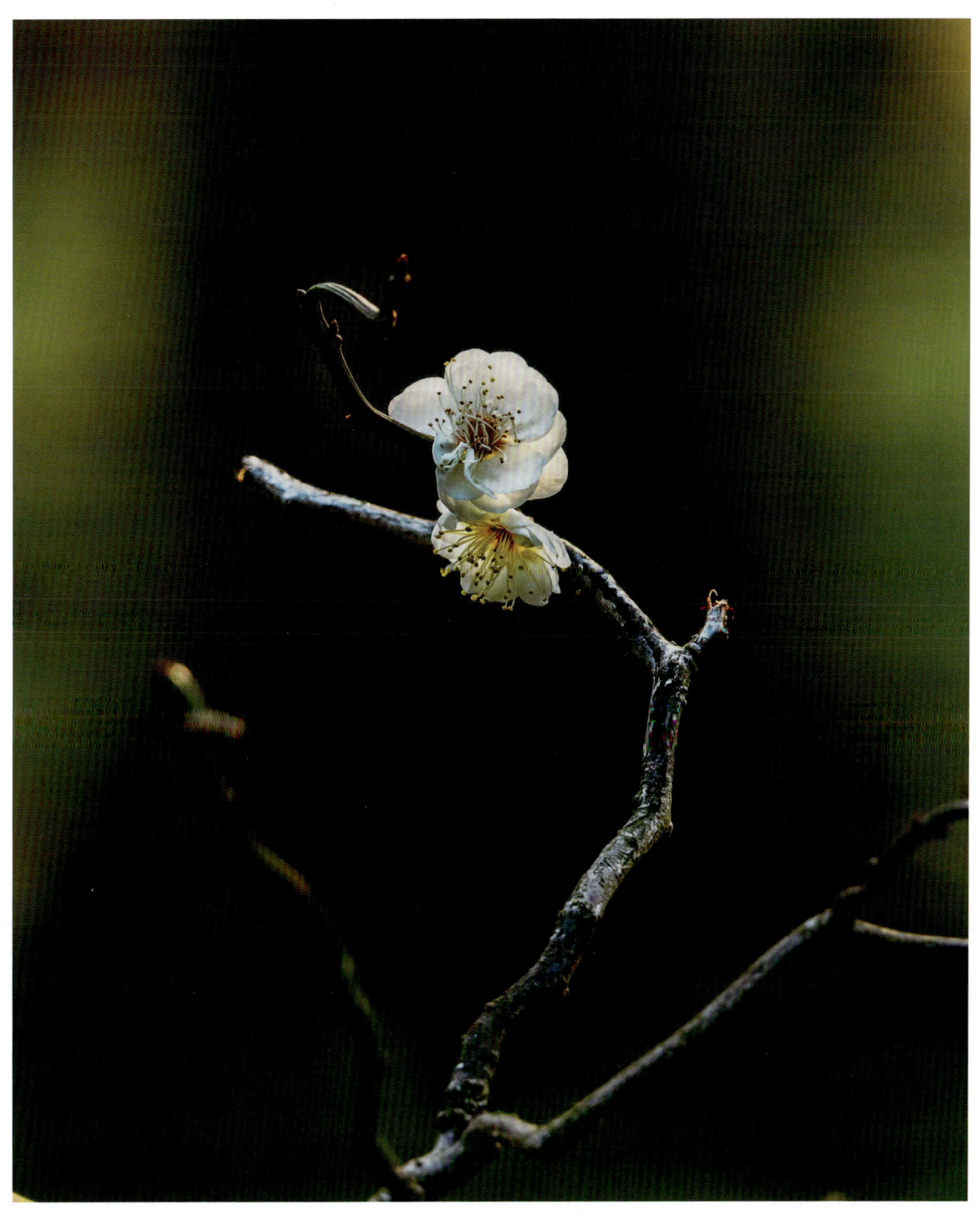

独自绽放　彭利华（法学院）

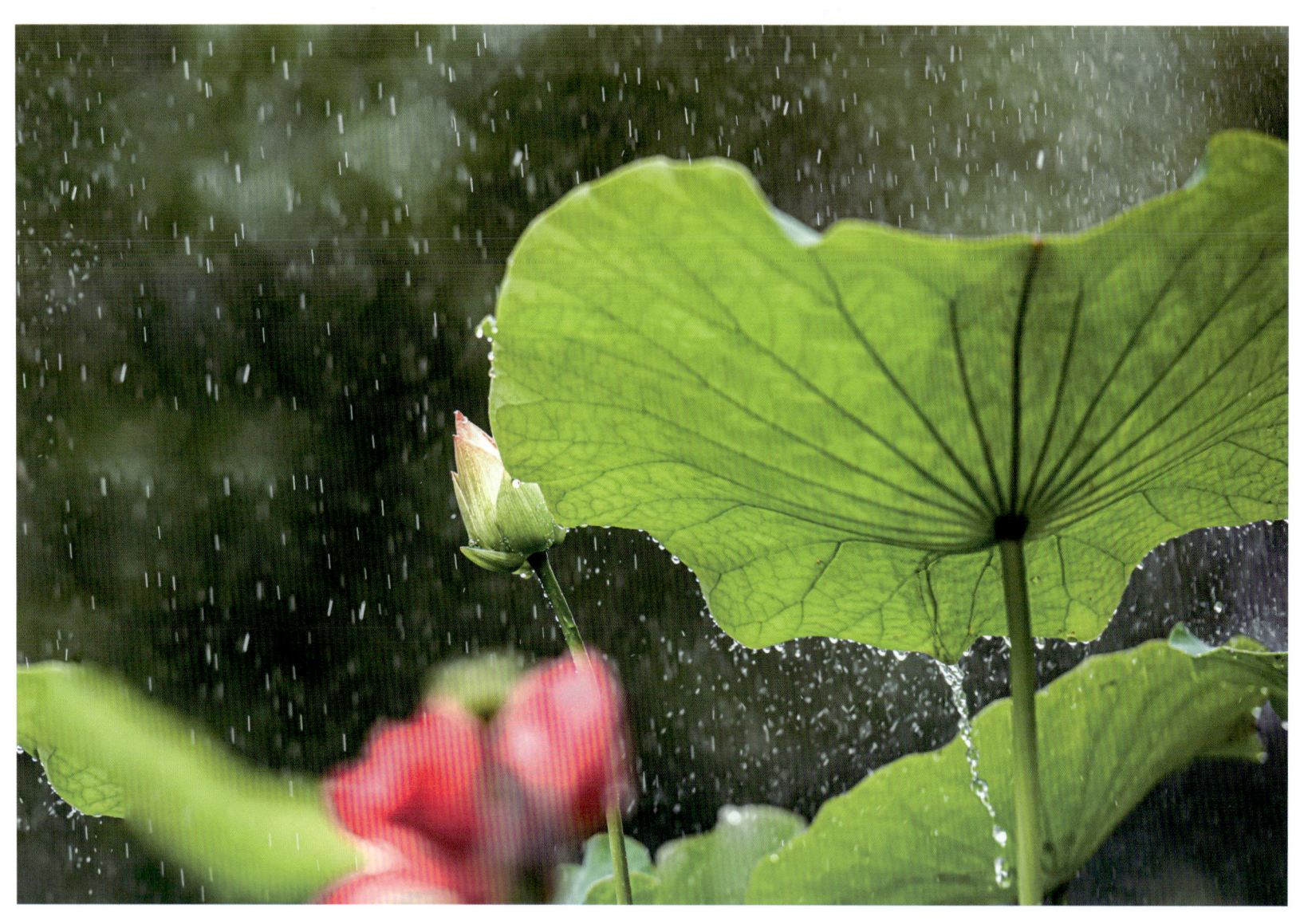

雨荷　杨泽富（电气与电子工程学院）

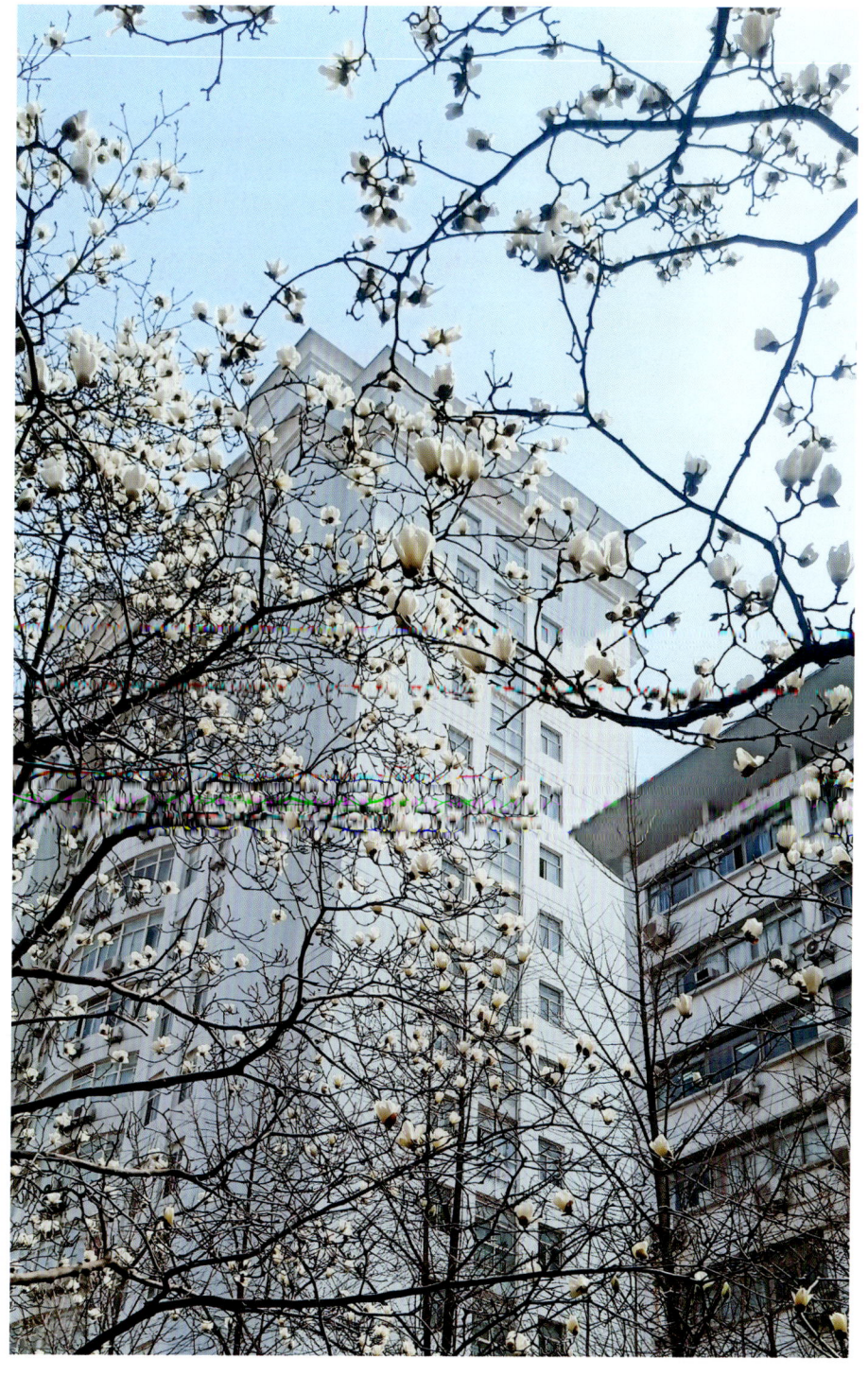

玉兰花满楼　周洁（基础医学院）

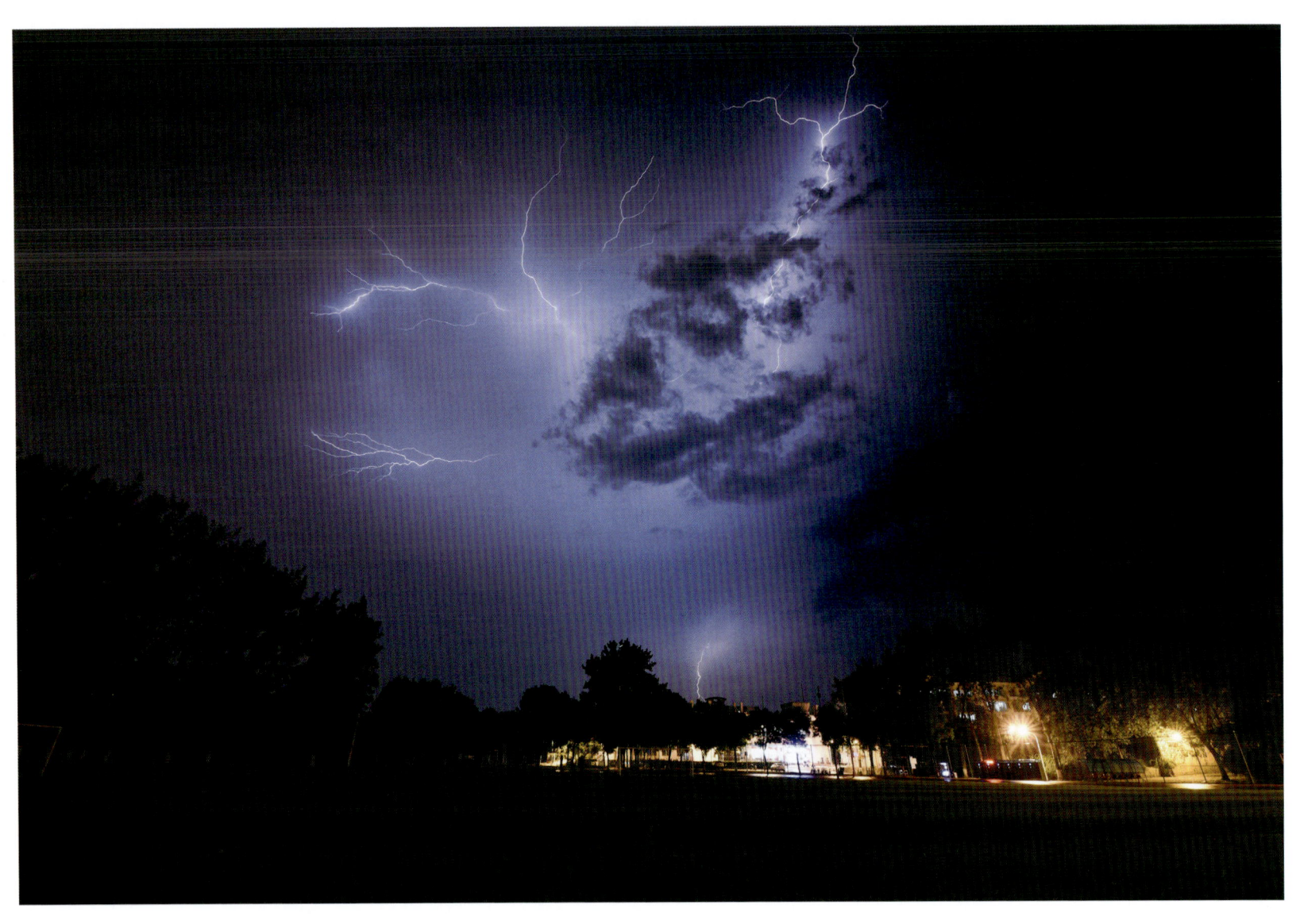

雷雨夜　单跃凡（光学与电子信息学院）

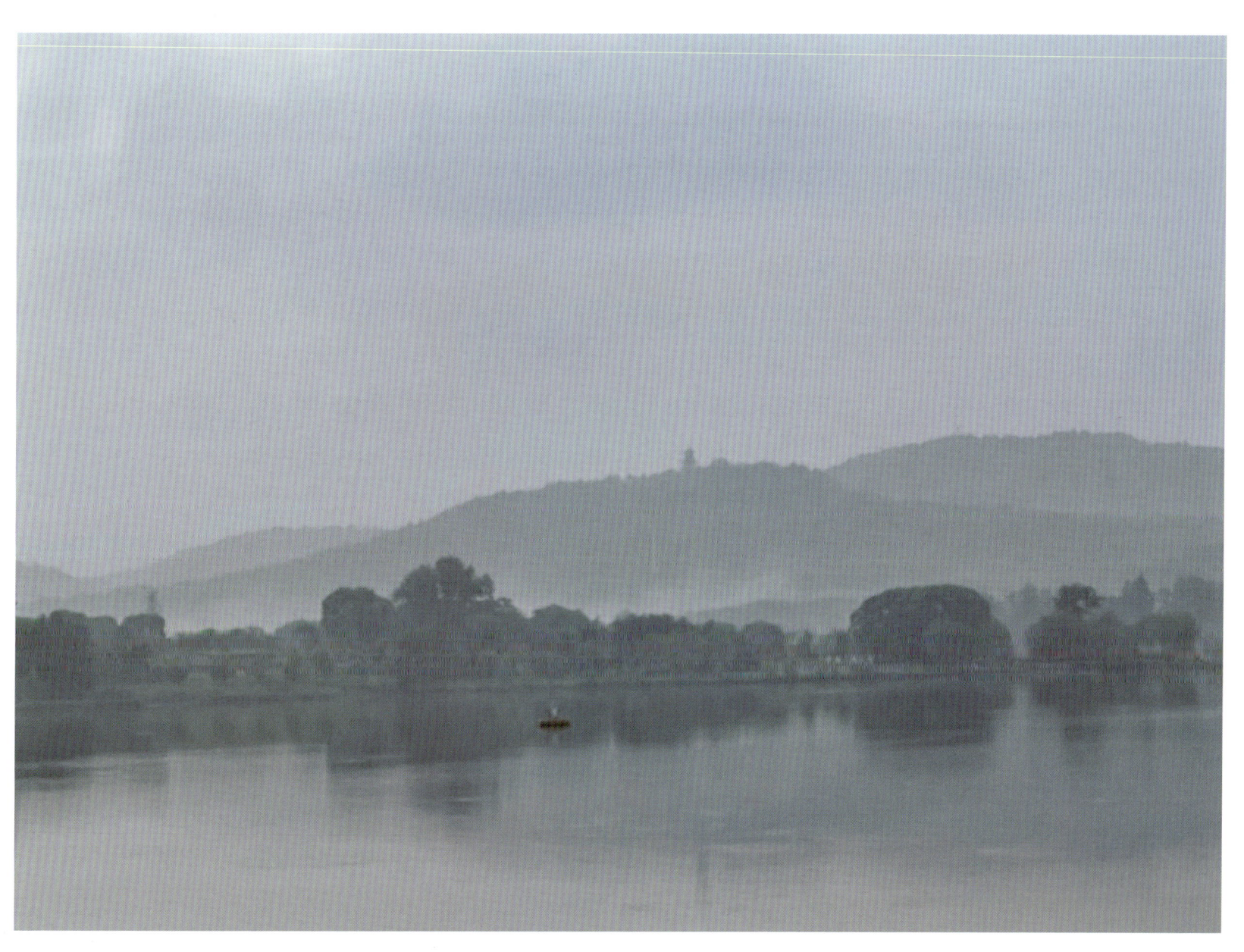

水墨山水之喻家湖　李蔚（武汉光电国家研究中心）

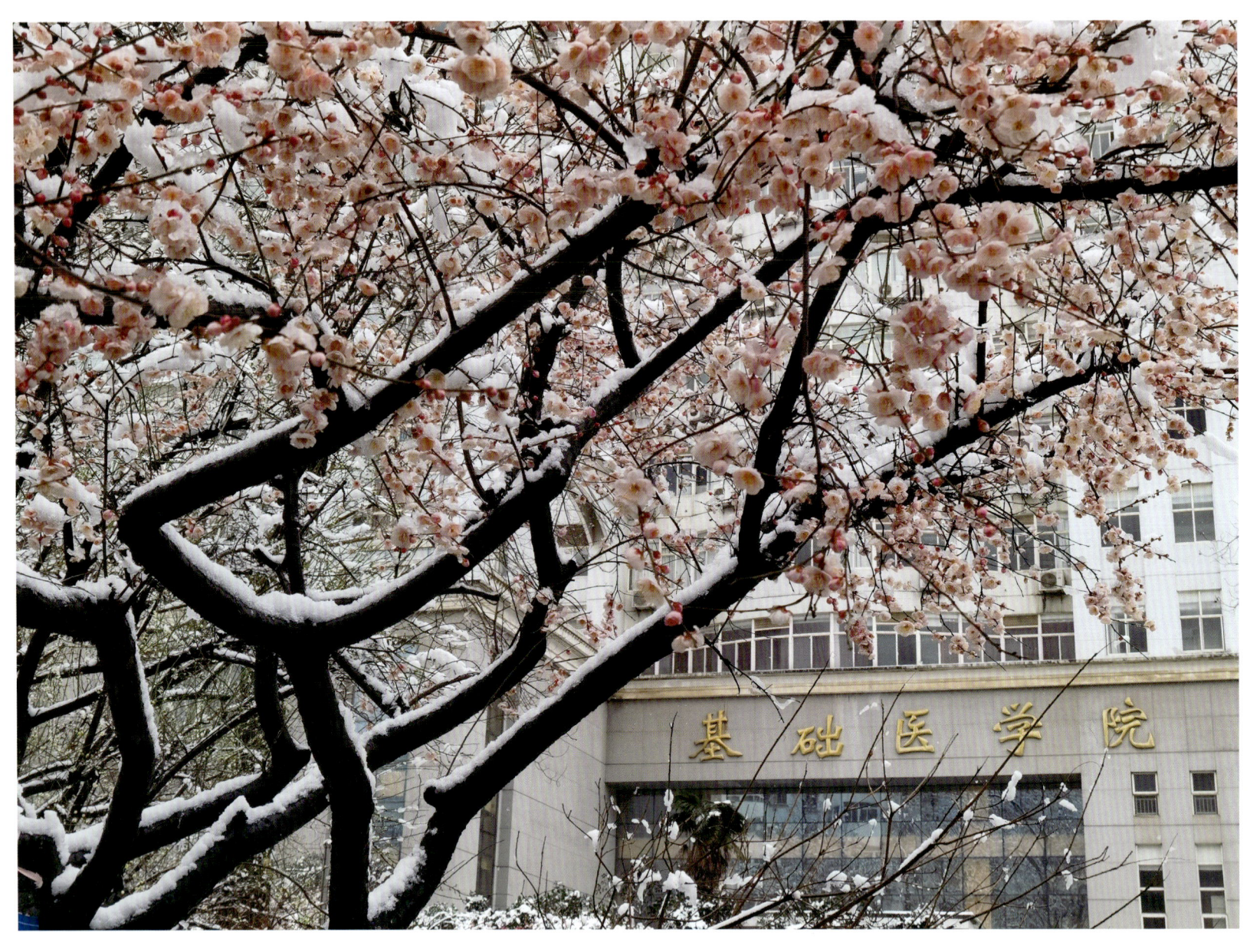

红梅报春 邓光彦（同济医学院机关）

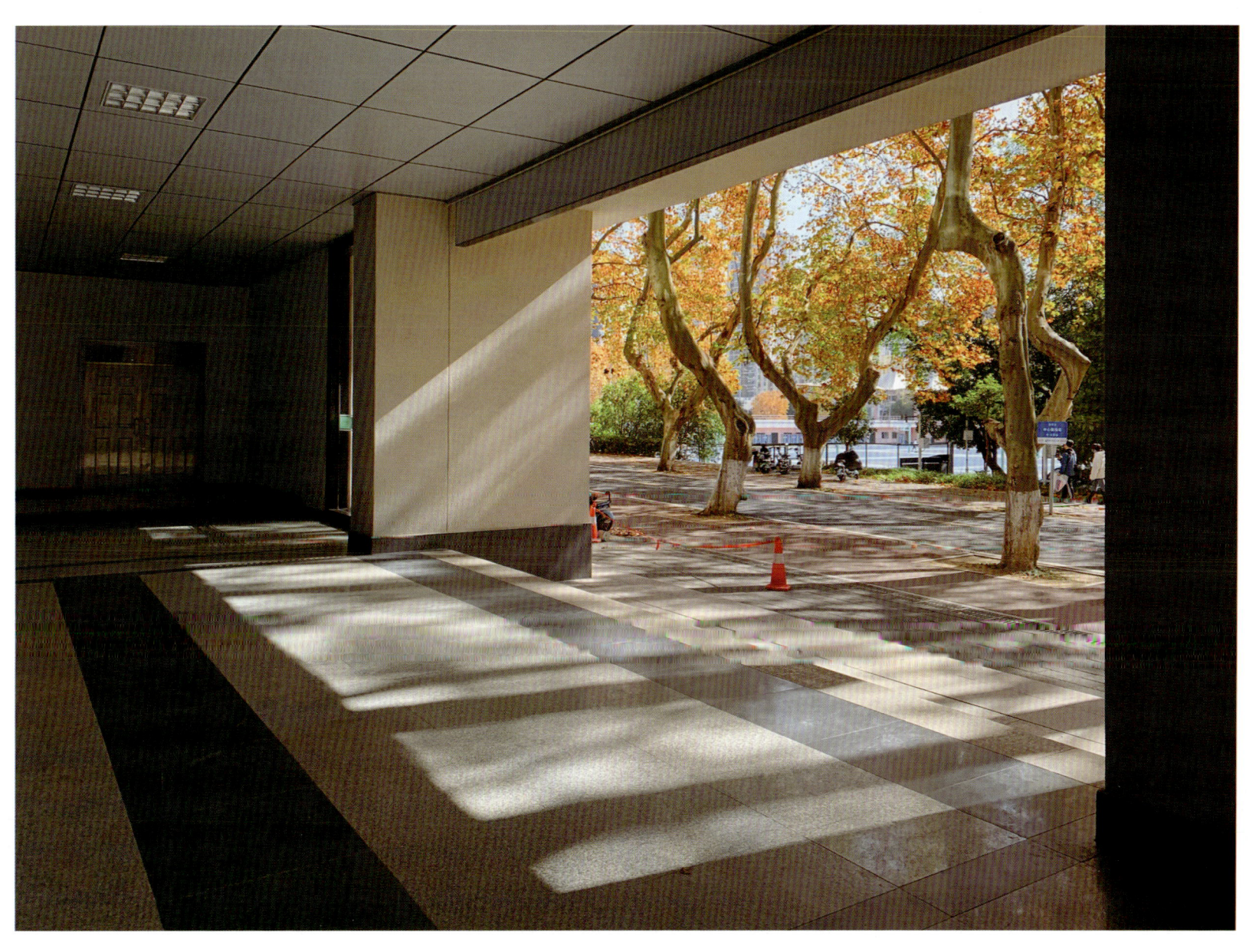

初秋光影　洪敏（教育科学研究院）

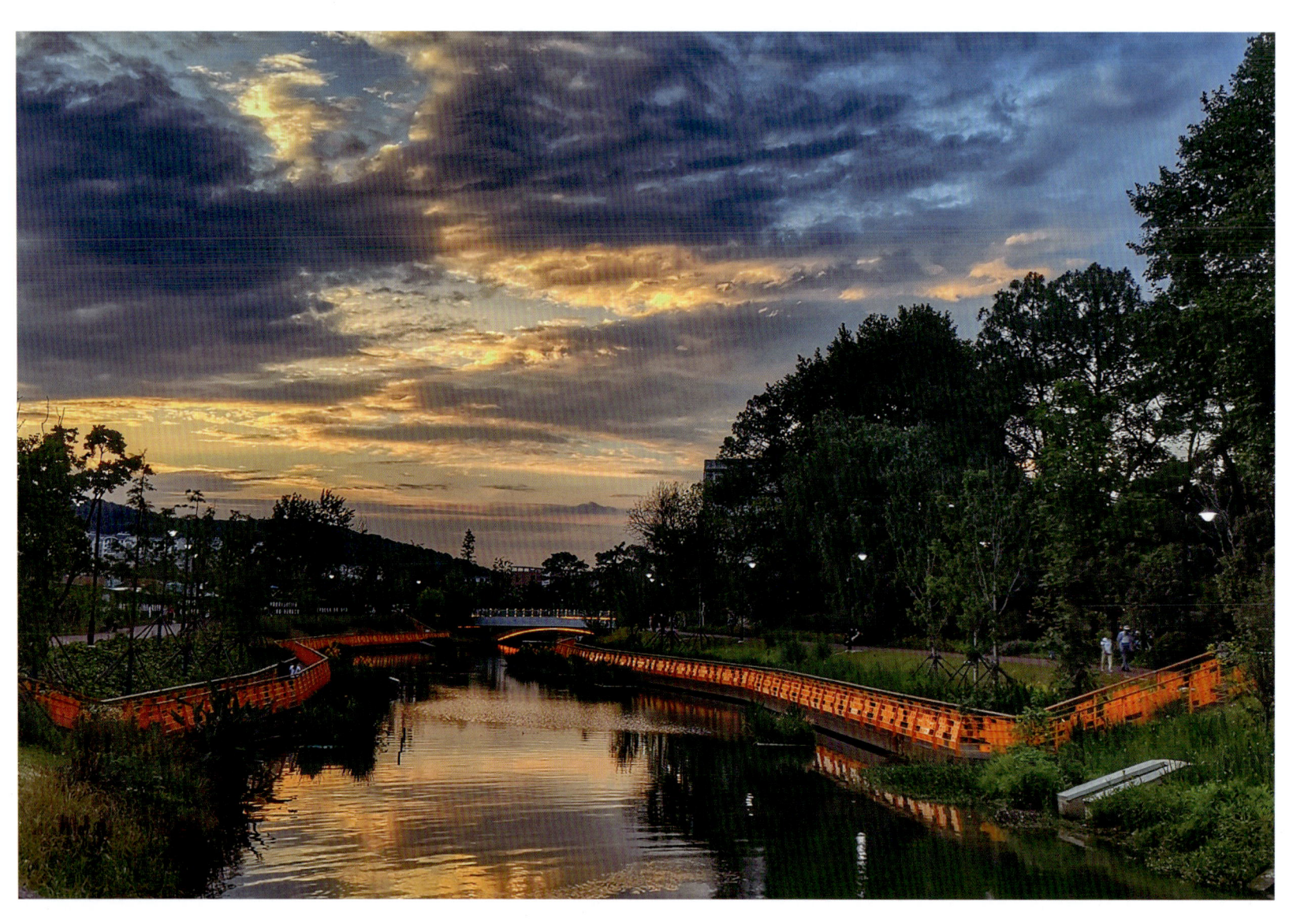

湖溪河晚景　邹志革（光学与电子信息学院）

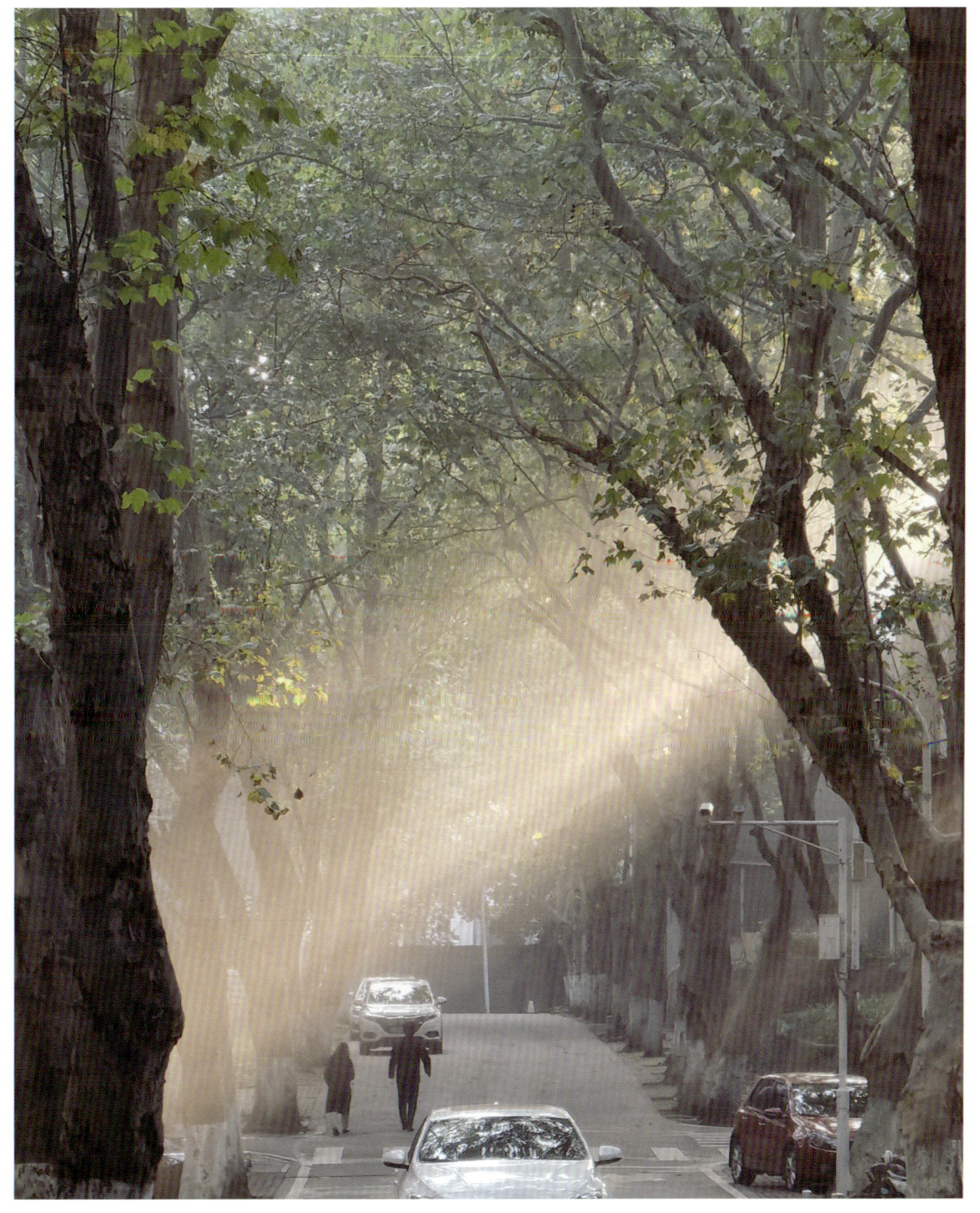

清晨的阳光　郭峻彤（机械科学与工程学院）

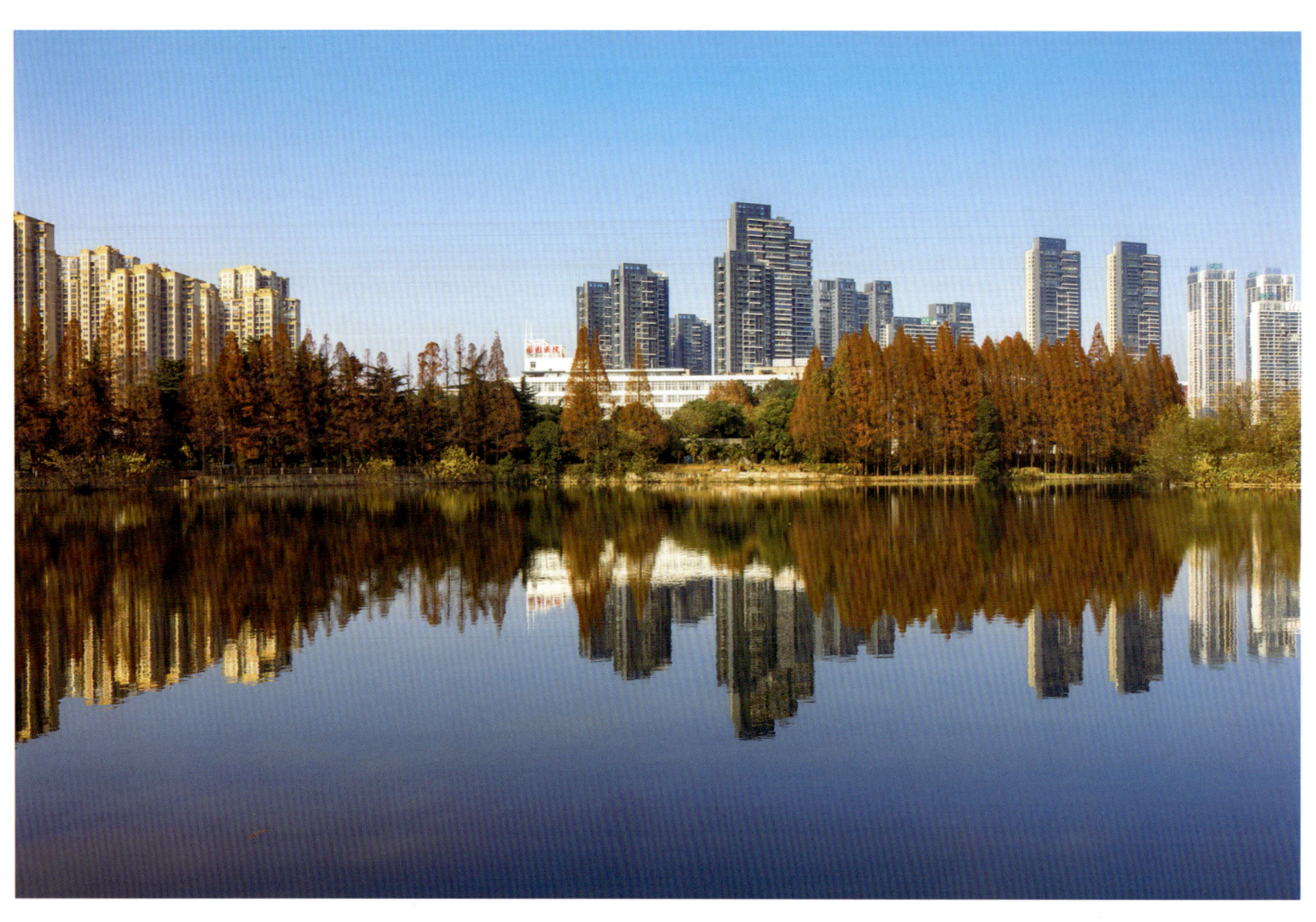

梨园秋色　张开泉（现代教育技术中心）

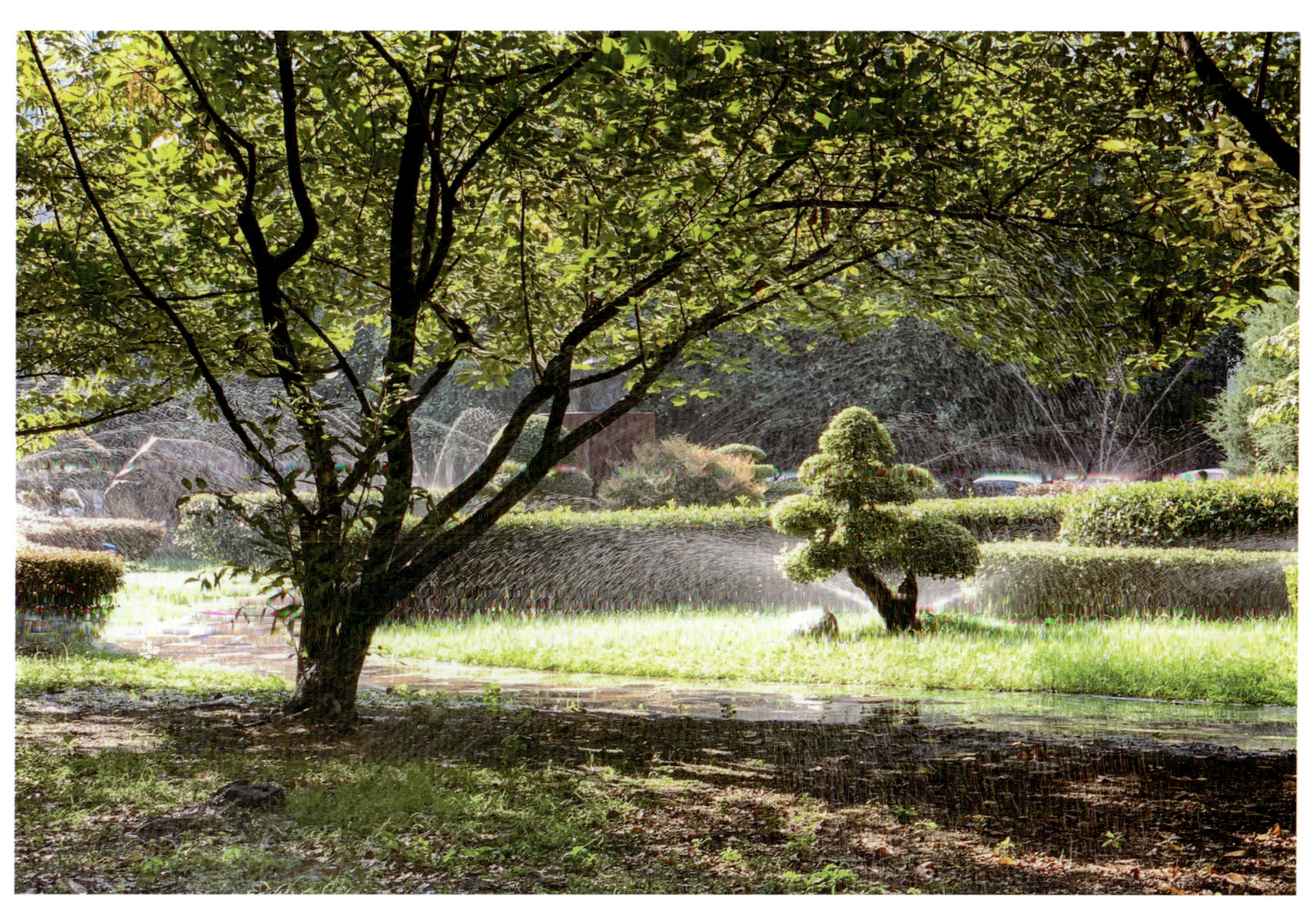

同济广场　柯育萍（同济医学院机关）

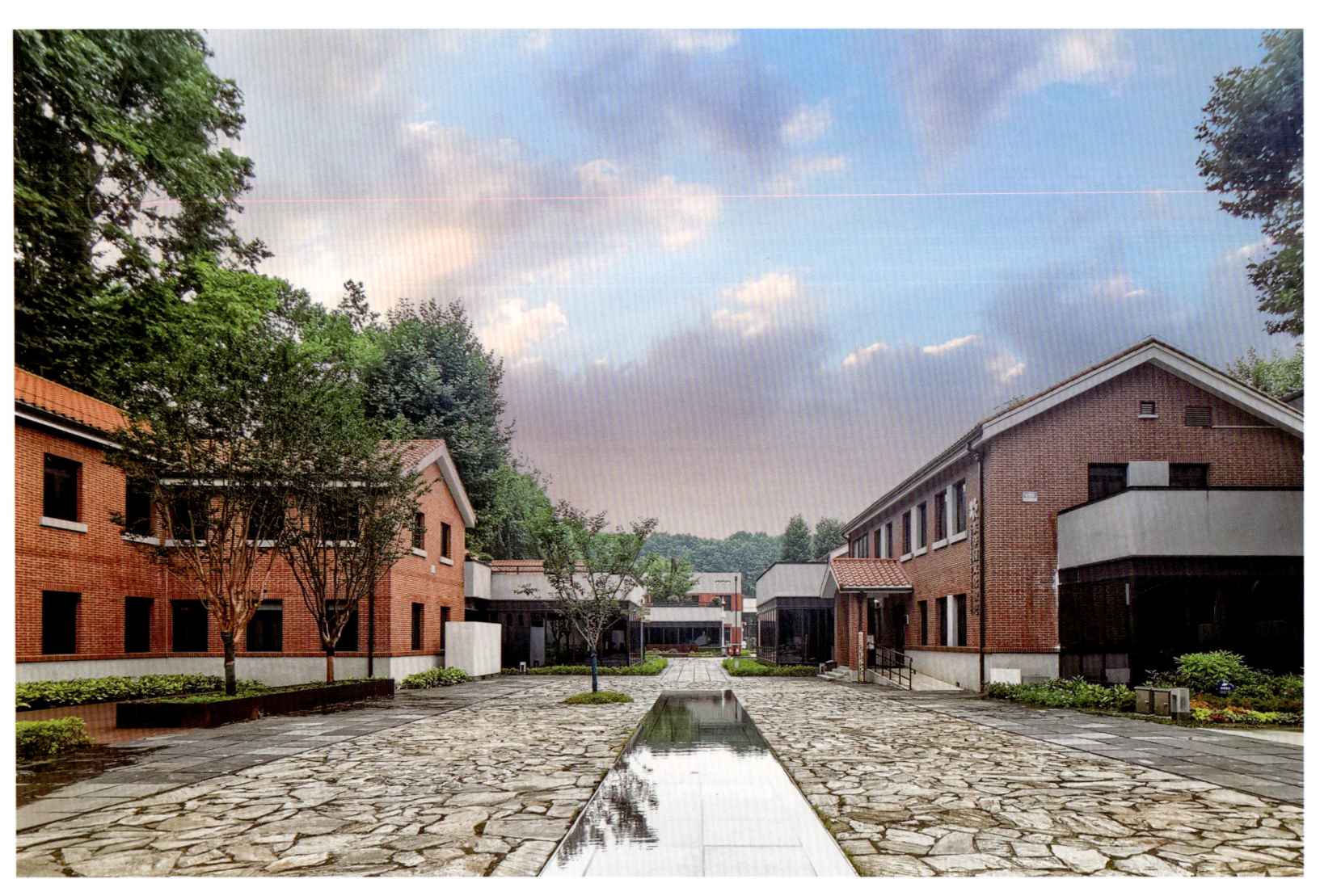

静谧 熊伟（公共卫生学院）

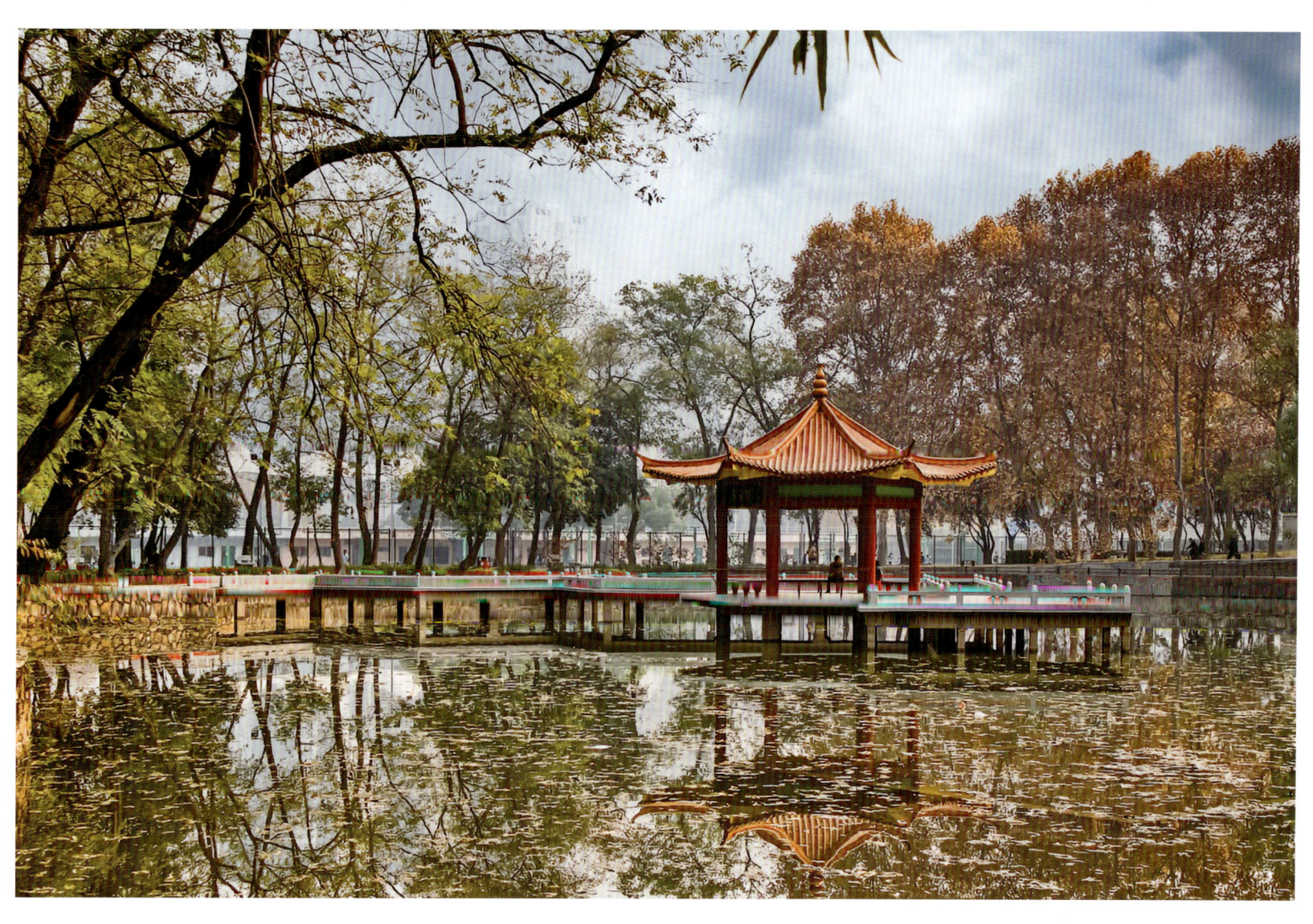

荷花池　秦立轩（网络与计算中心）

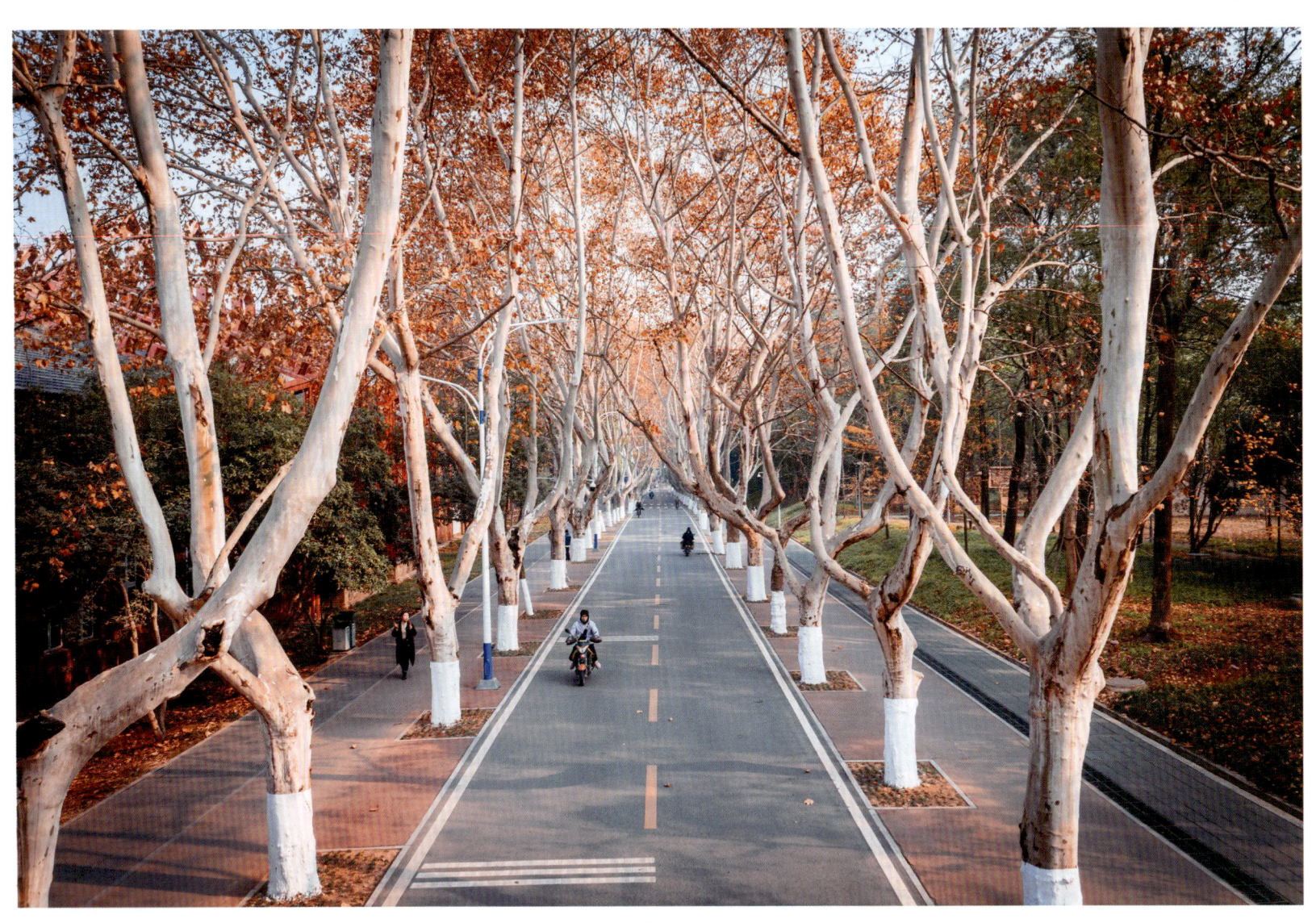

梧桐大道　田野（光学与电子信息学院）

下篇

多彩生活

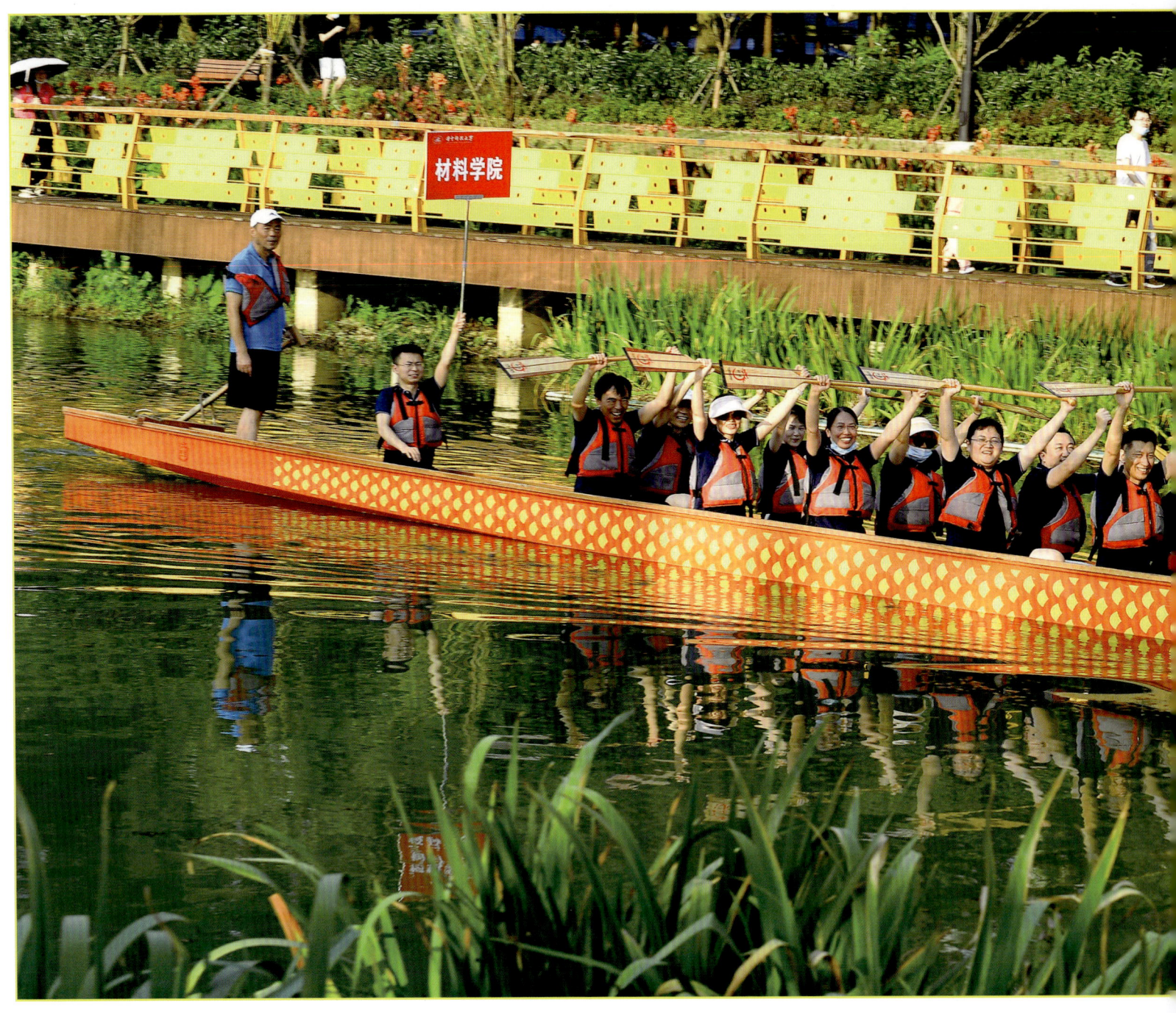

赛龙舟　朱永峰（外国语学院）

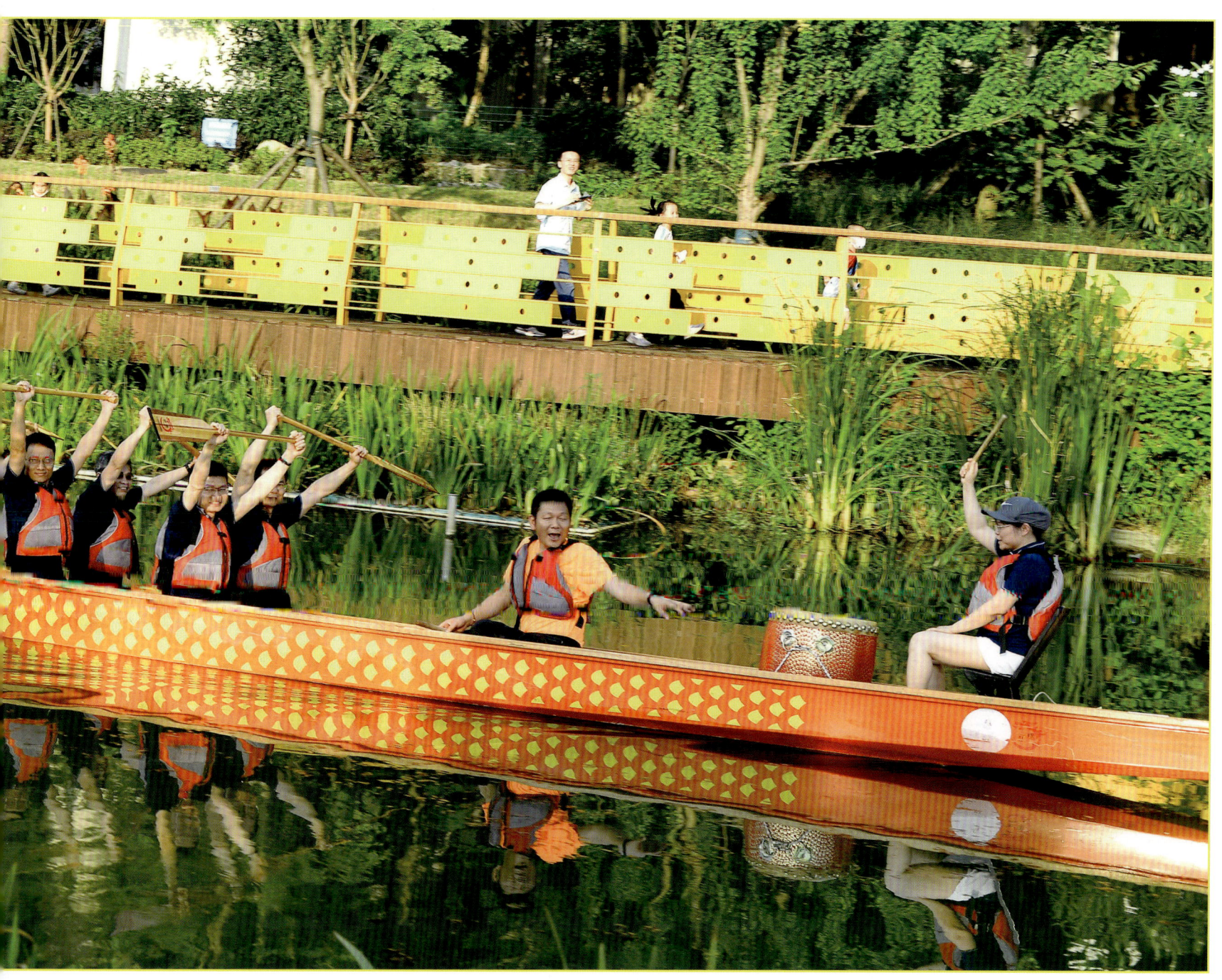

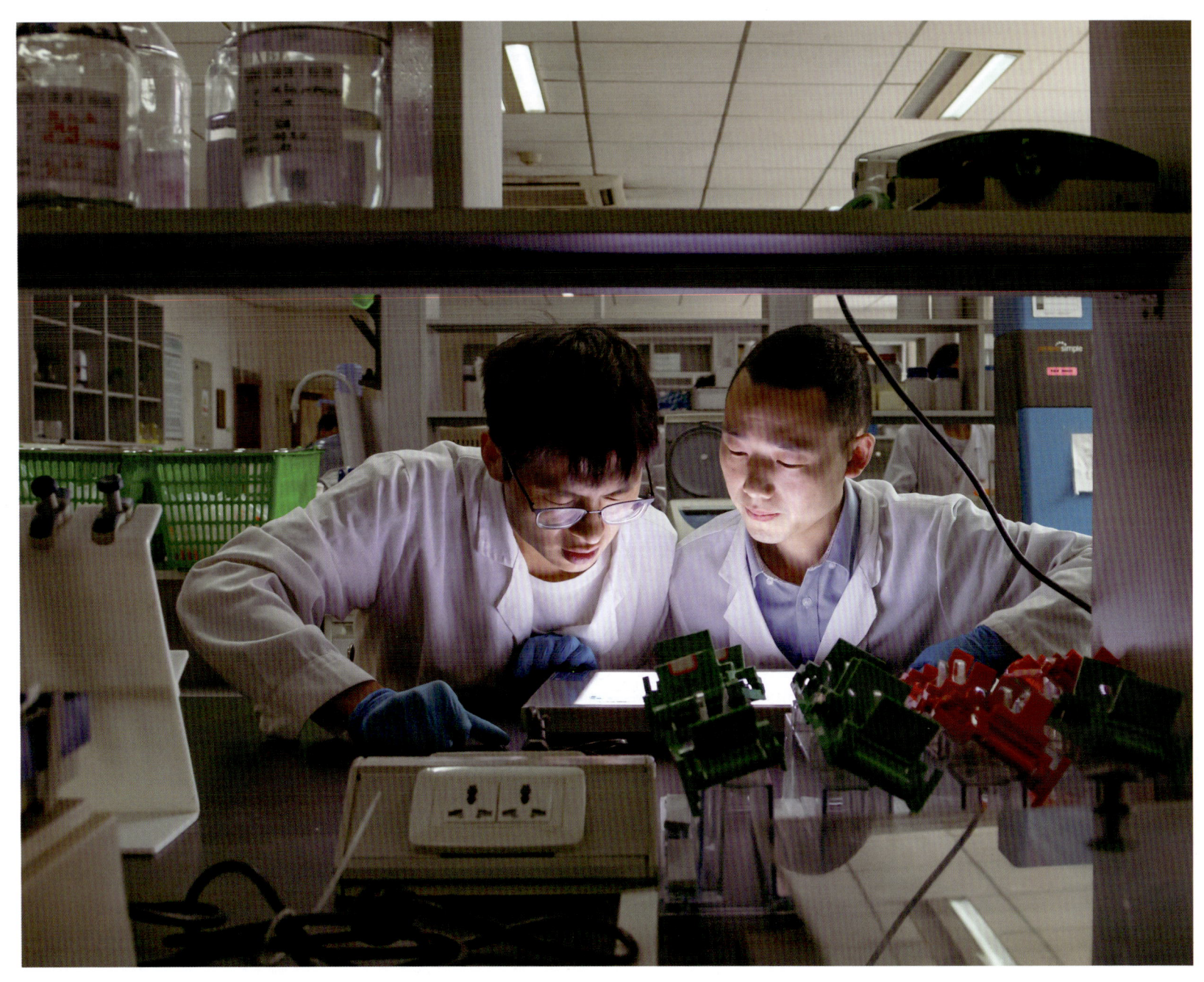

发现了什么 胡道伟（生命科学与技术学院）

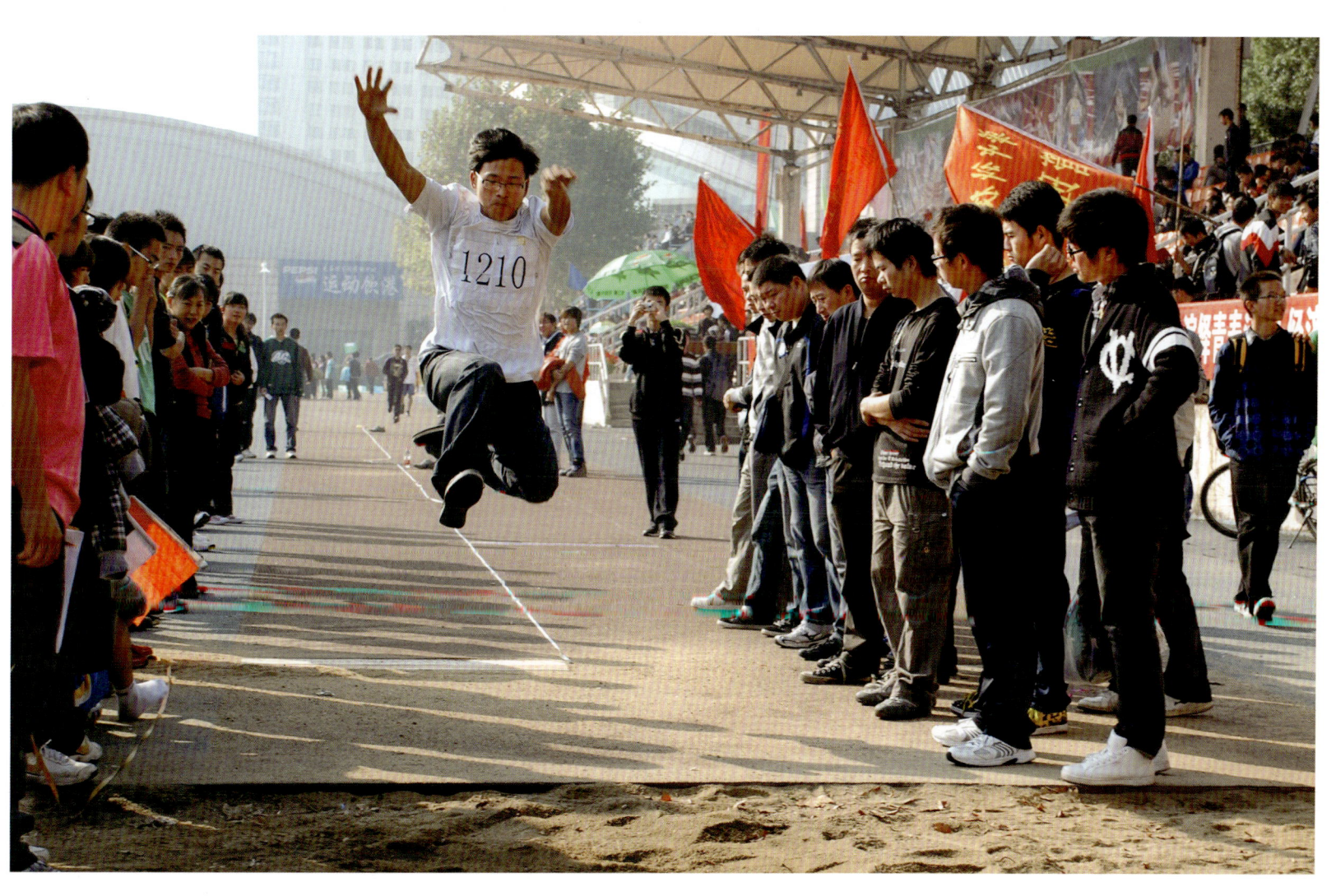

奋起一跳　周晓华（图书馆）

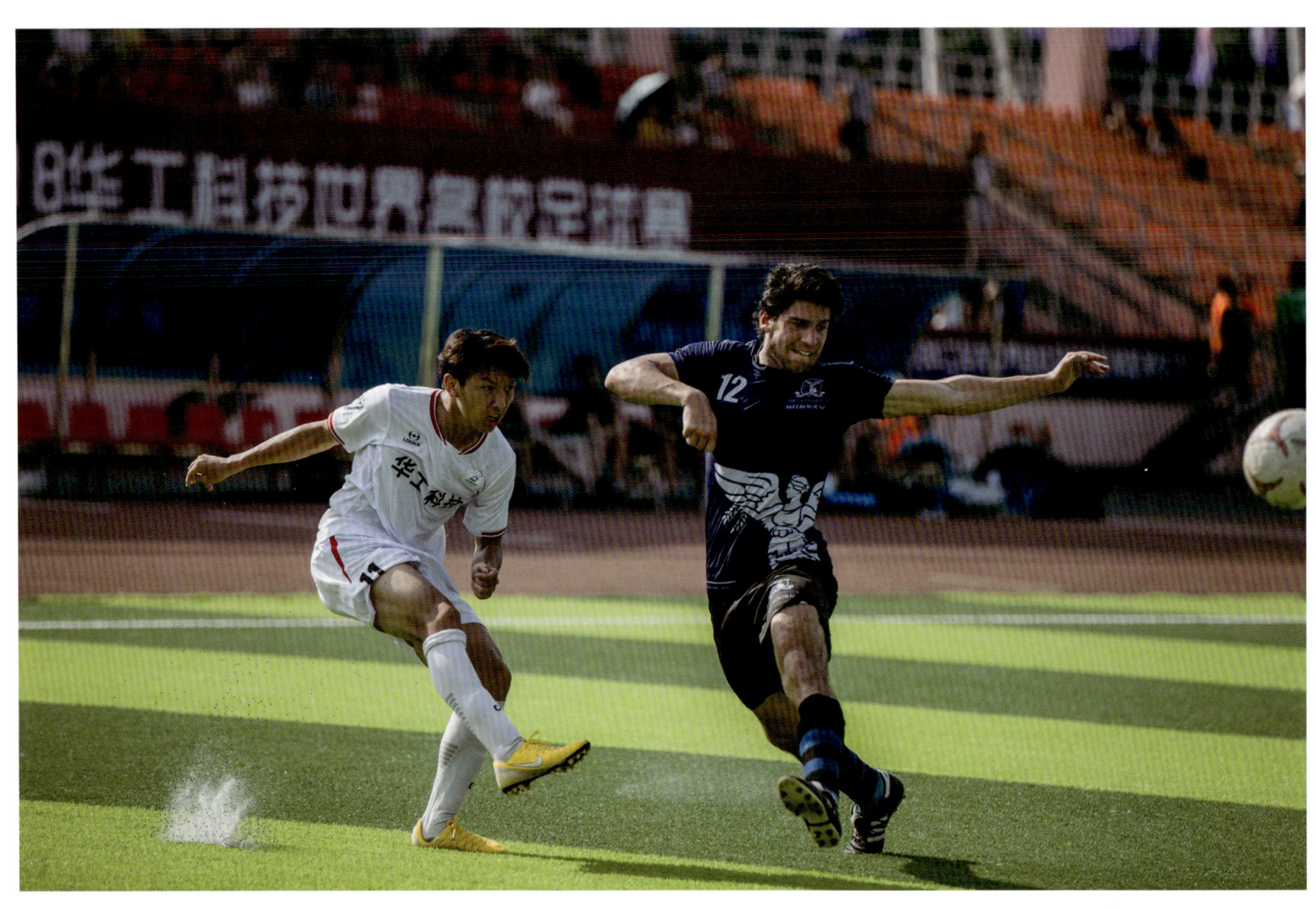

传球 谢世辉（电子信息与通信学院）

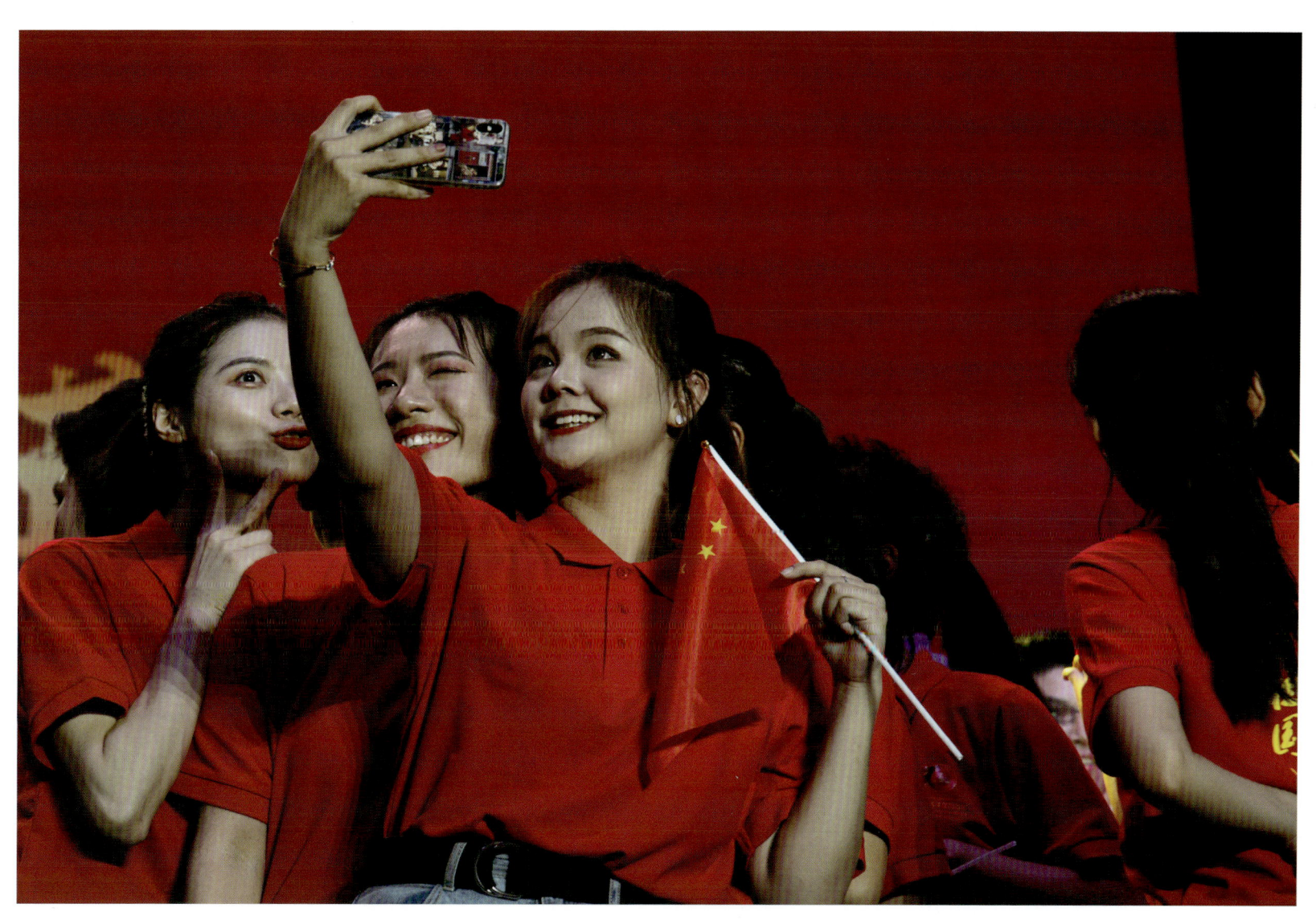

祖国70周年华诞庆典　刘新文（图书馆）

菜场的变化　周晓华（图书馆）

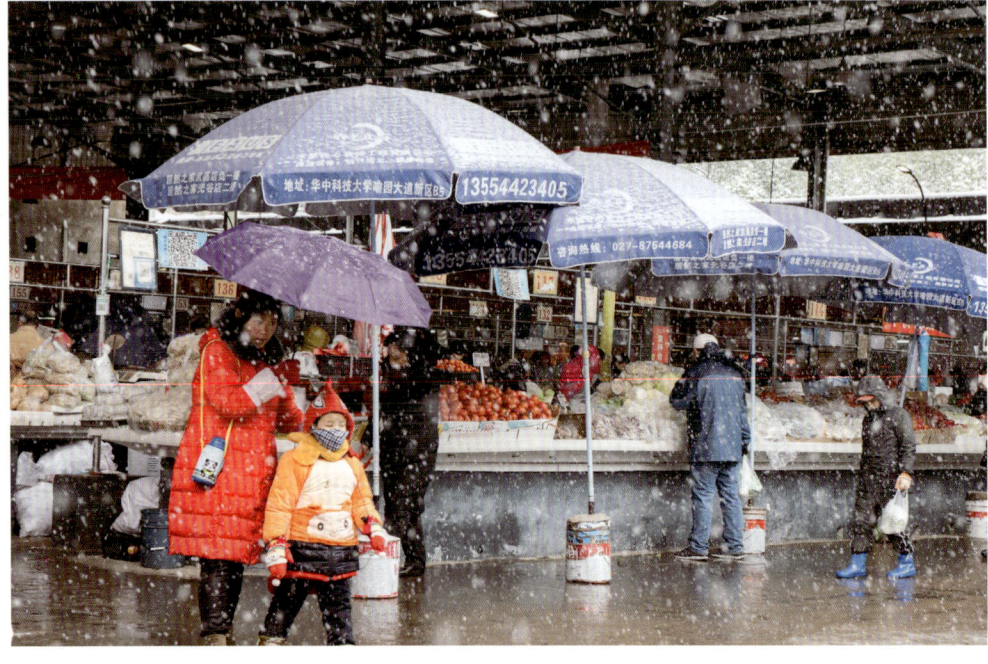

菜场的摊位要用伞来挡雪，
人走在菜市场都要打伞

二〇一八年十二月三十日

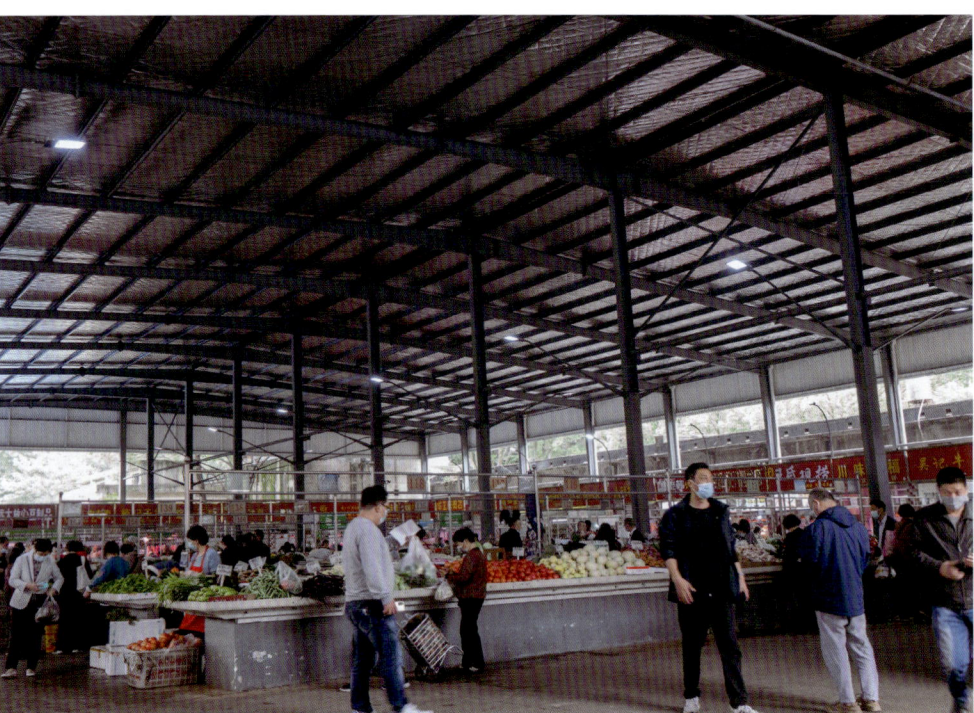

重修后的菜场整齐明亮，
雨雪天再也不用打伞了

二〇二二年五月十一日

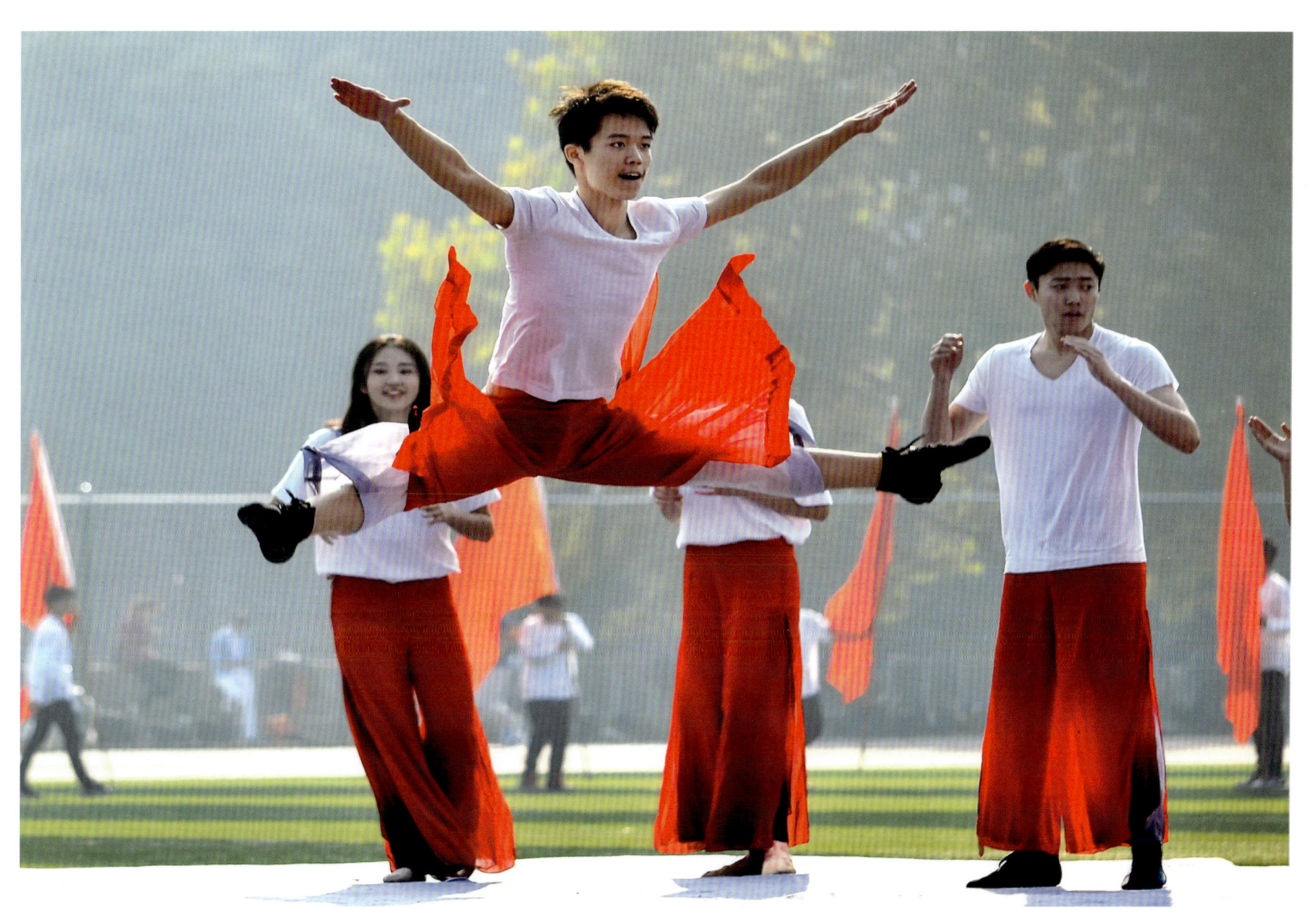

运动会上显身手　孙敏（电气与电子工程学院）

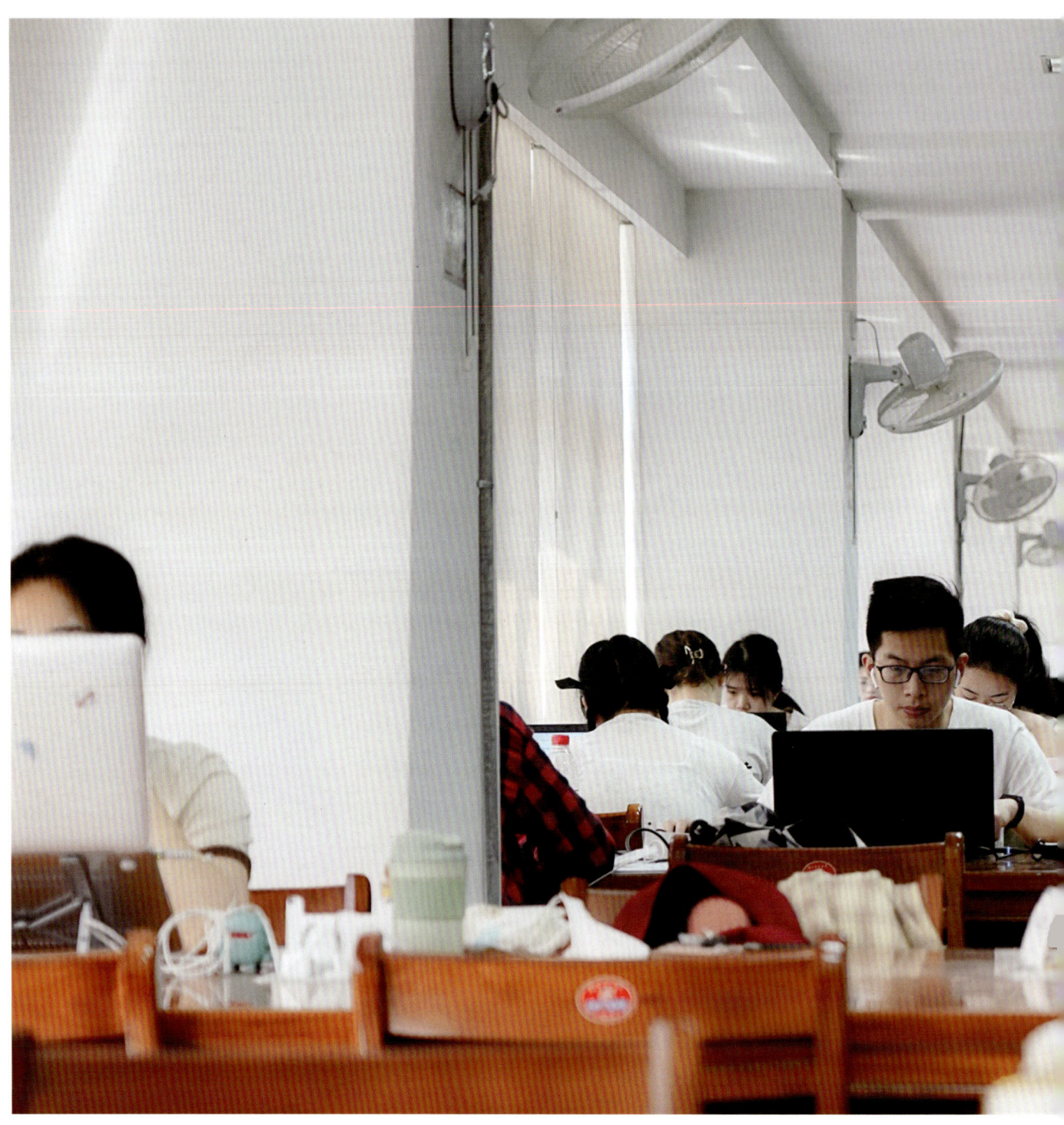

学海泛舟记　陶然（校机关）

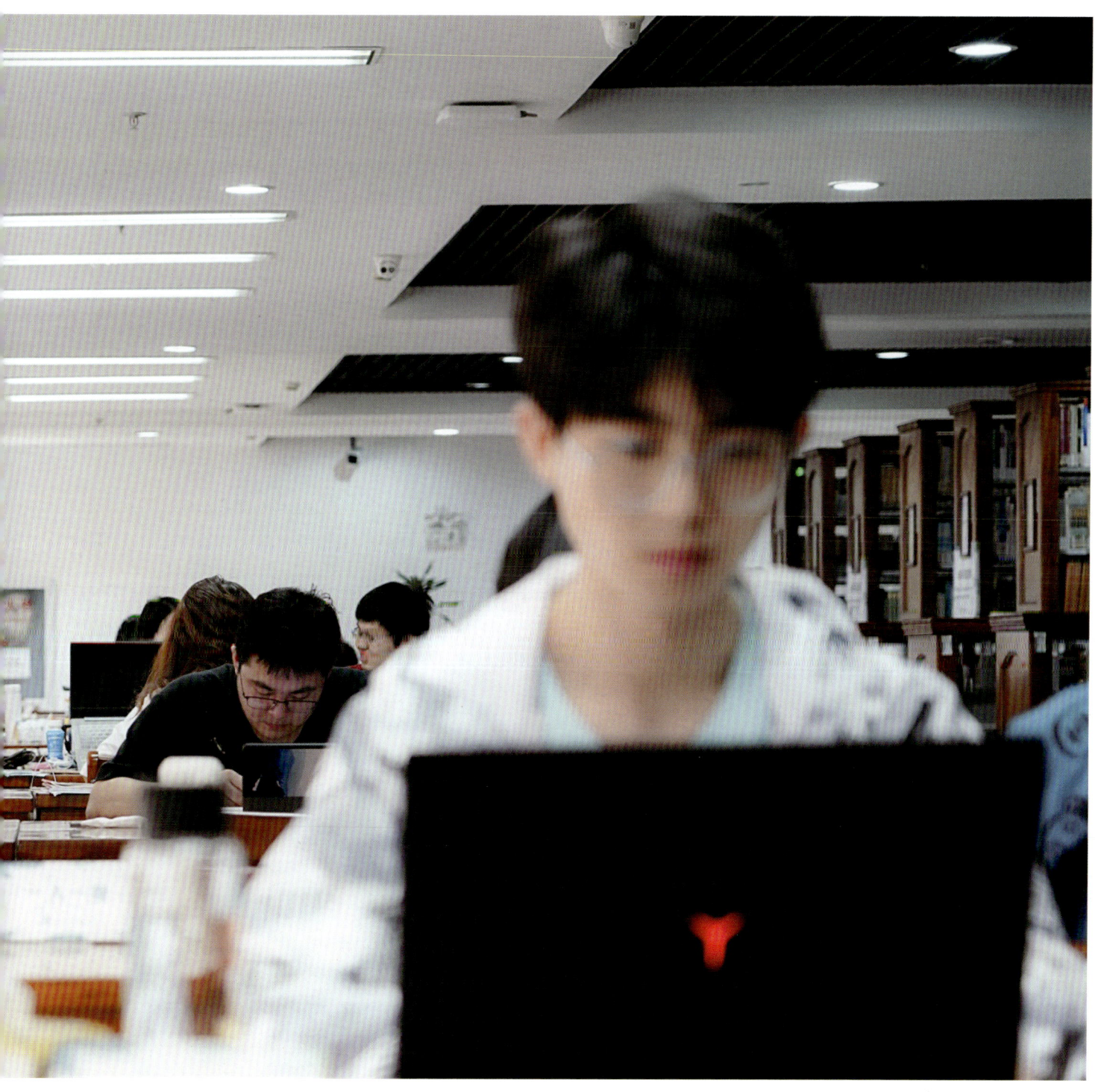

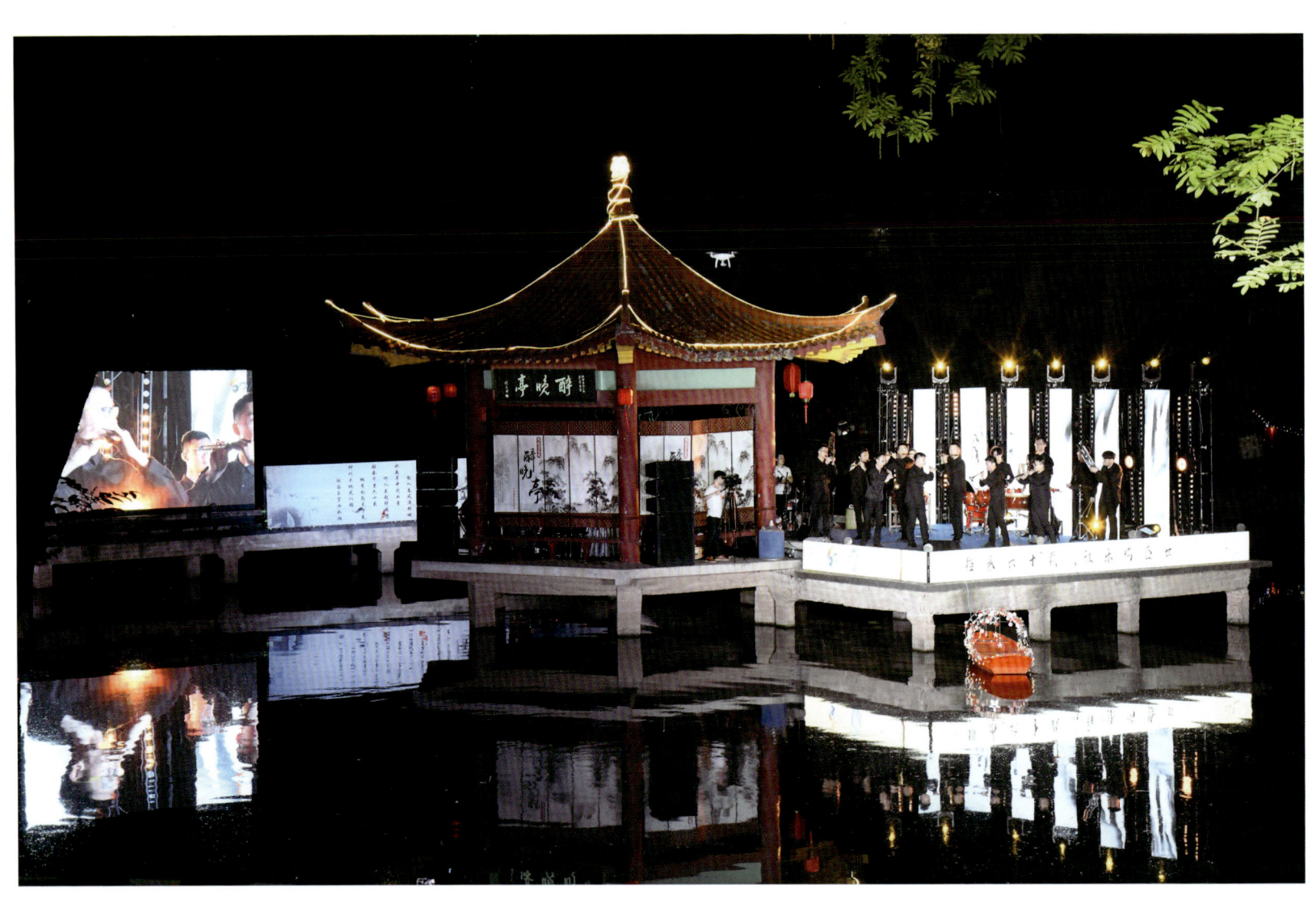

醉晚亭器乐晚会　辛国胜（校机关）

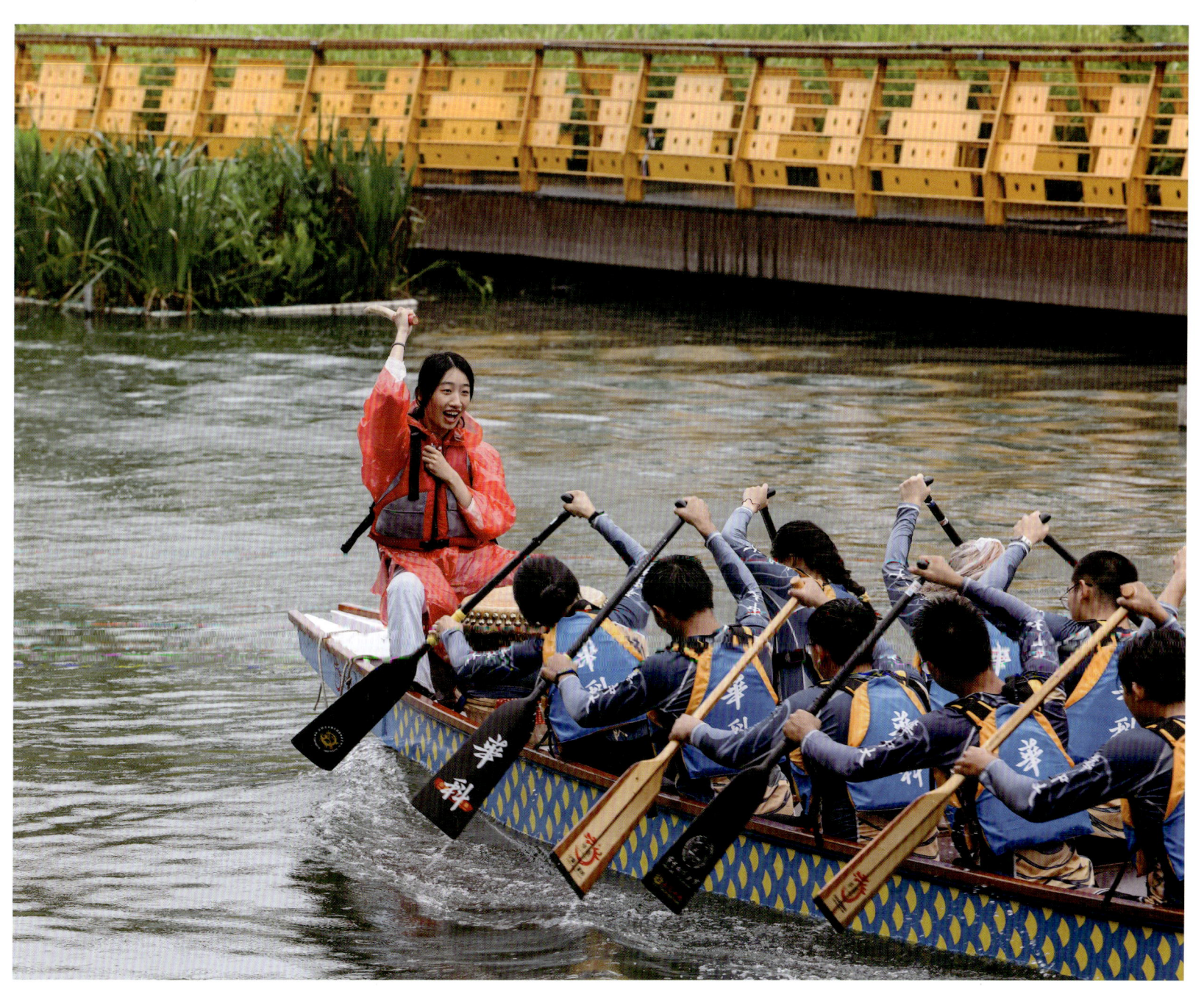

加油　李小华（武汉华中科大资产管理有限公司）

我们走在大道上　谢世辉（电子信息与通信学院）

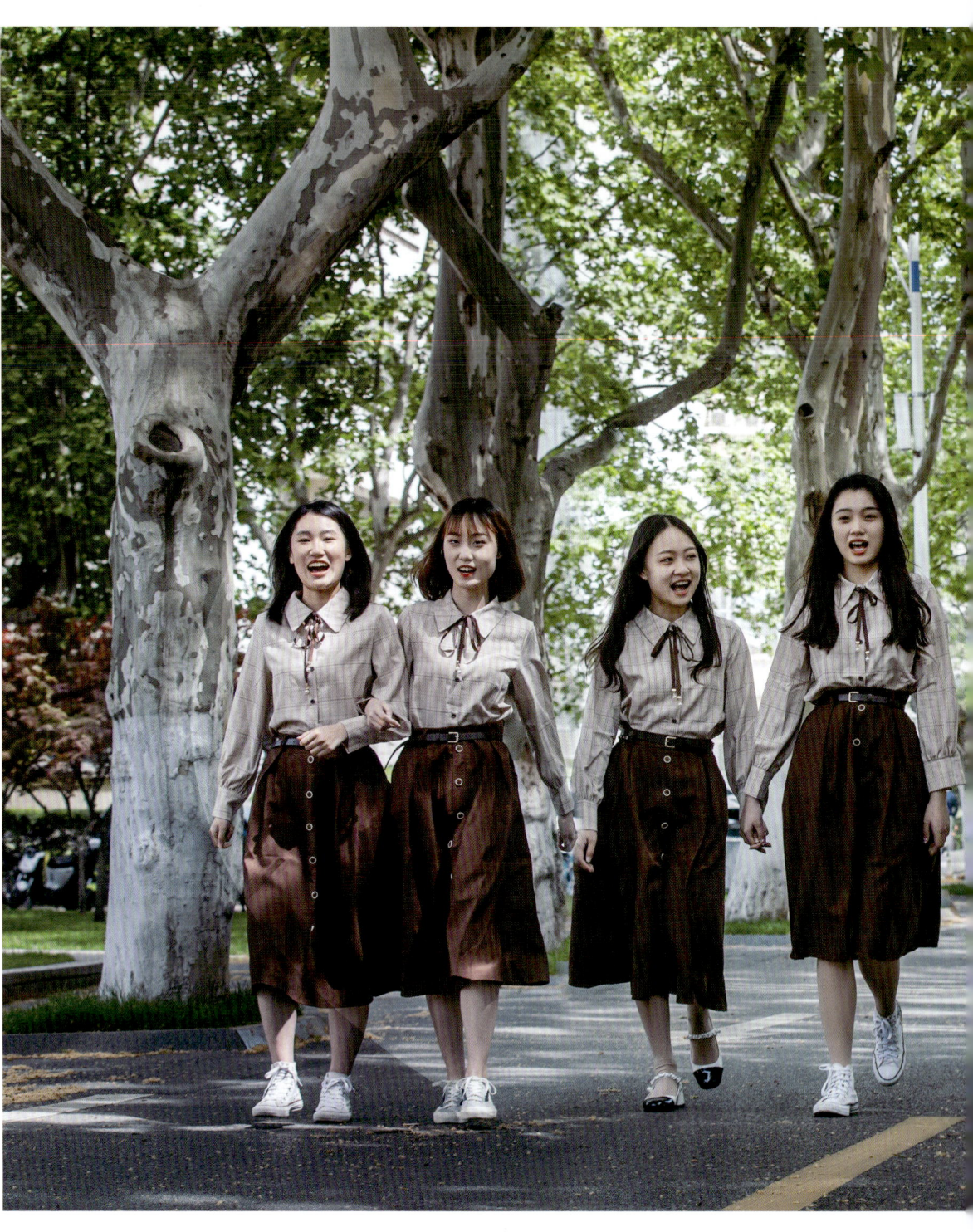

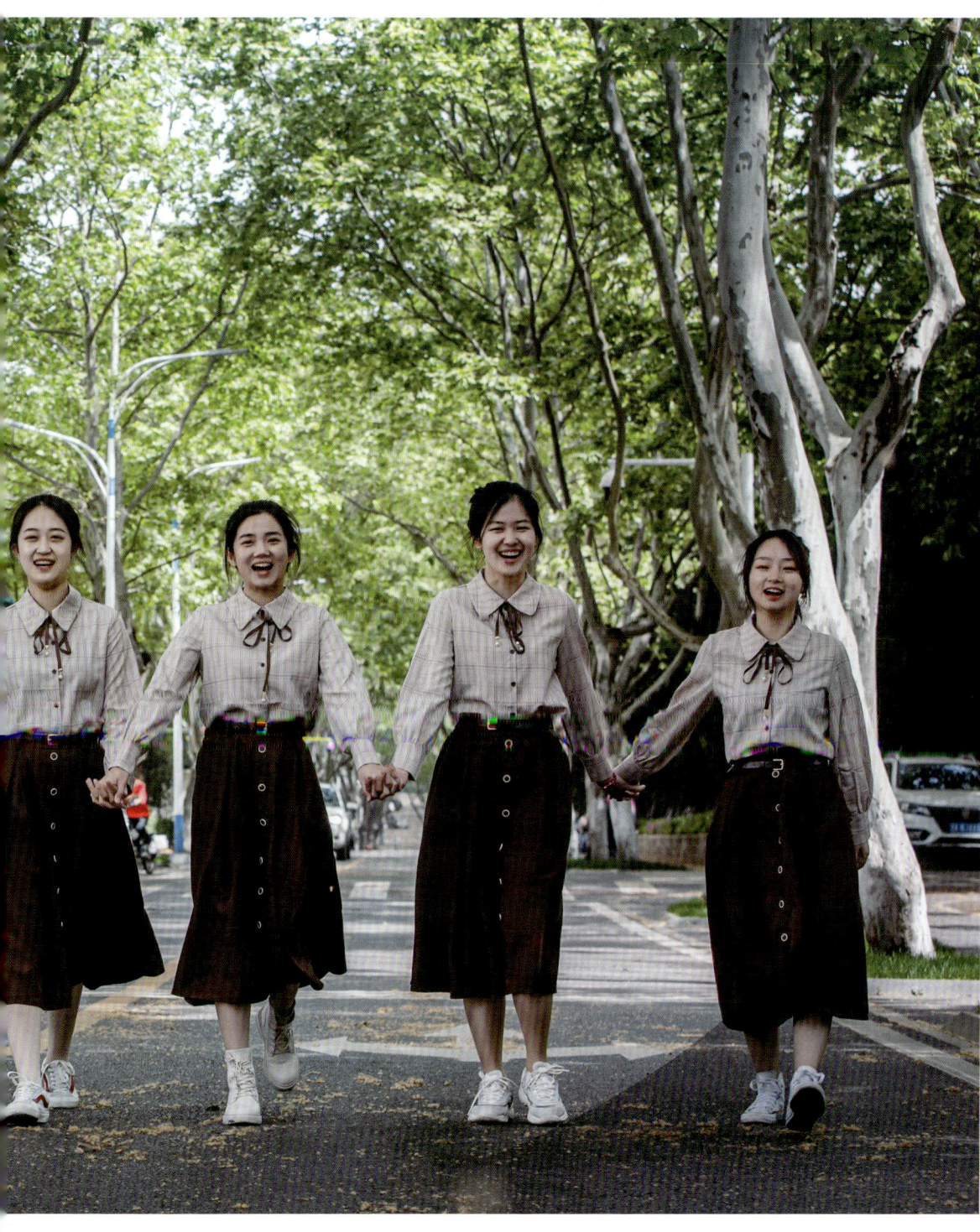

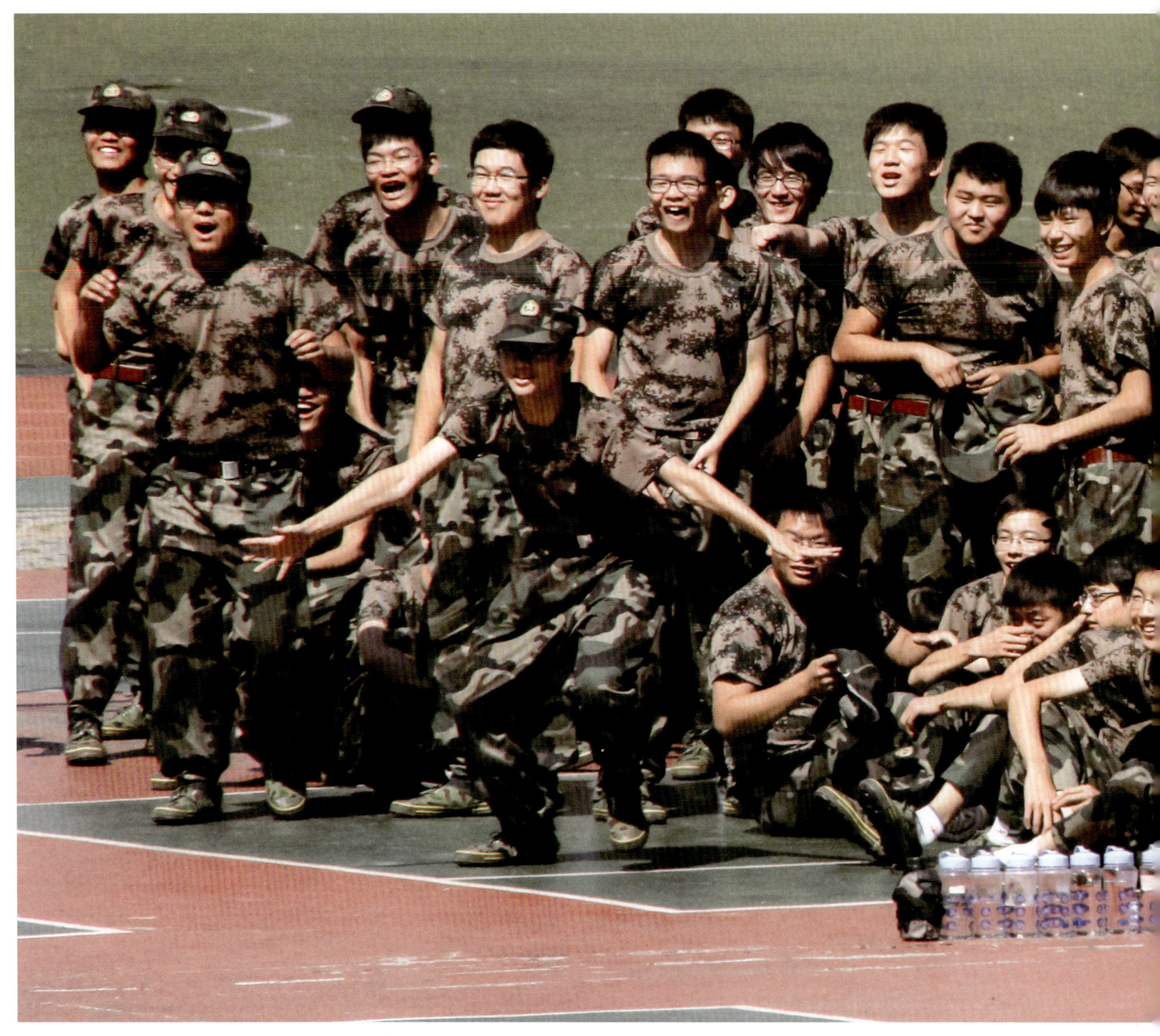

青春的笑脸　周敬利（计算机科学与技术学院）

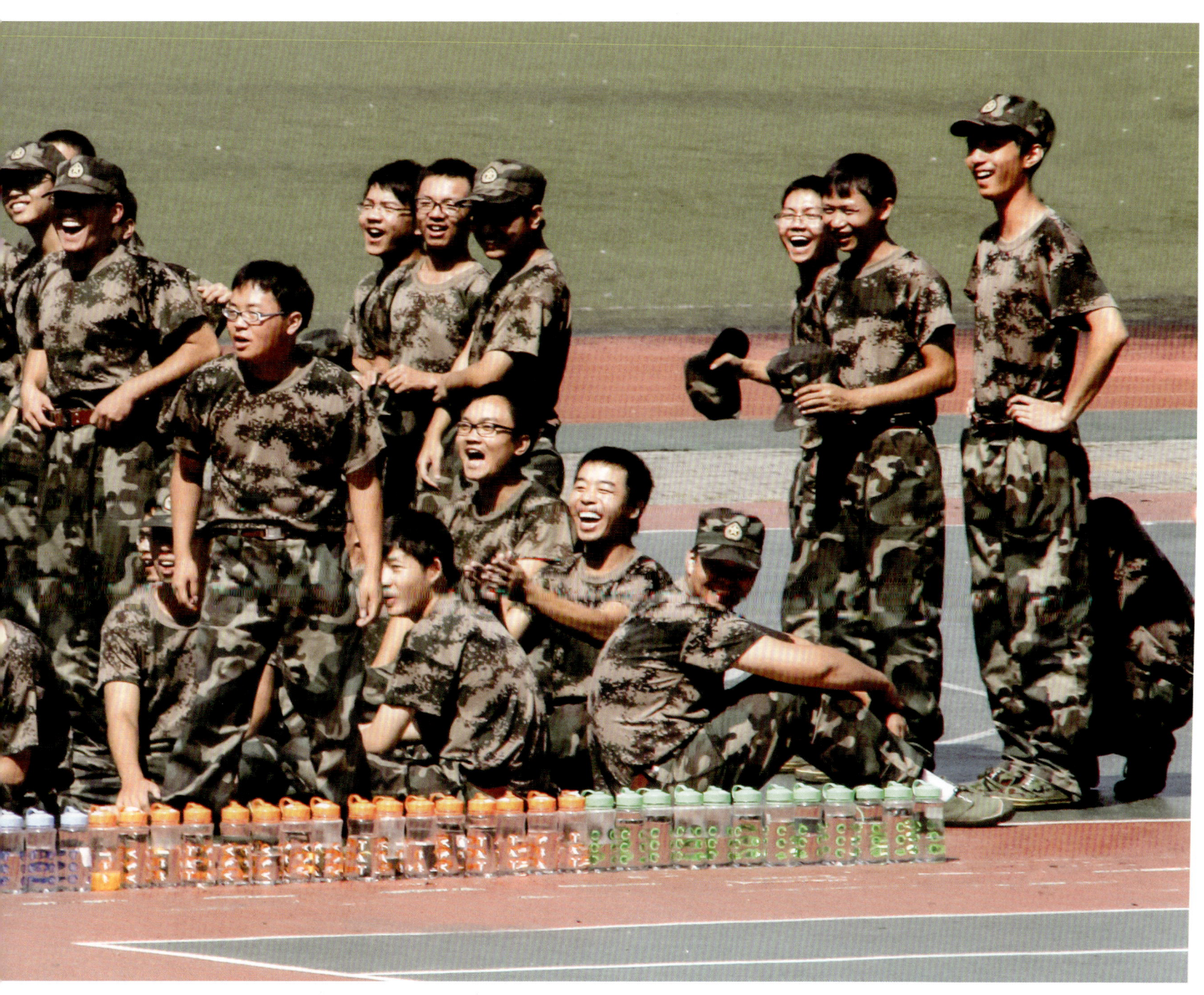

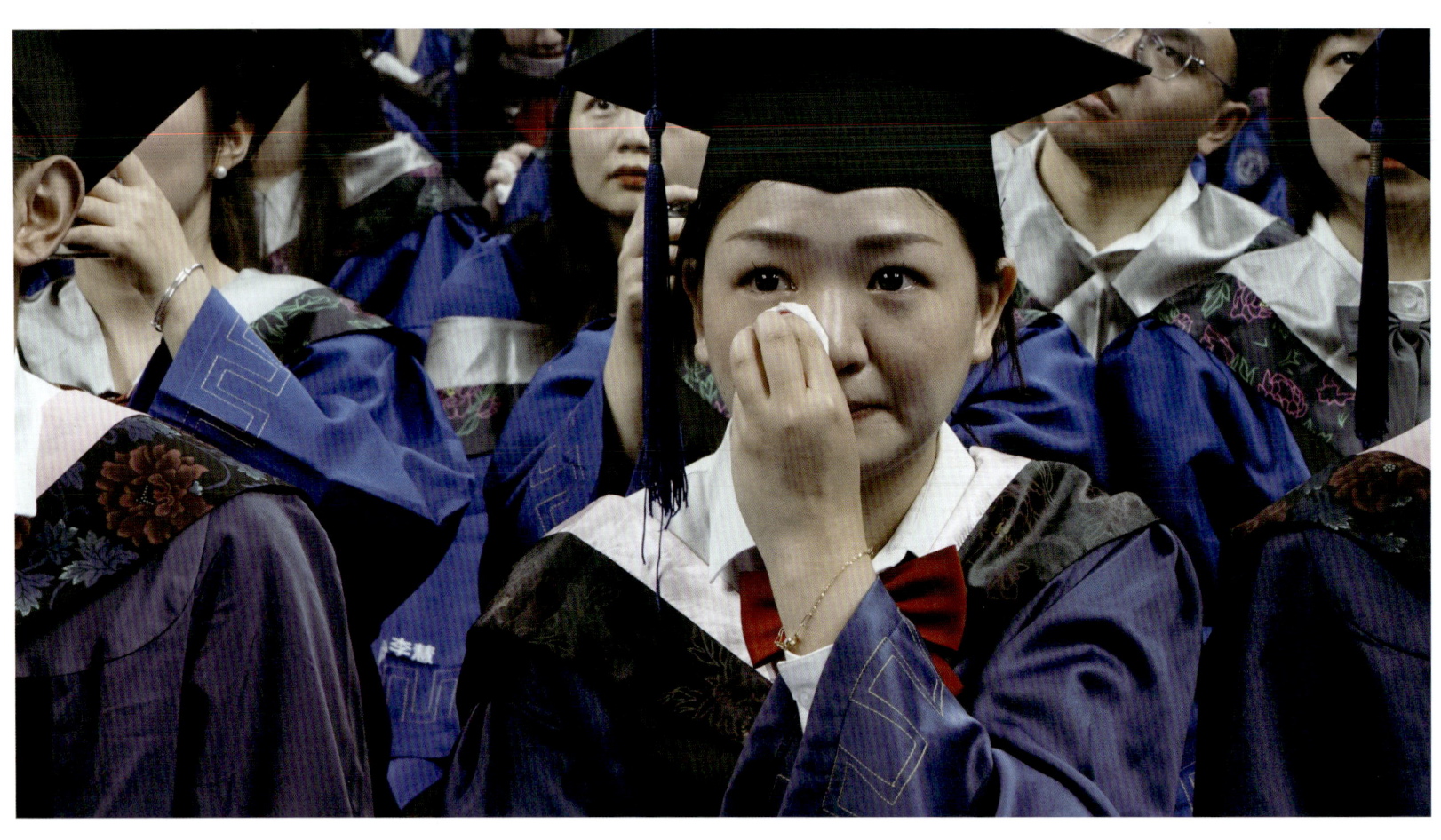

离别 班倩（校机关）

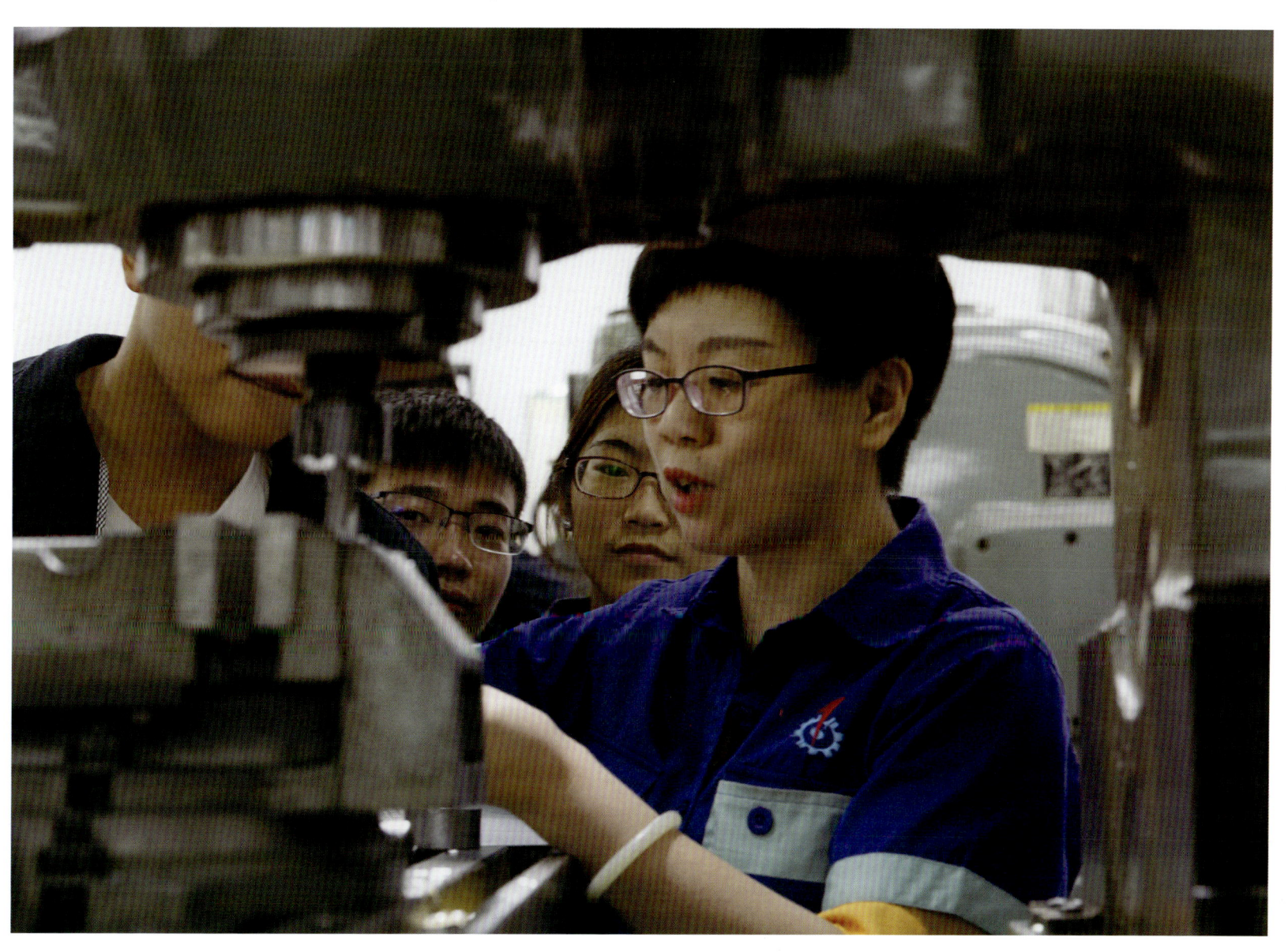

精益求精　刘汉珍（化学与化工学院）

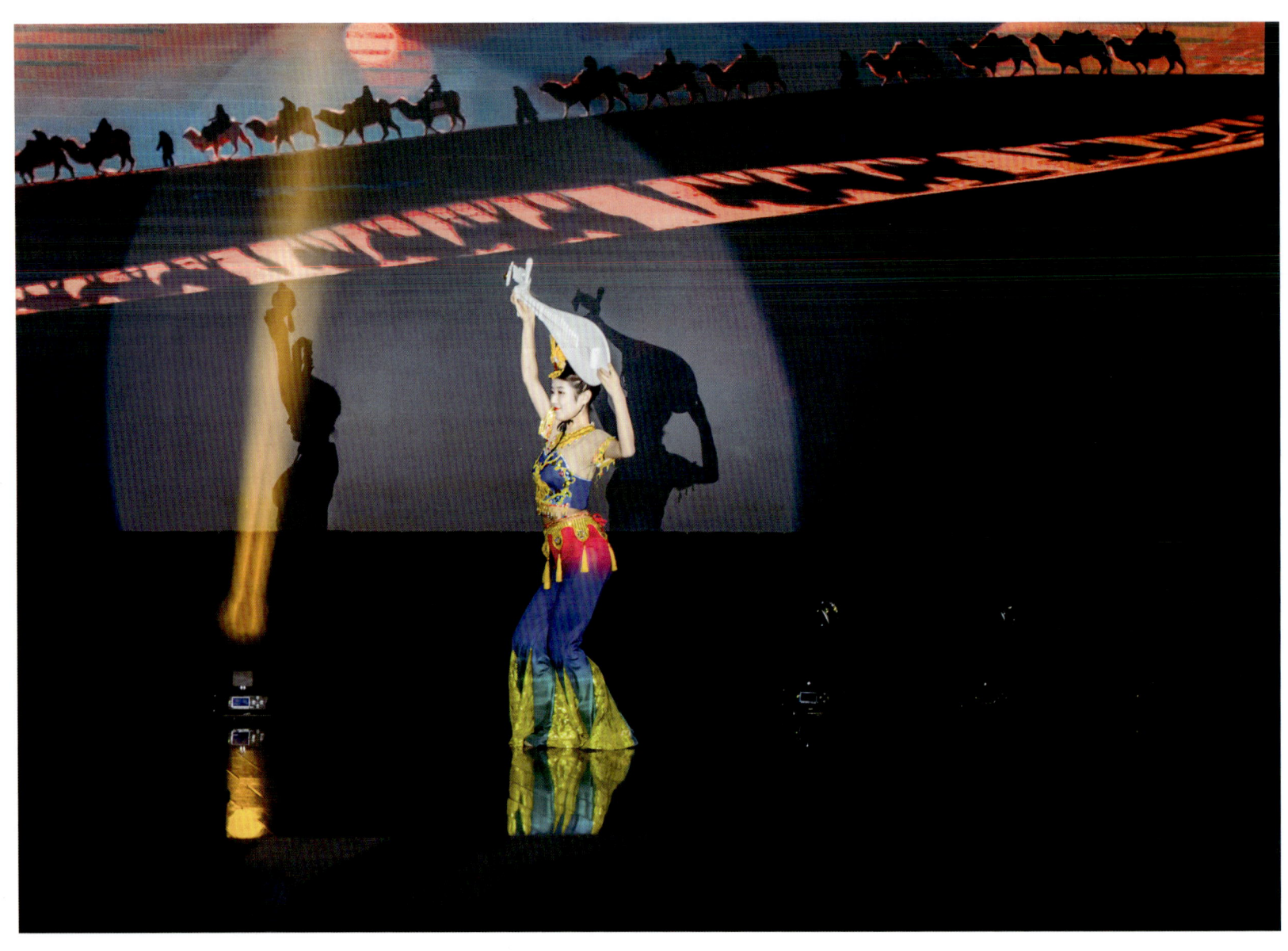

十月华章　刘新文（图书馆）

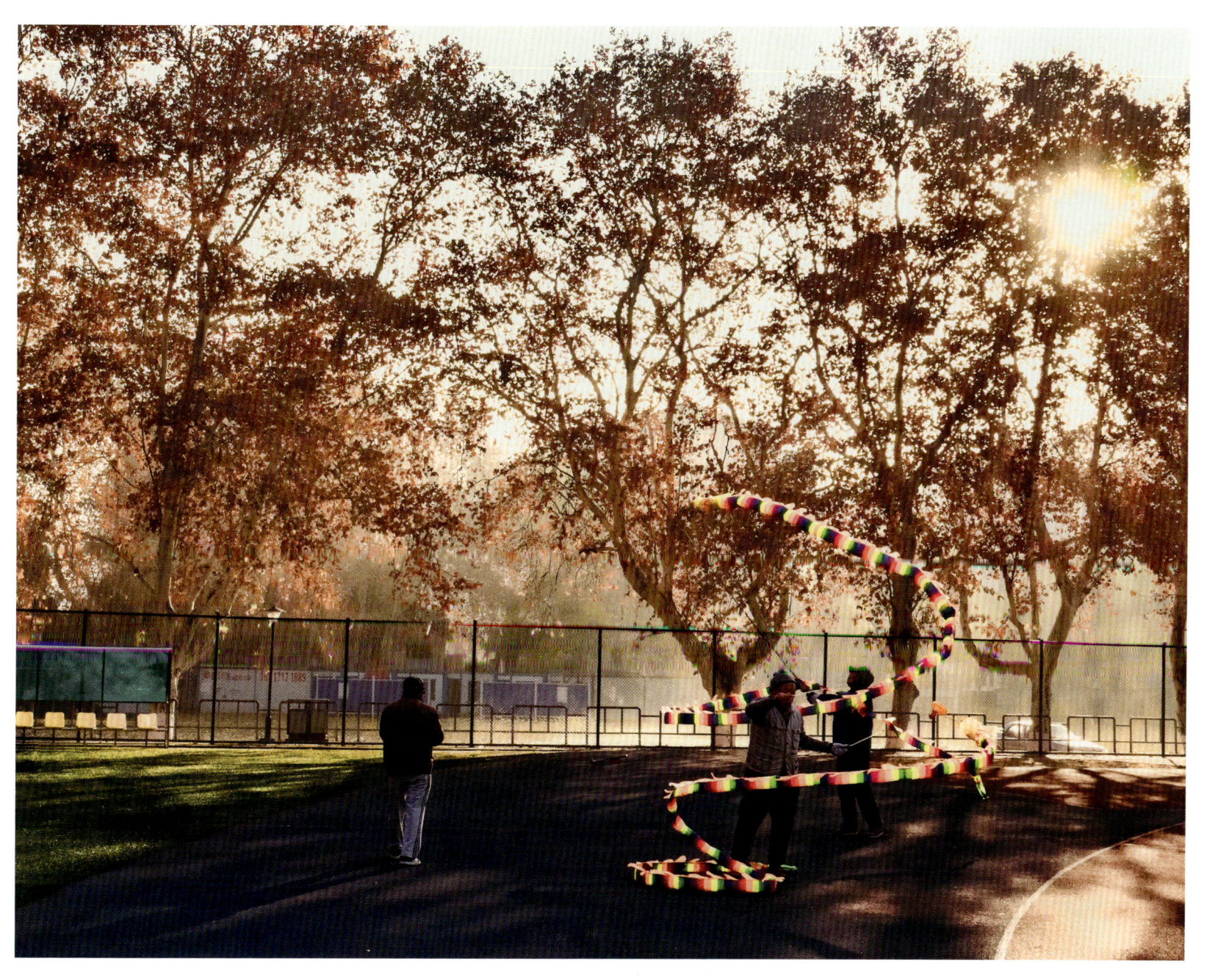

操场一角　王护平（人工智能与自动化学院）

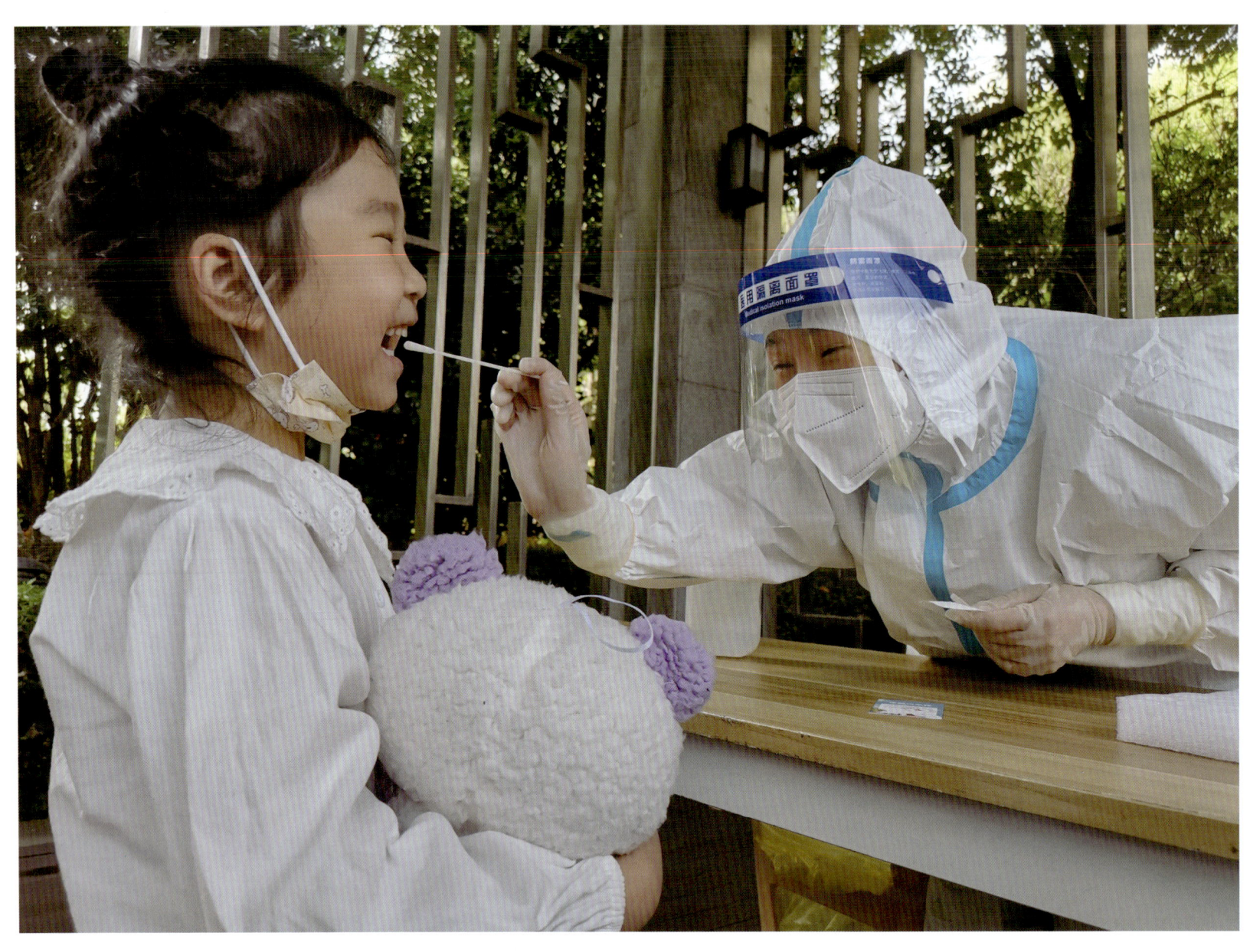

微笑的力量　龚玉枝（梨园医院）

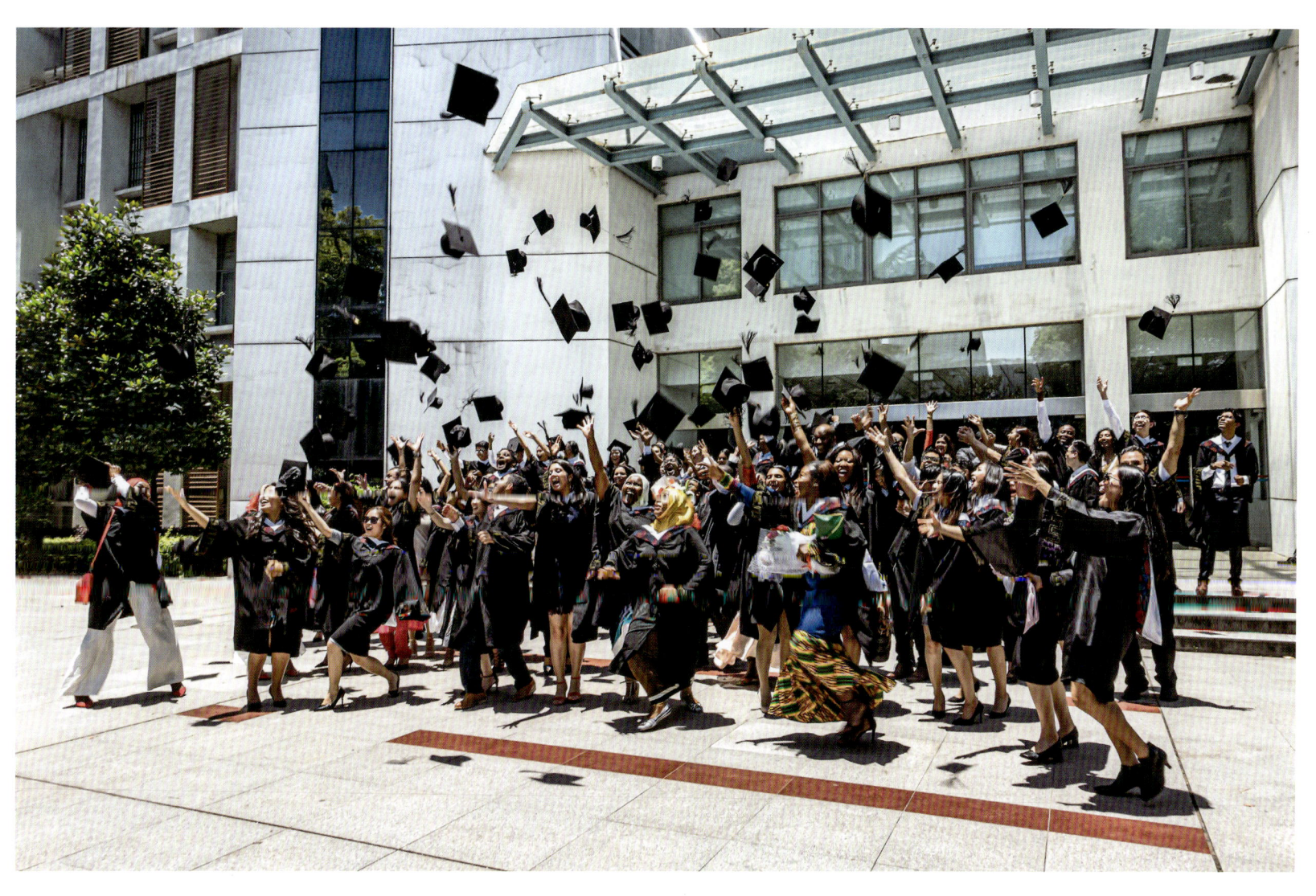

不亦乐乎　张开泉（现代教育技术中心）

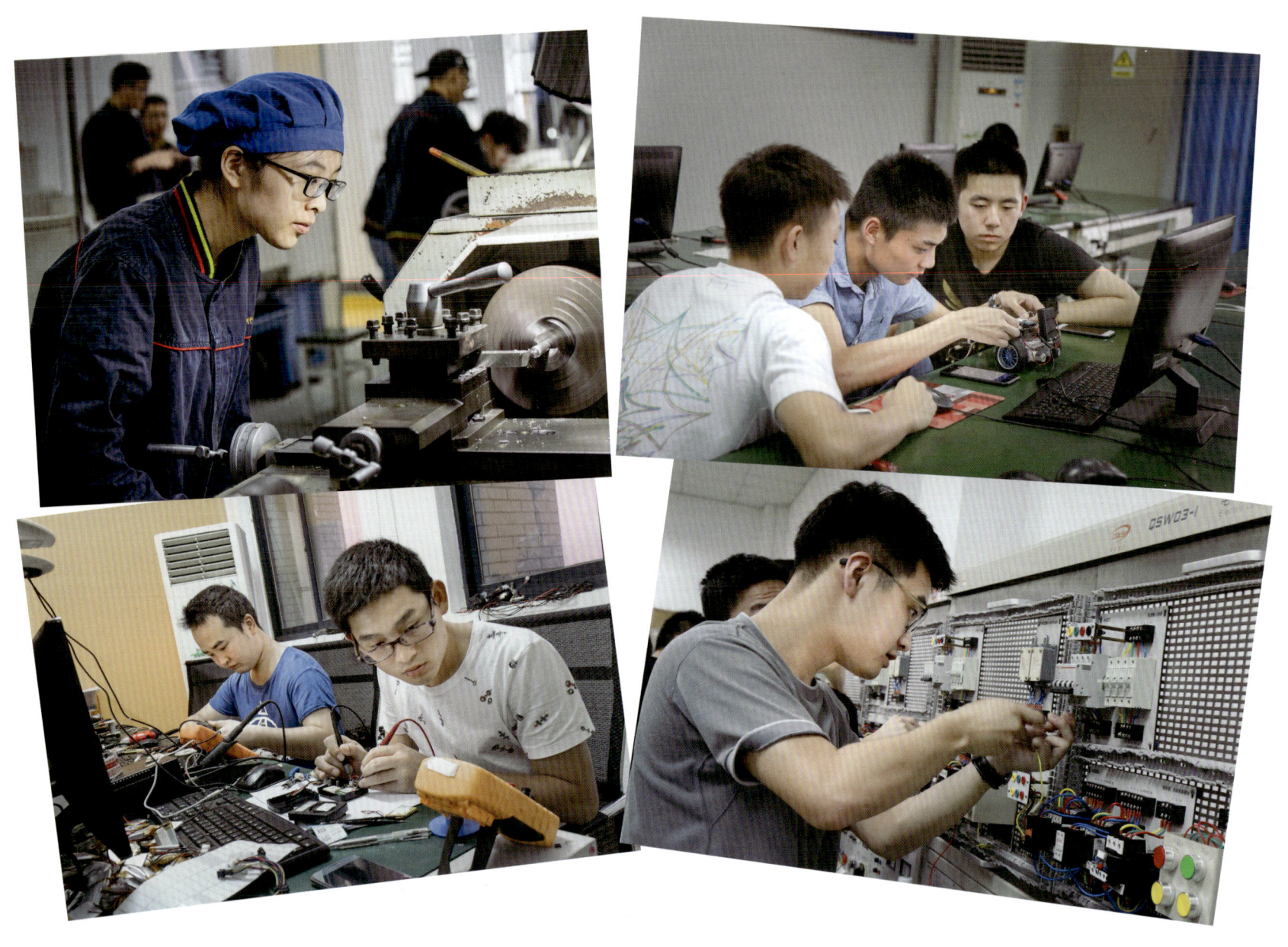

匠心筑梦　罗建敏（校机关）

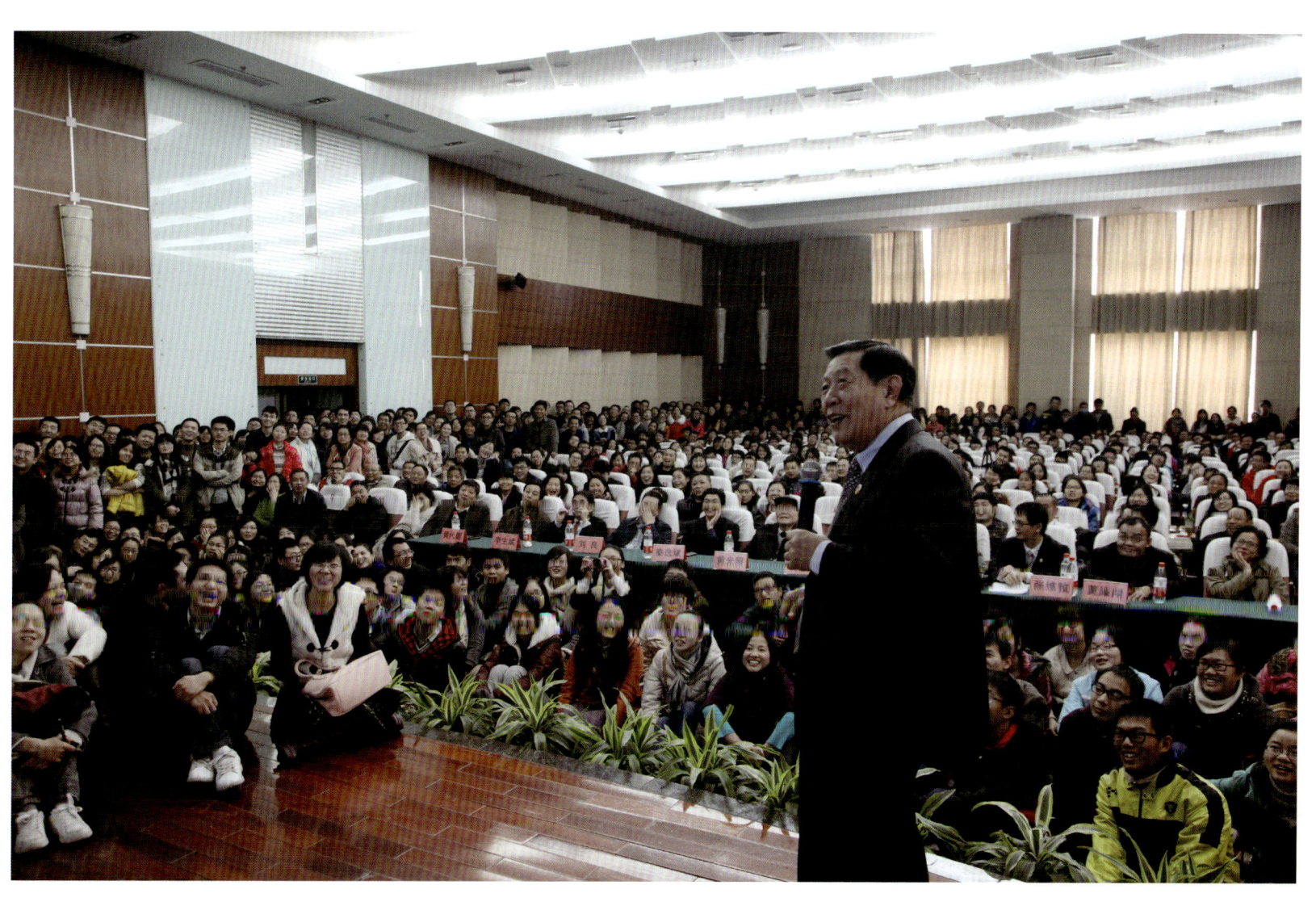

神探的魅力　彭汉明（校机关）

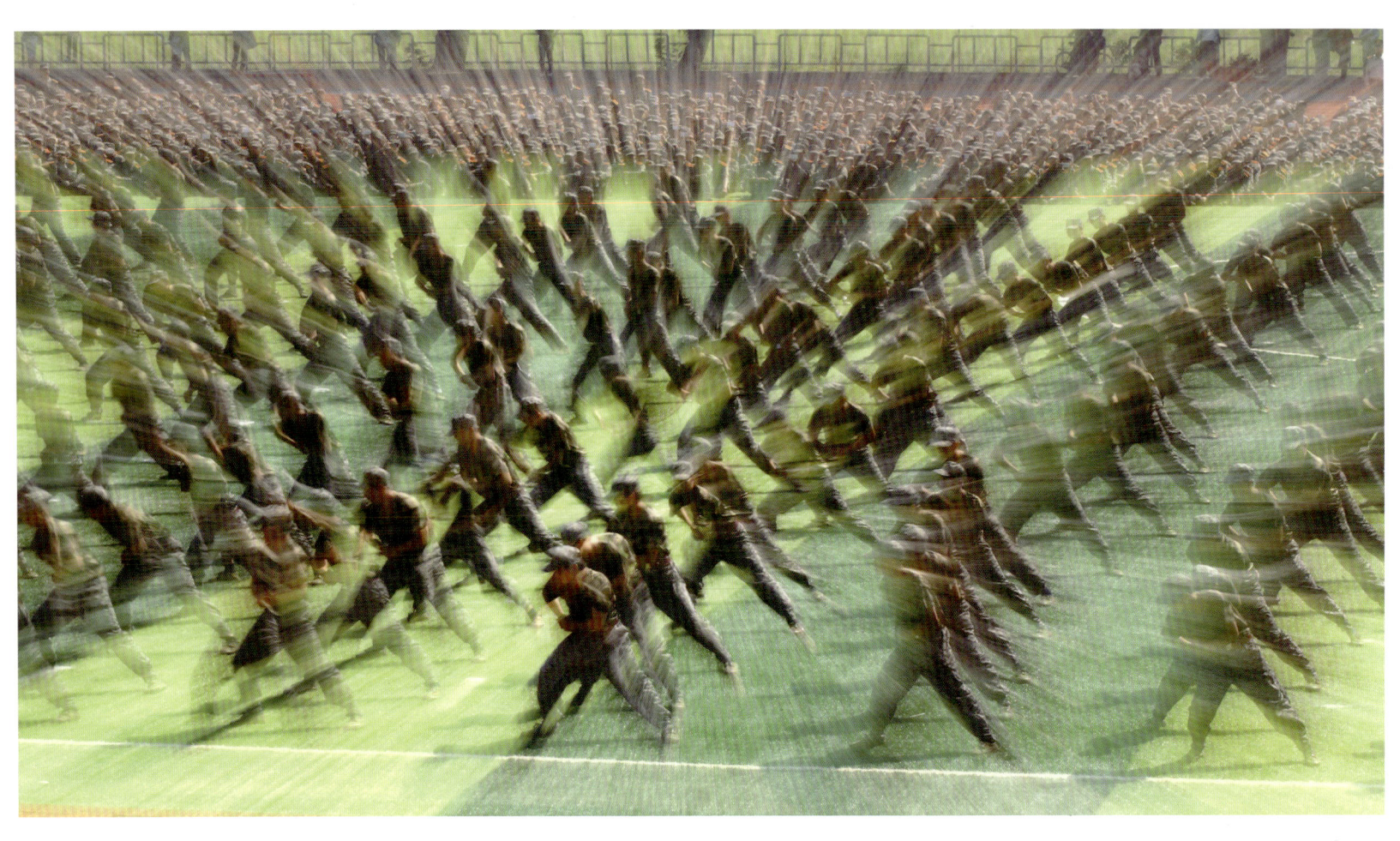

士气冲天　赵宗安（附属中学）

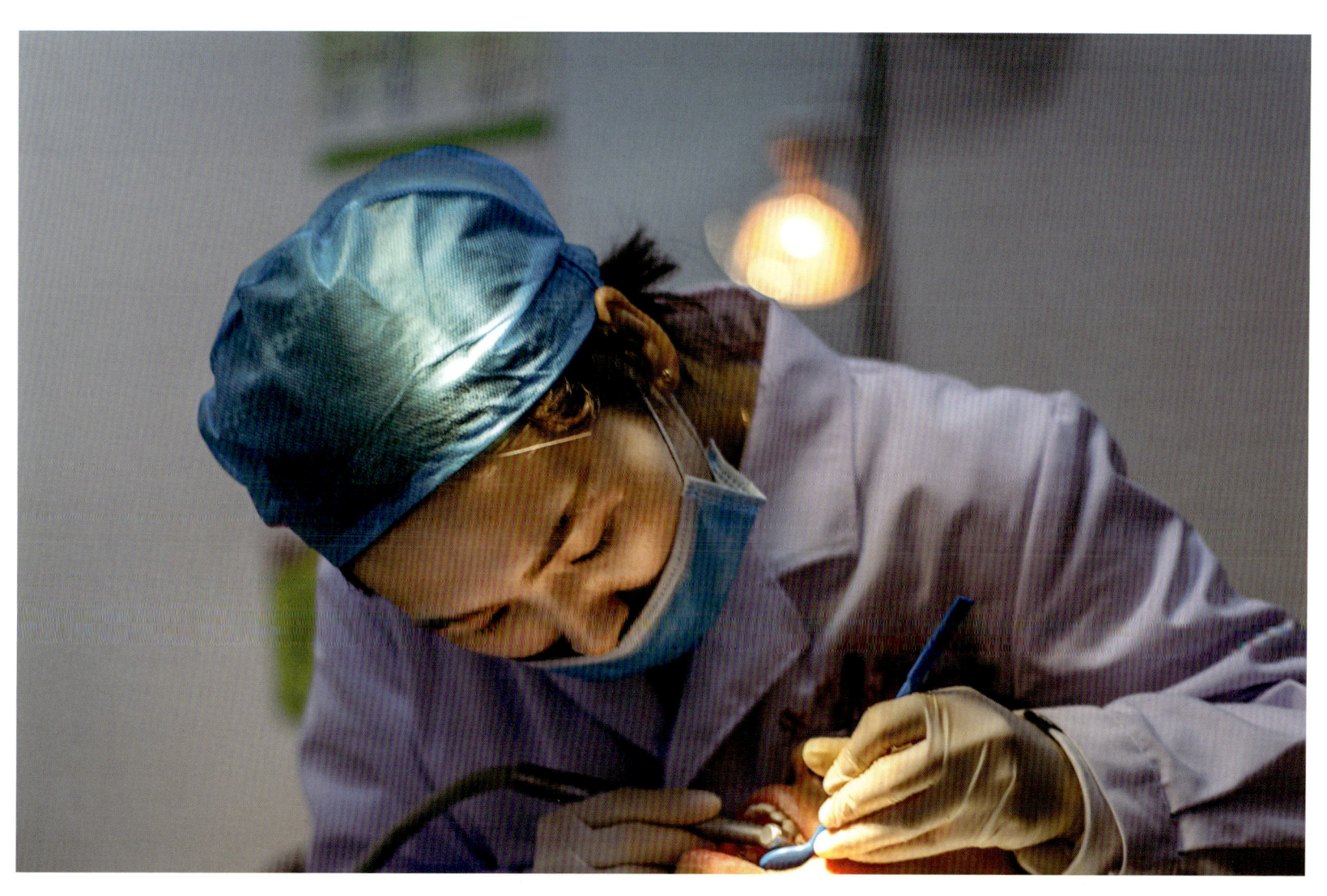

一丝不苟 田忠和（人工智能与自动化学院）

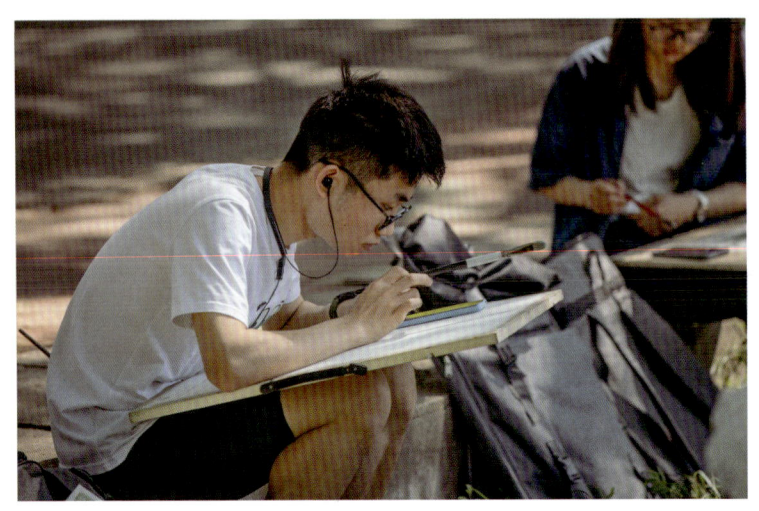

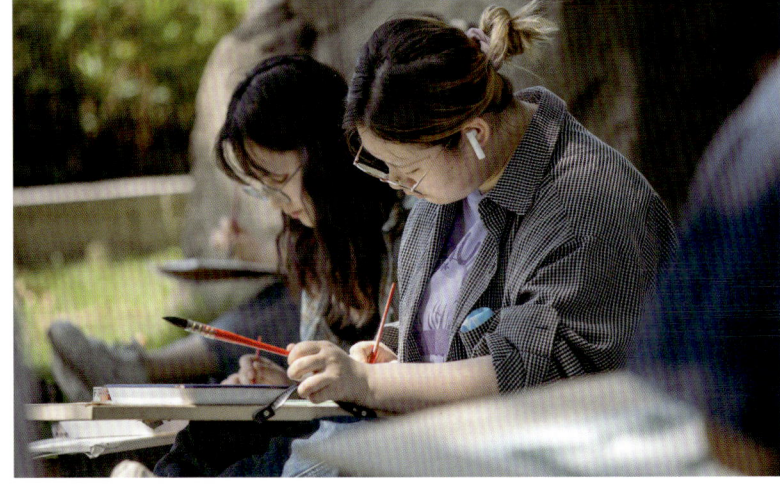

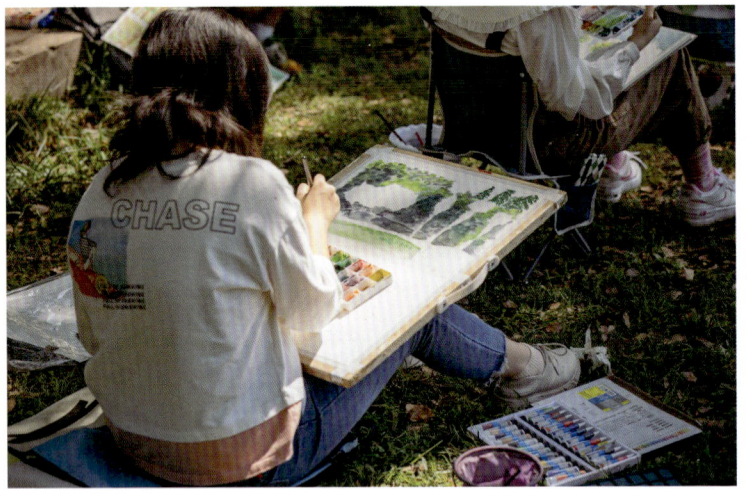

描绘蓝图　徐宏廉（土木与水利工程学院）

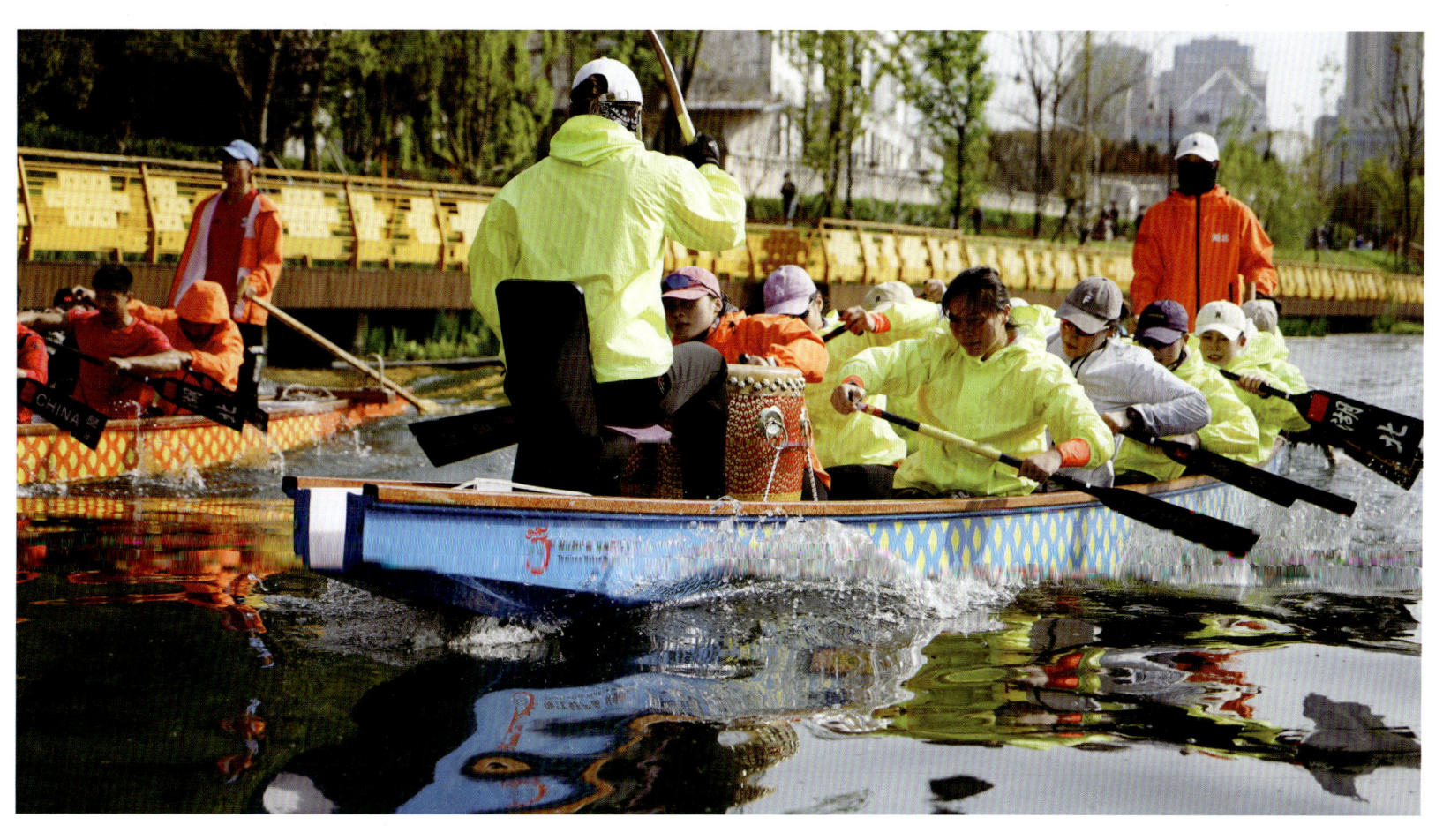

拨浪　班倩（校机关）

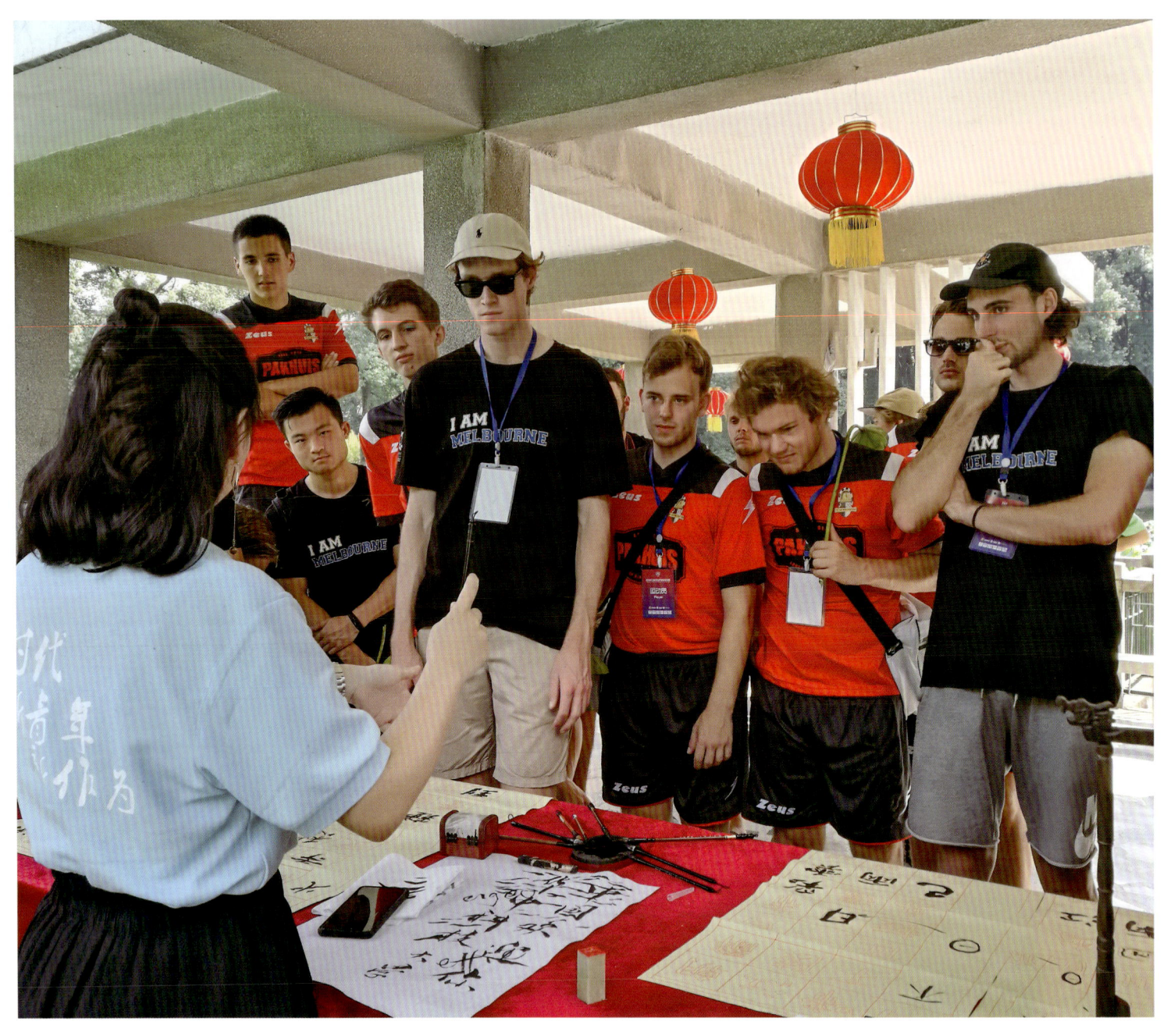

弘扬中华文化　罗小华（工程实践创新中心）

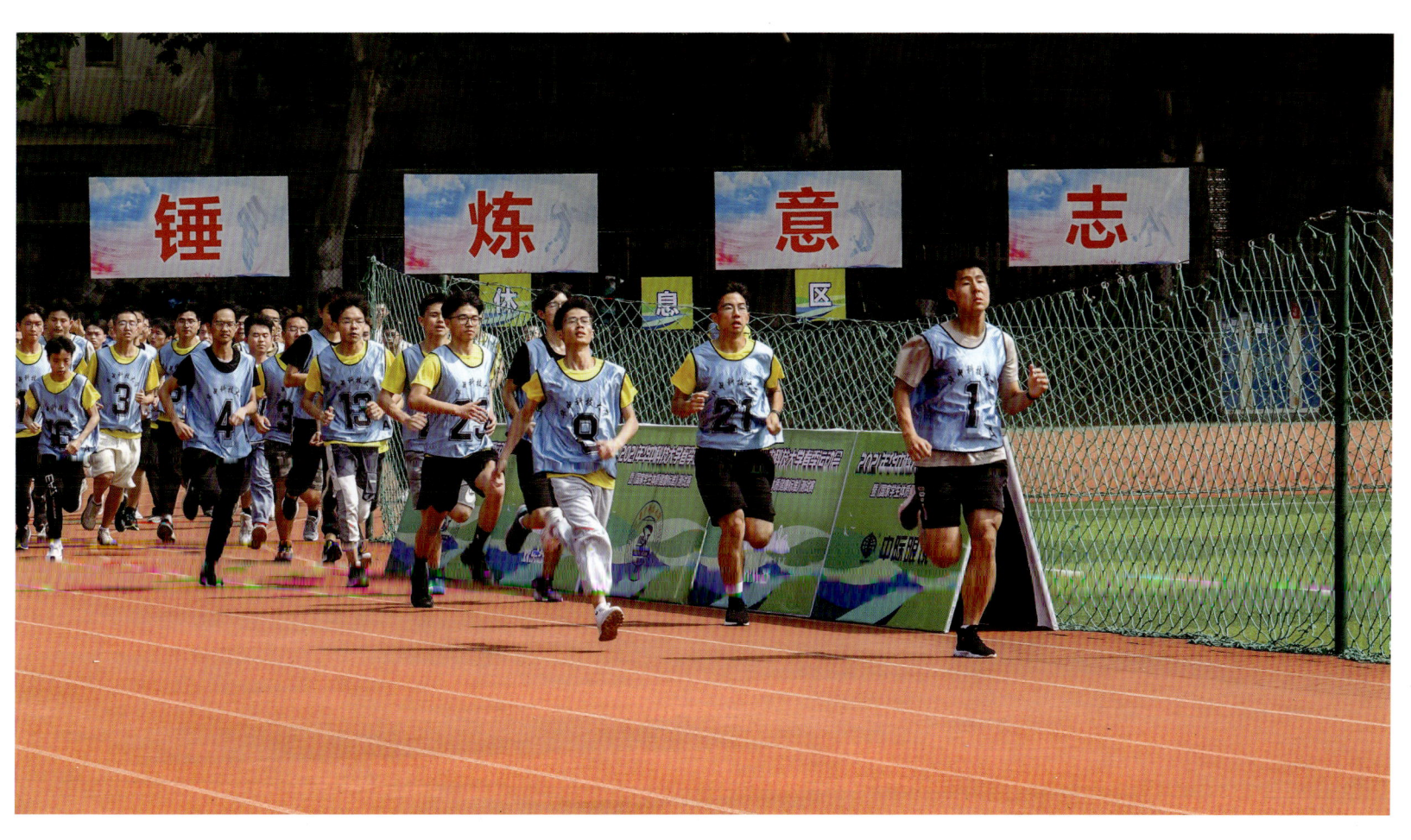

奋勇向前 彭利华（法学院）

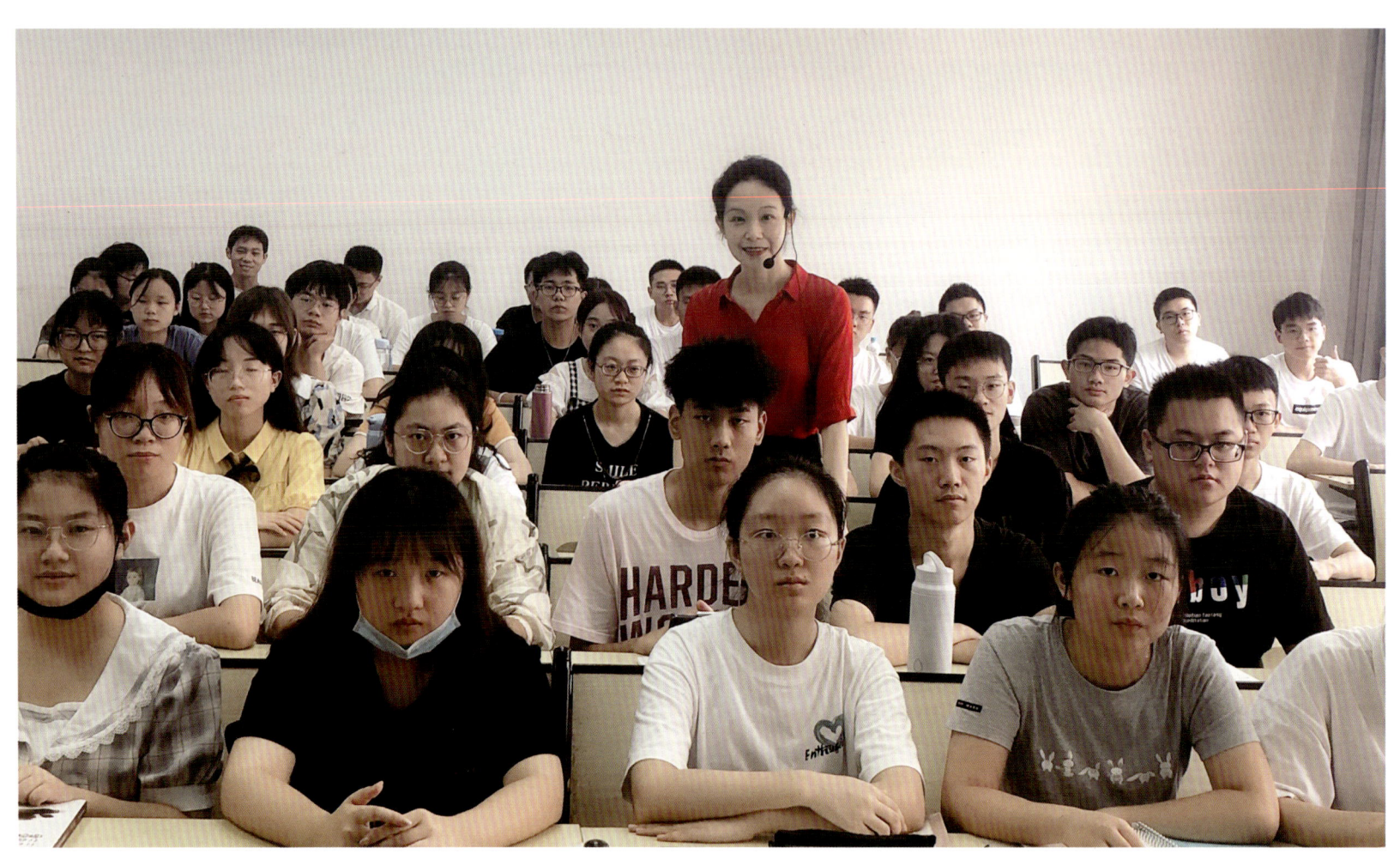

开学第一课　张思晗（校机关）

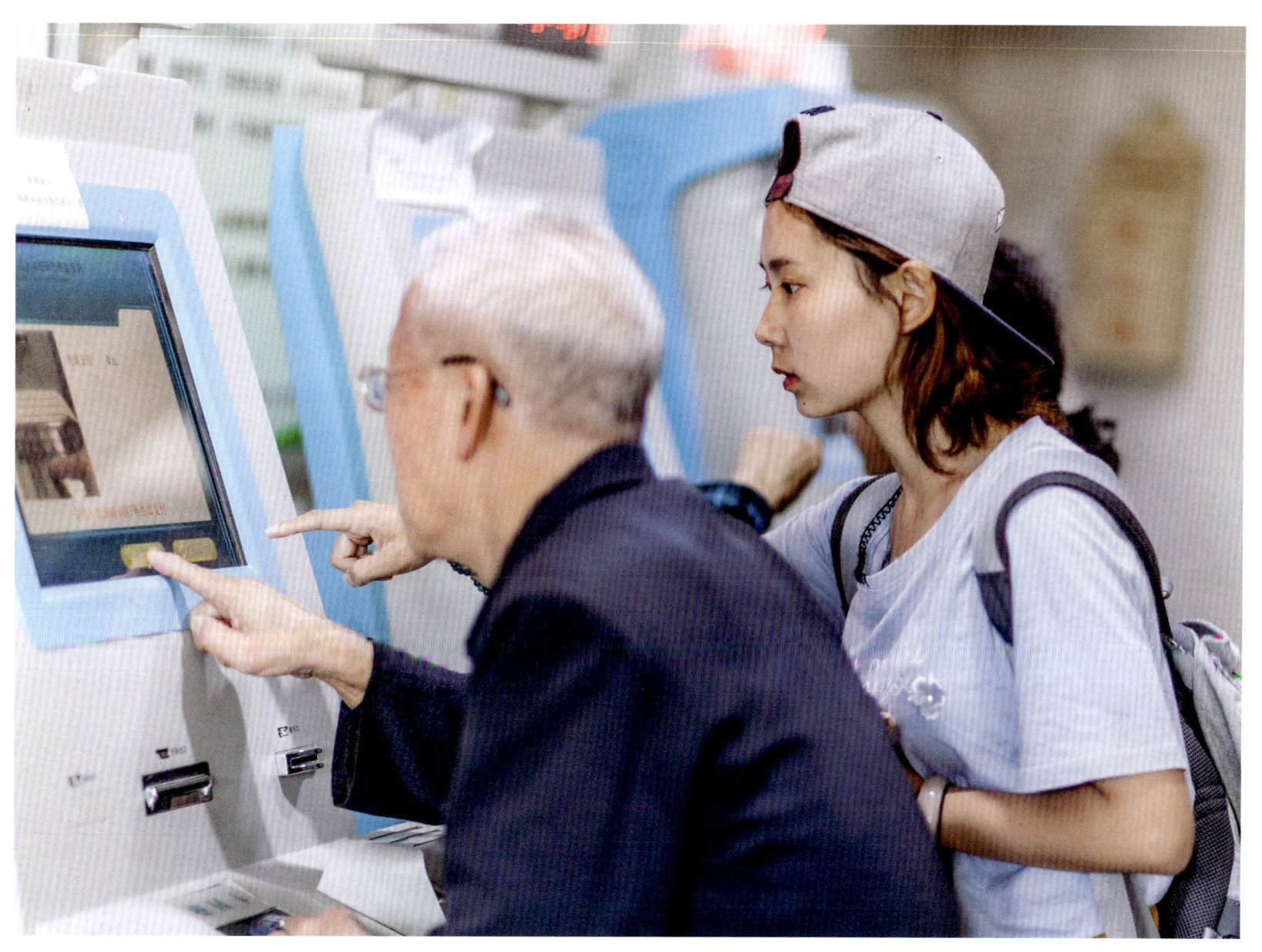

挂号　田忠和（人工智能与自动化学院）

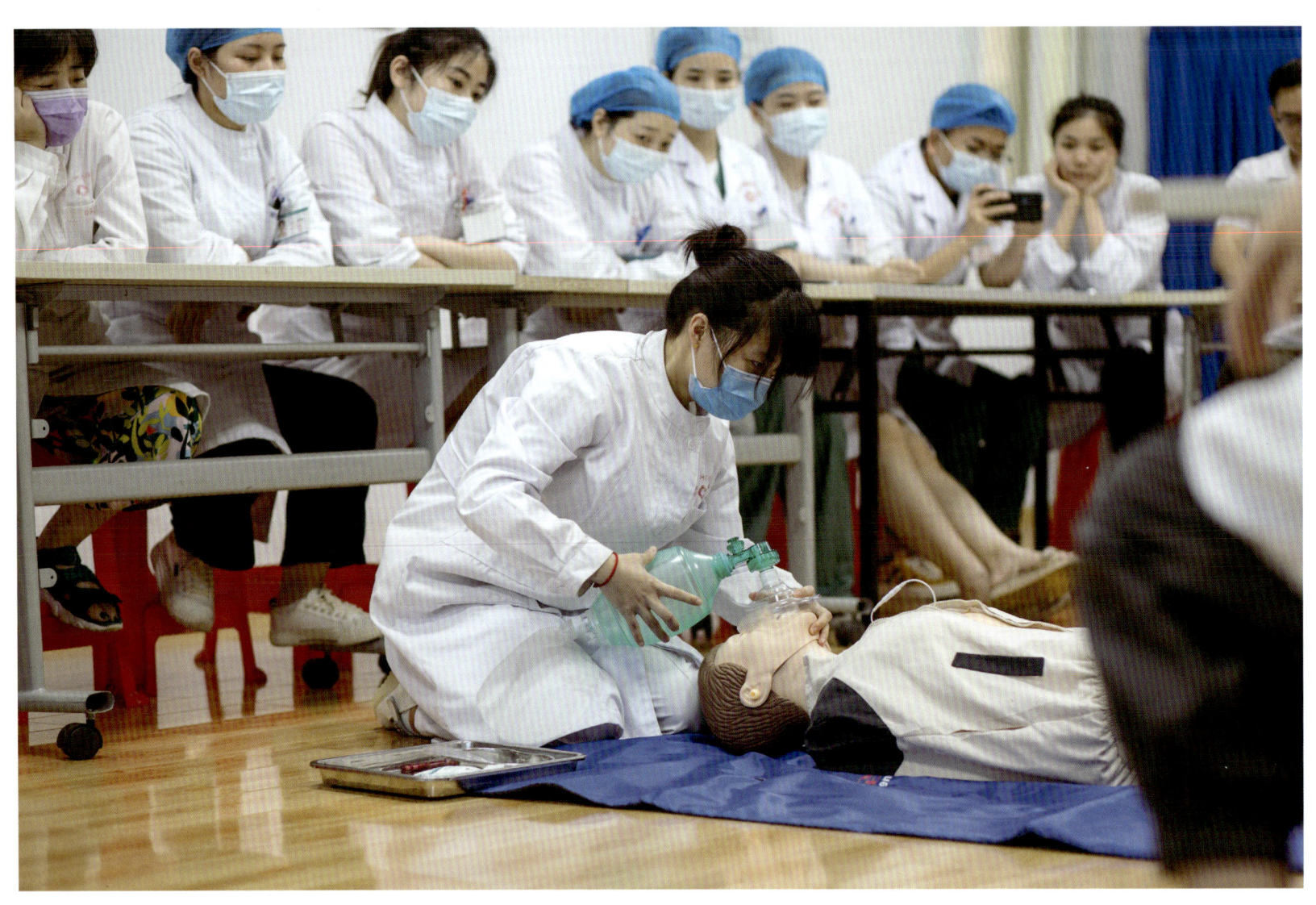

生命至上　钱钰儿（华同总公司）

阶梯　班倩（校机关）

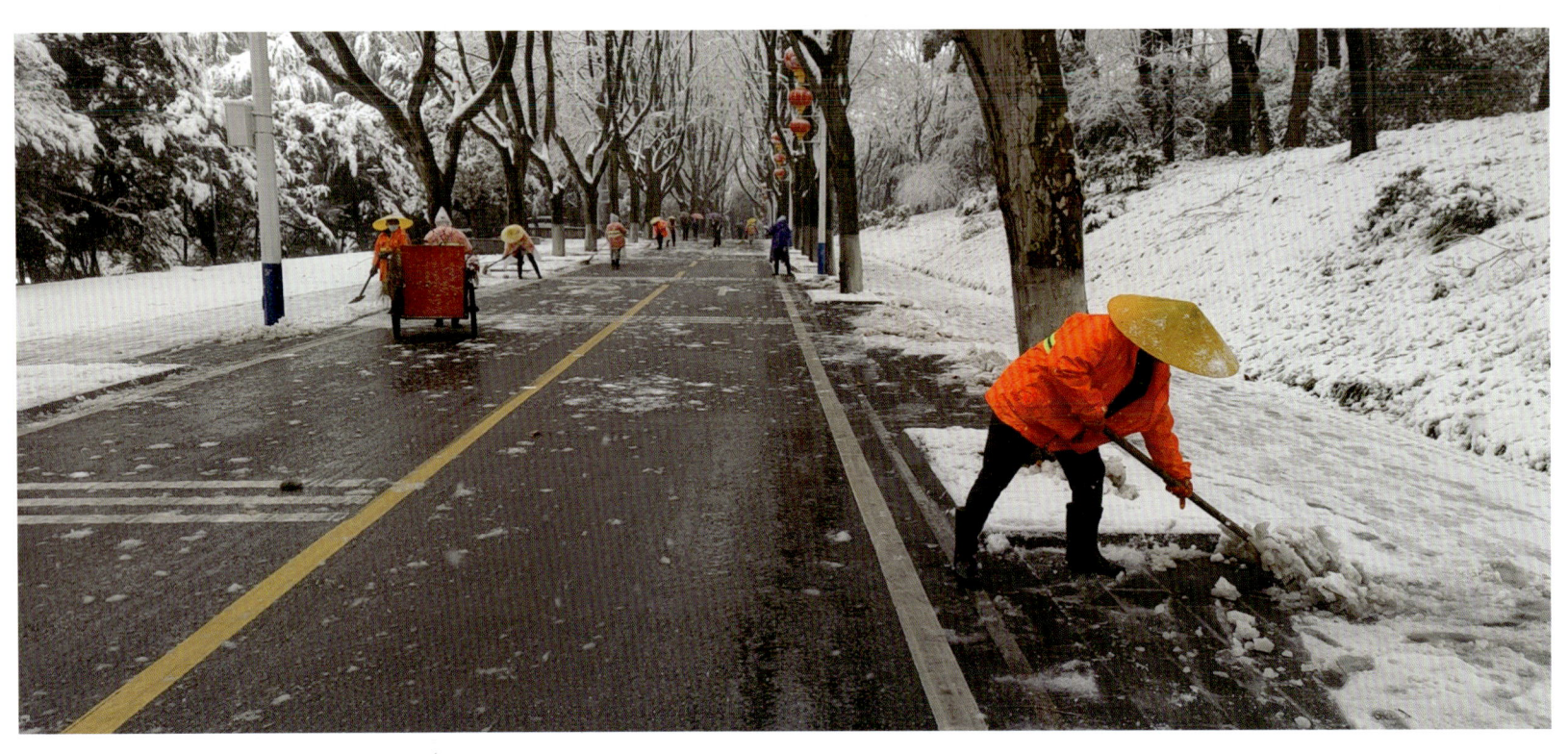

大雪中的一抹橙　刘俊（总务后勤处）

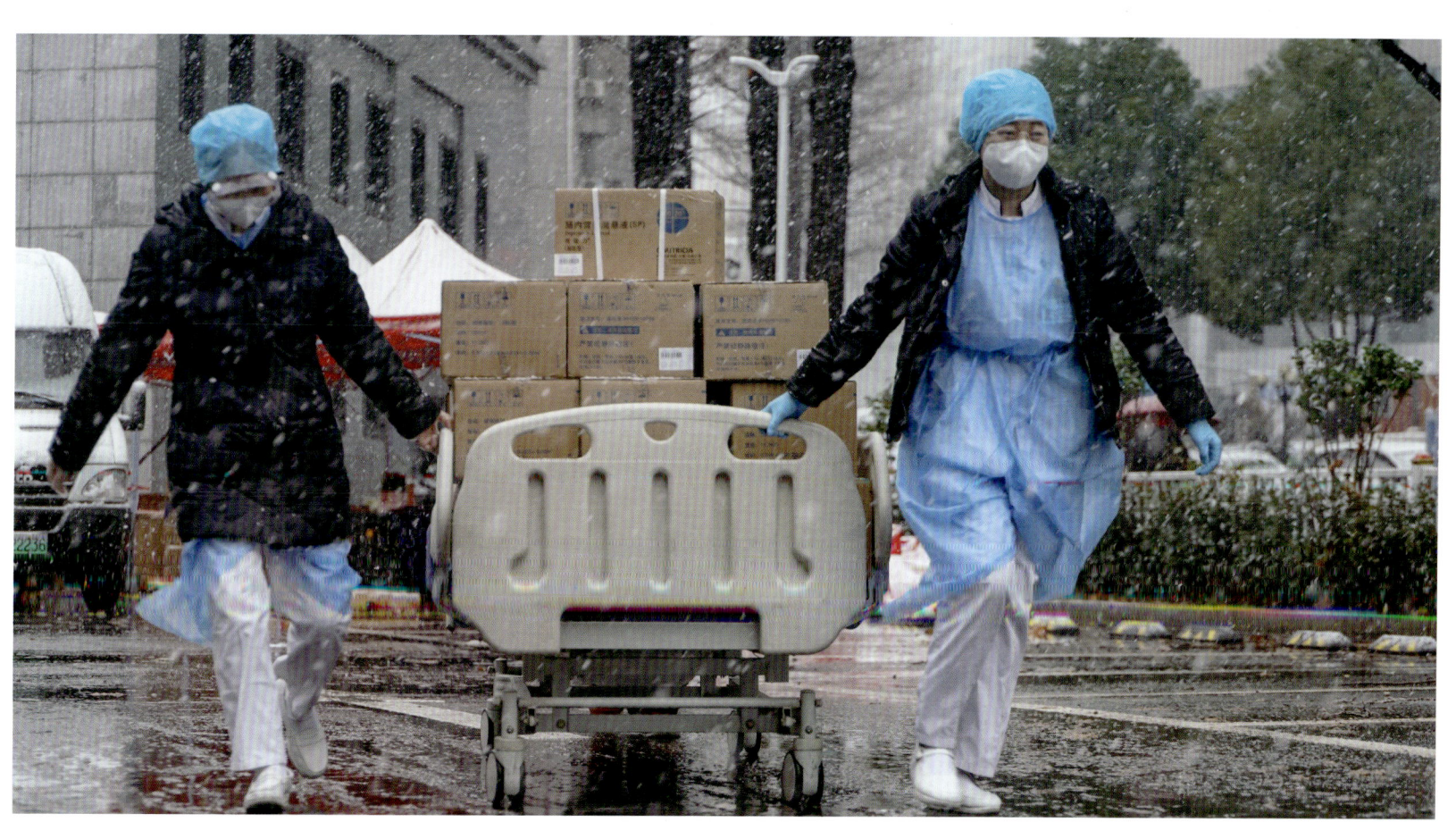

一路同行　齐剑东（同济医院）

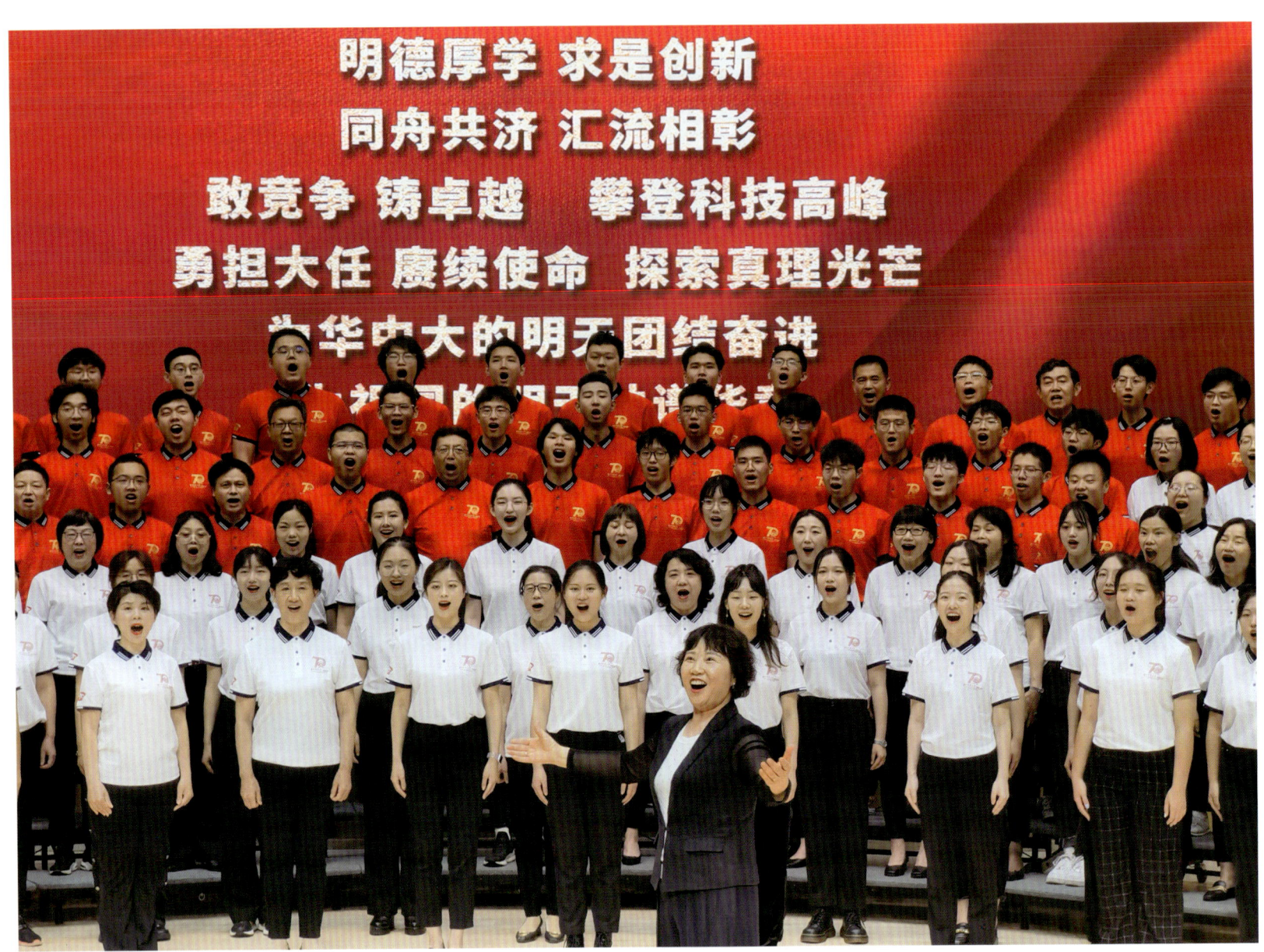

想把我唱给你听　宗雪（校机关）

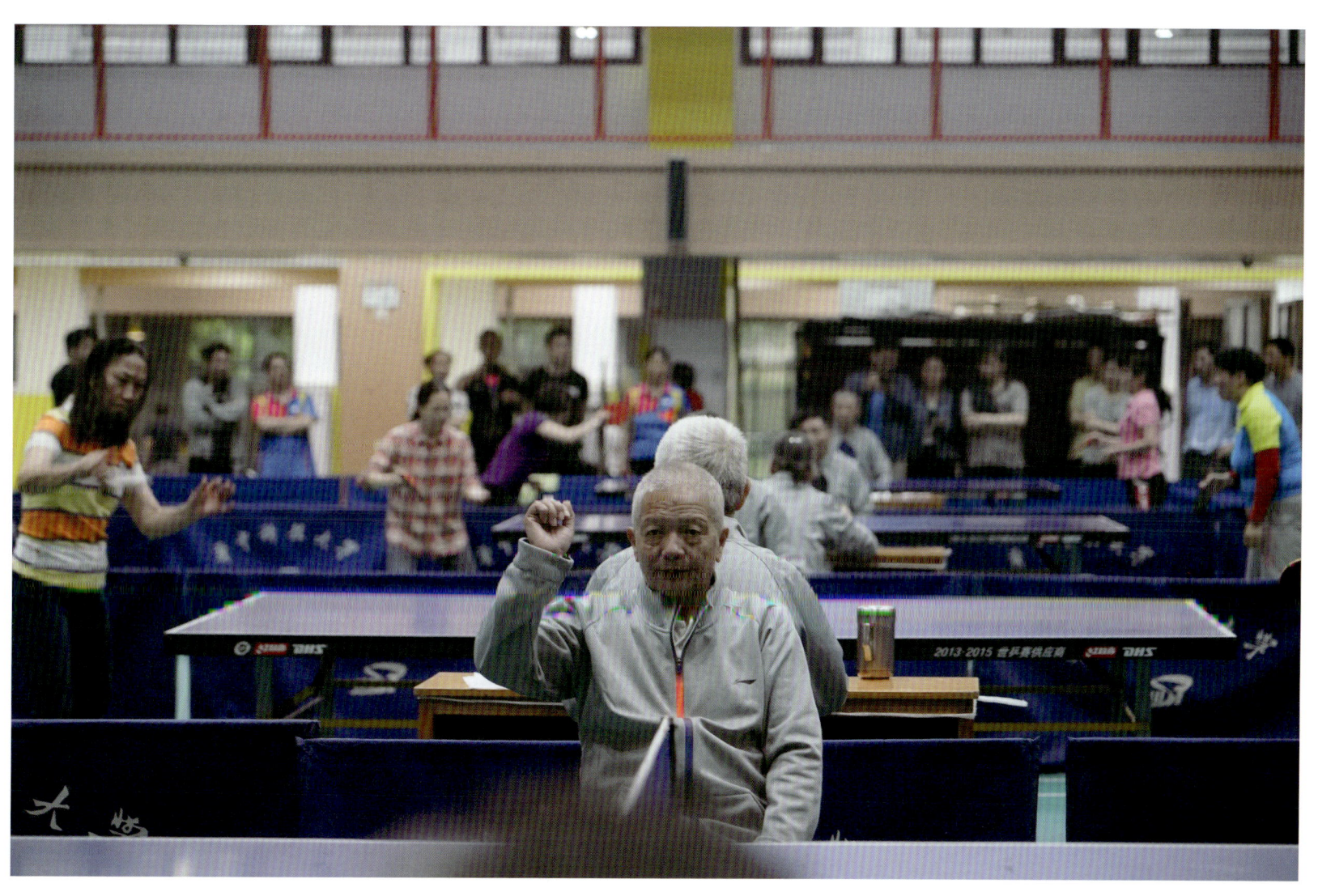

传承　裴梦瑶（人文学院）

冲锋在一线　田忠和（人工智能与自动化学院）

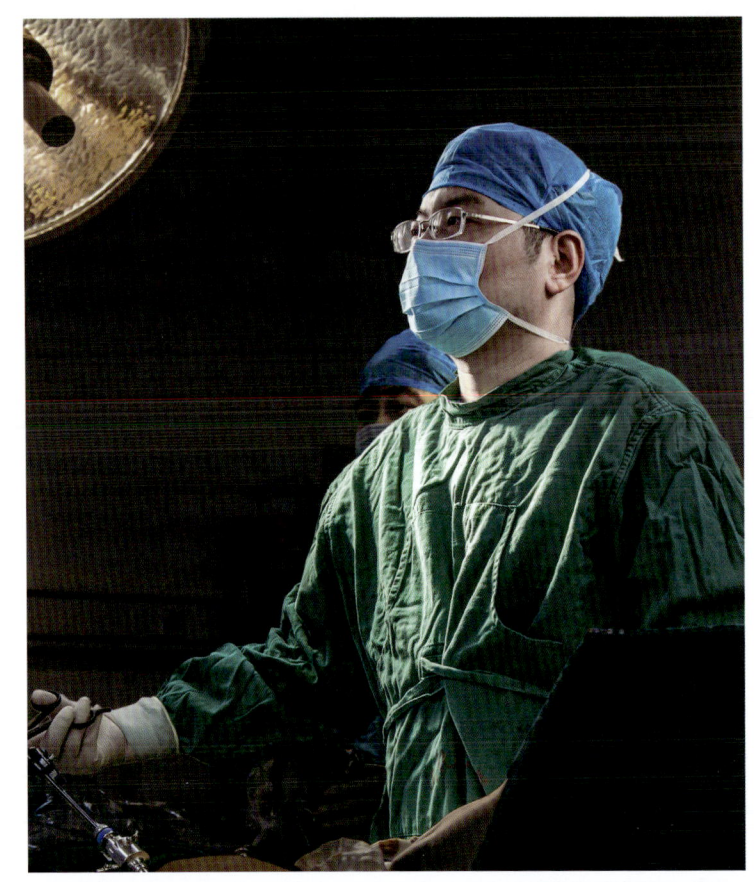

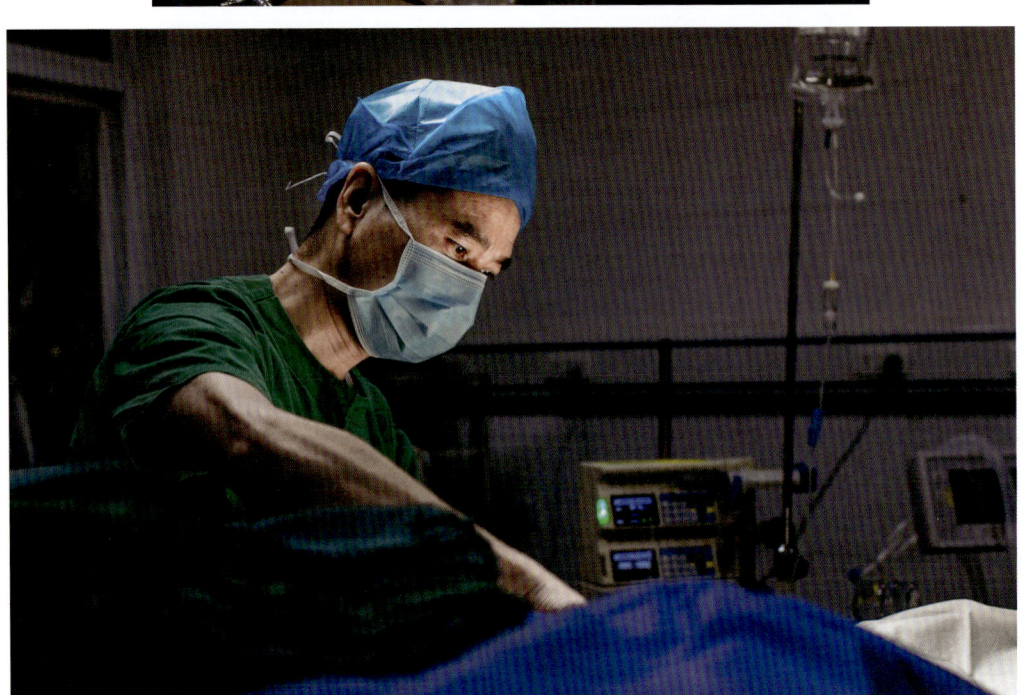

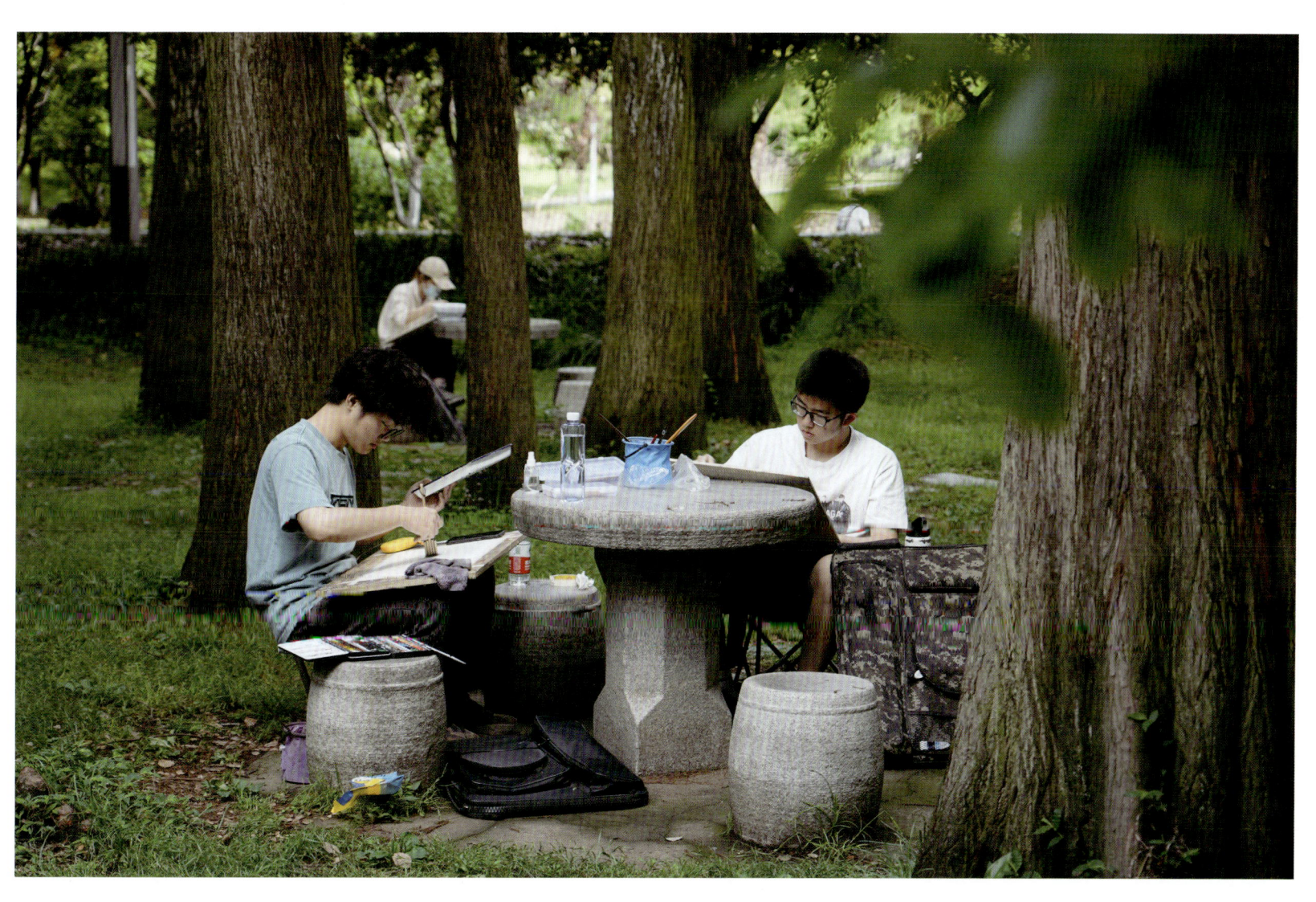

林间写生　陶然（校机关）

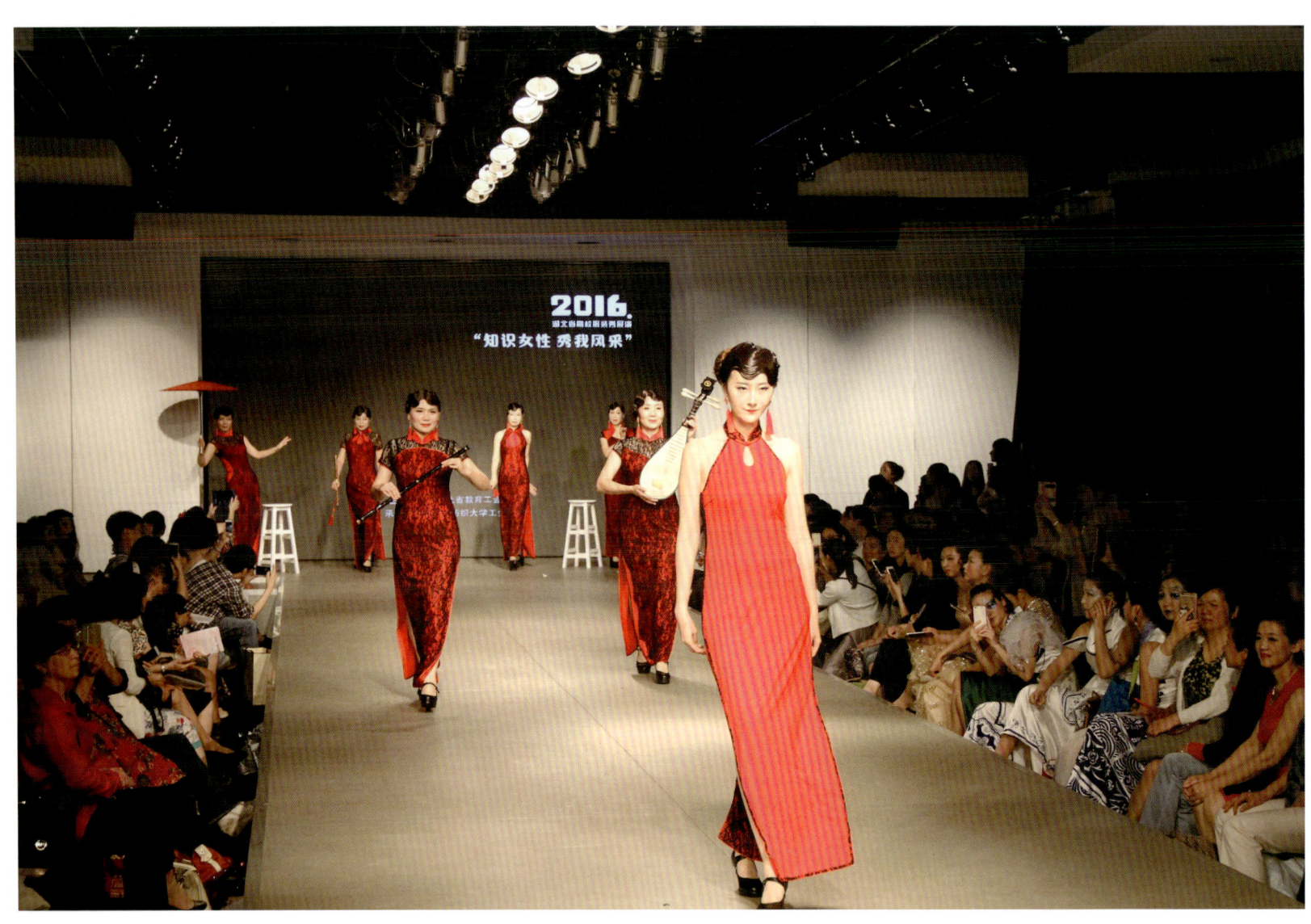

乐韵华风　沈跃进（体育学院）

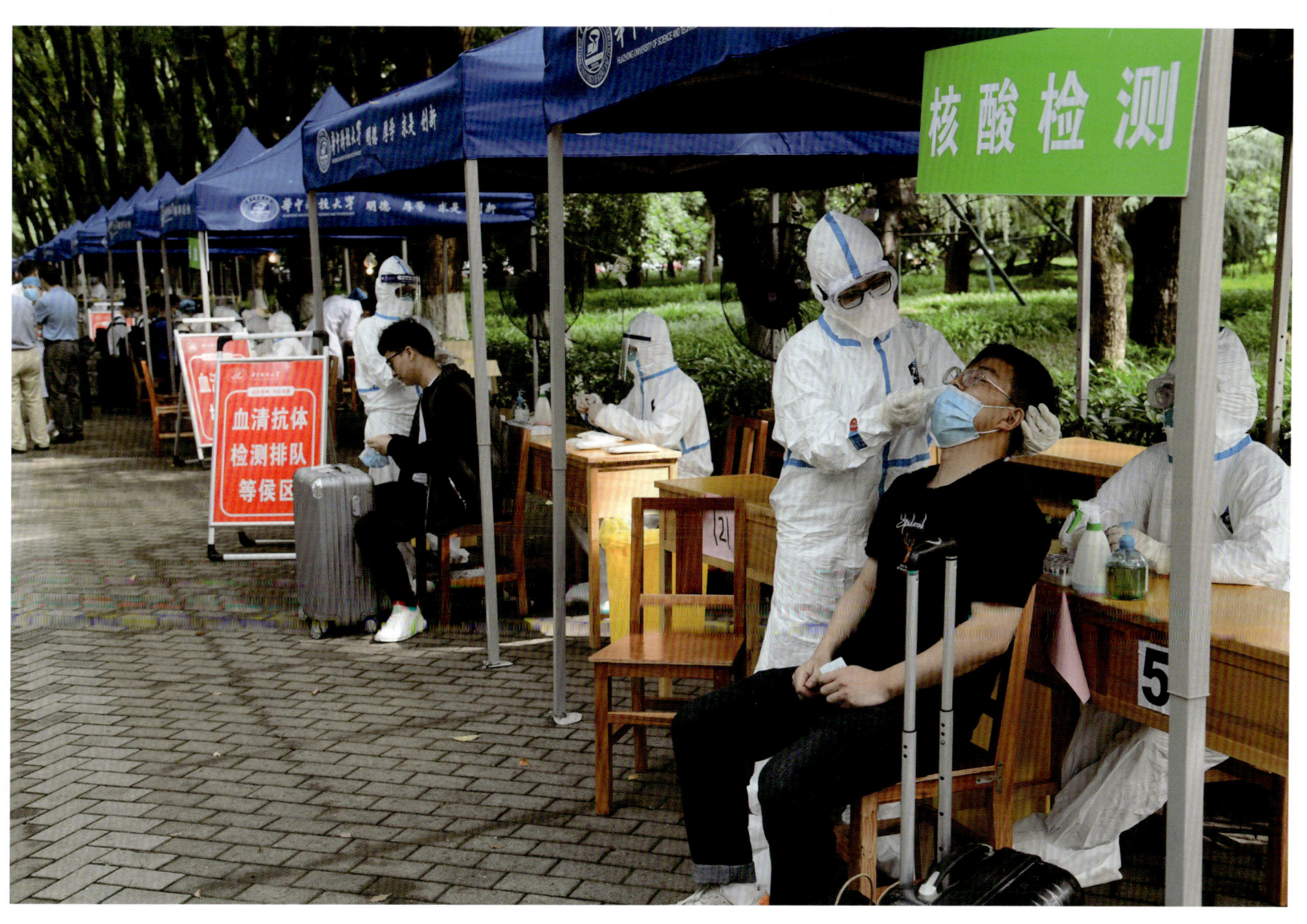

返校日　辛国胜（校机关）

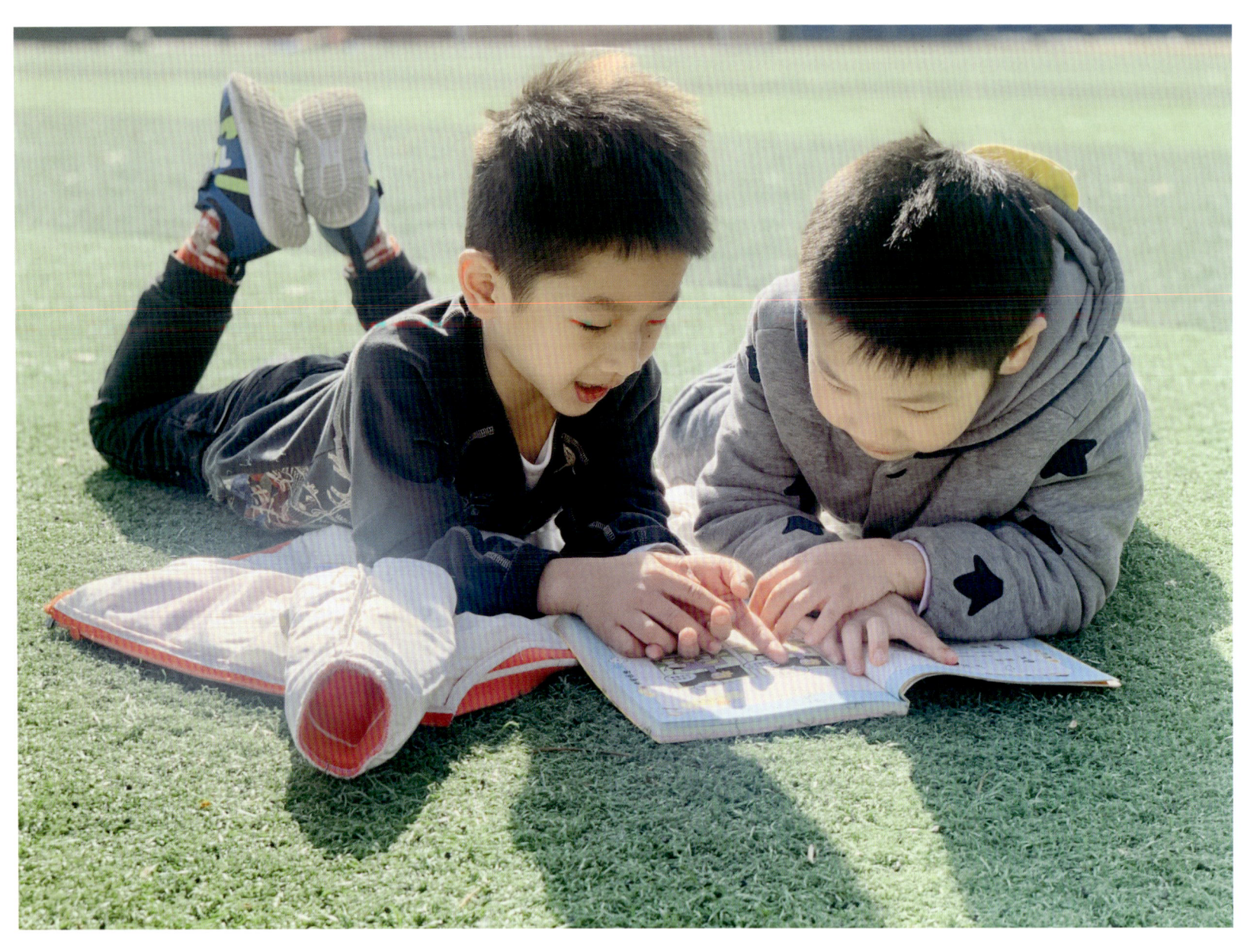

全神贯注 冯哲（同济医学院机关）

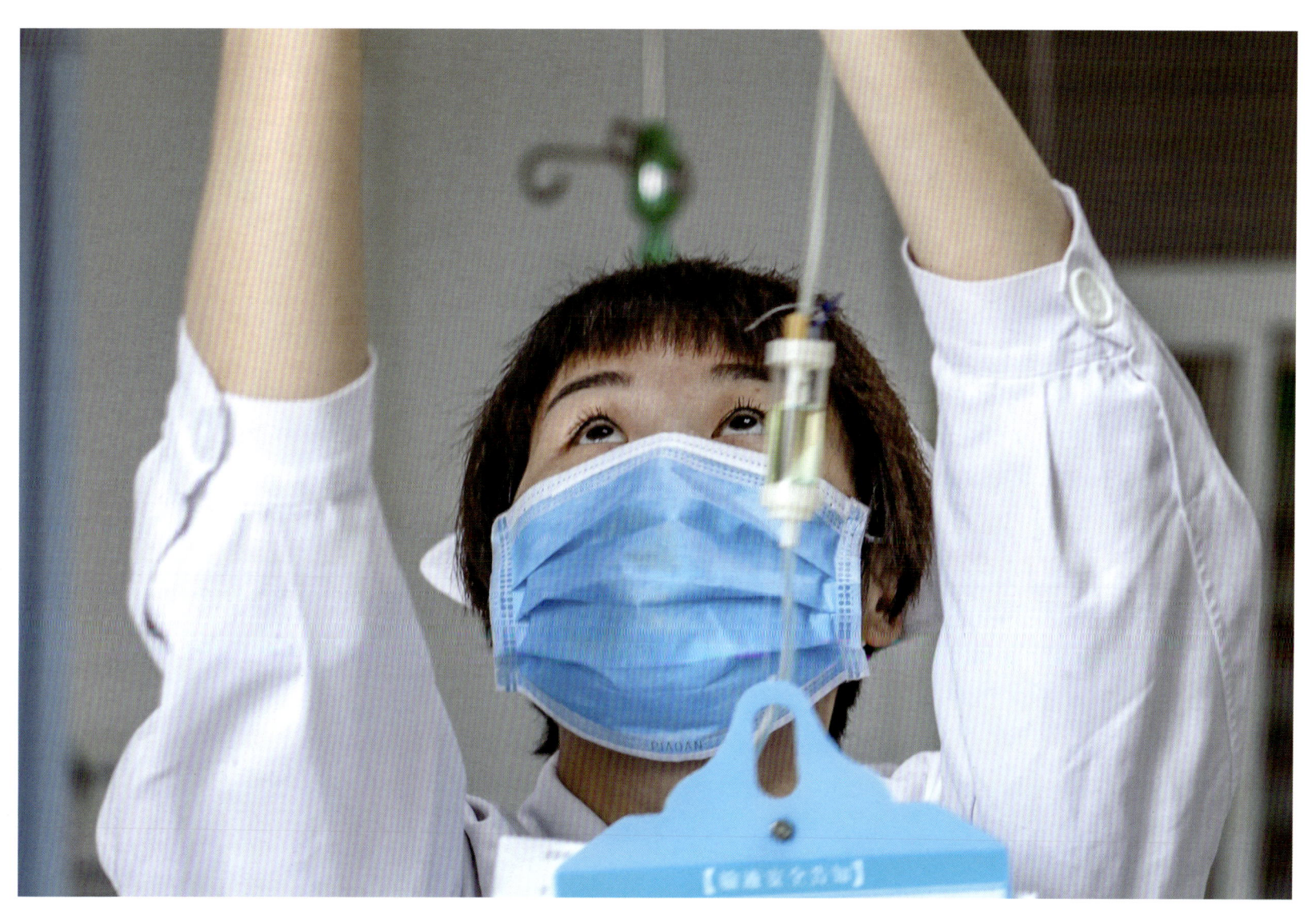

天使的眼睛 田忠和（人工智能与自动化学院）

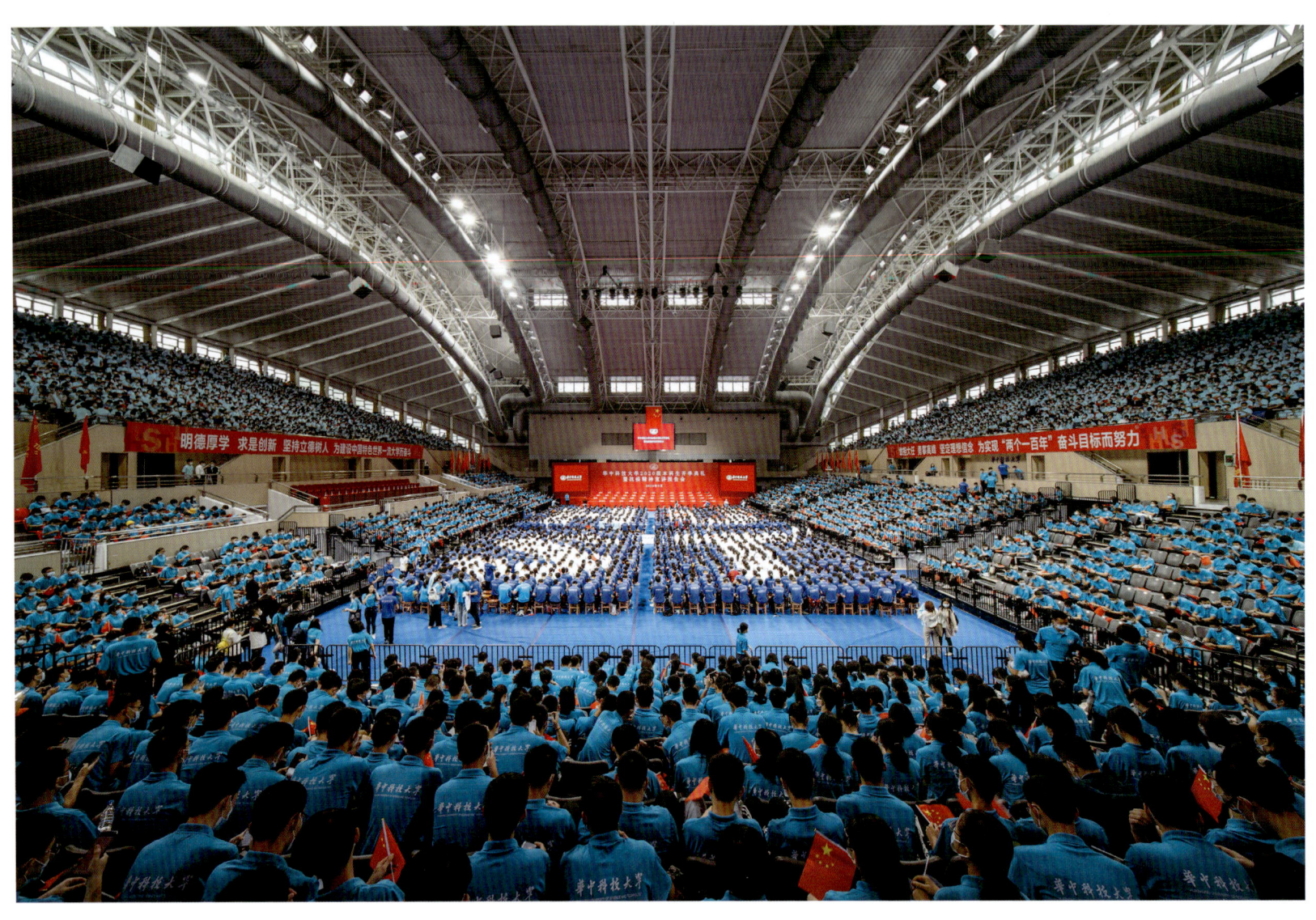

开学典礼　赵嵩郢（机械科学与工程学院）

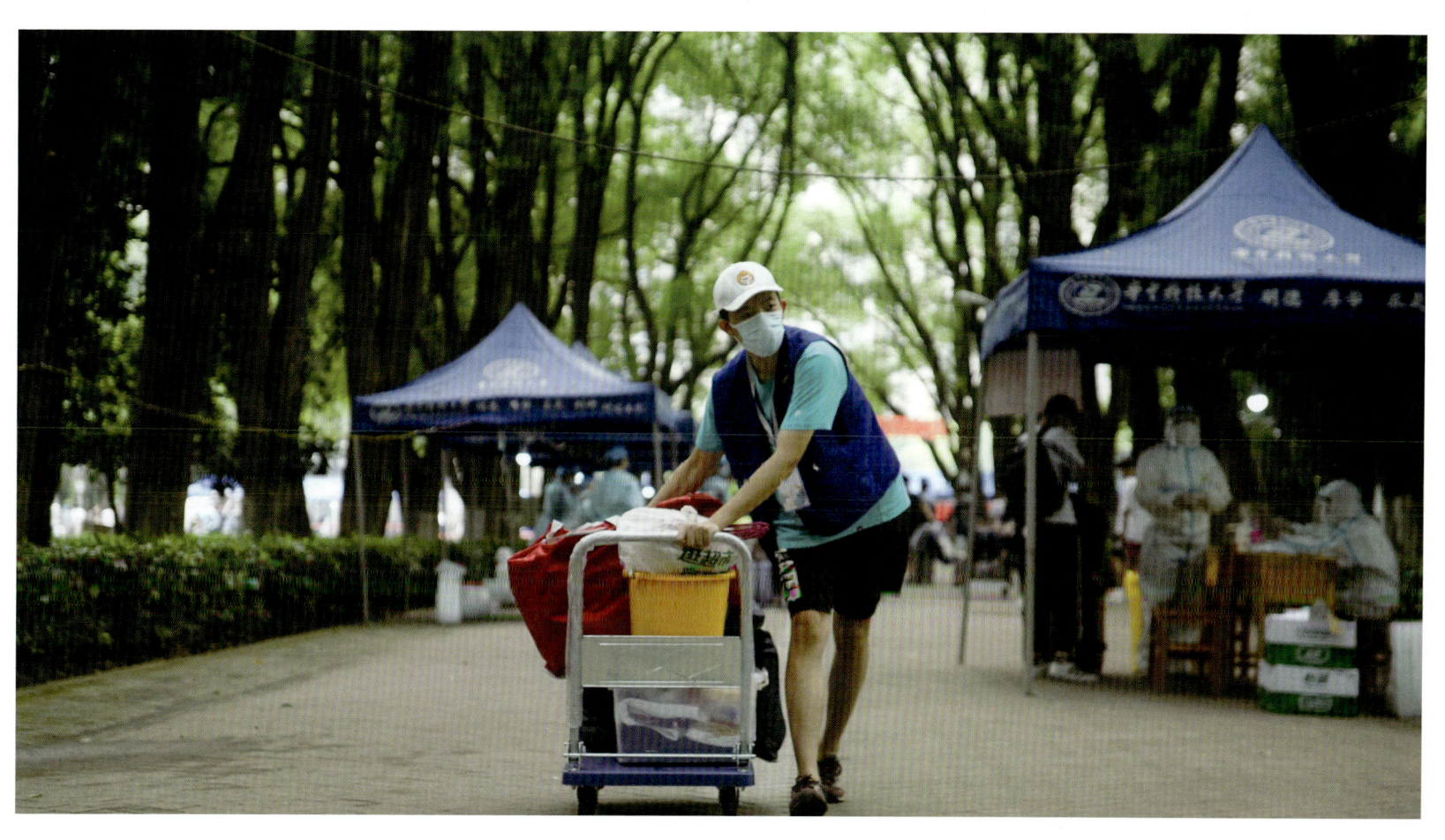

志愿者 田江（土木与水利工程学院）

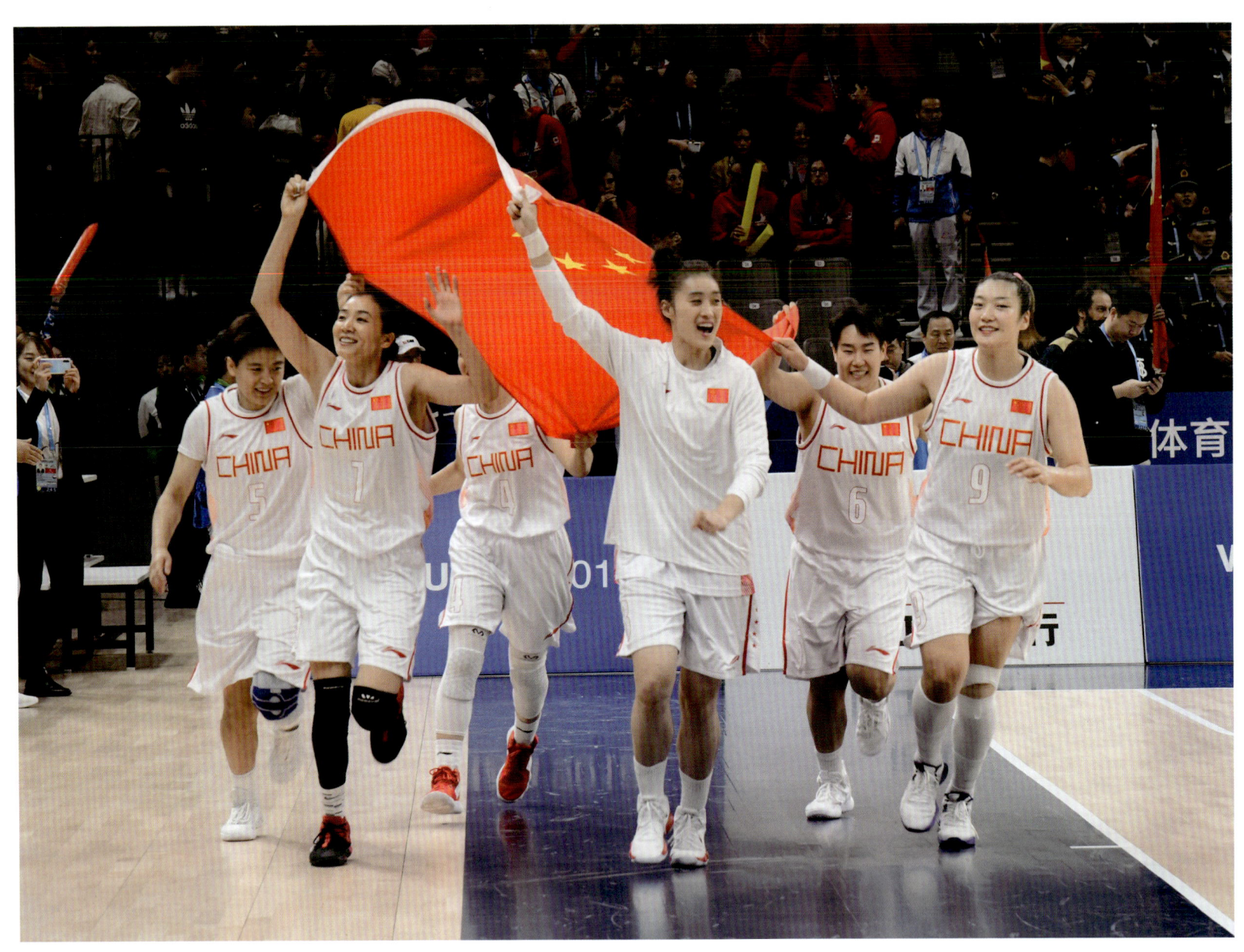

骄子　辛国胜（校机关）

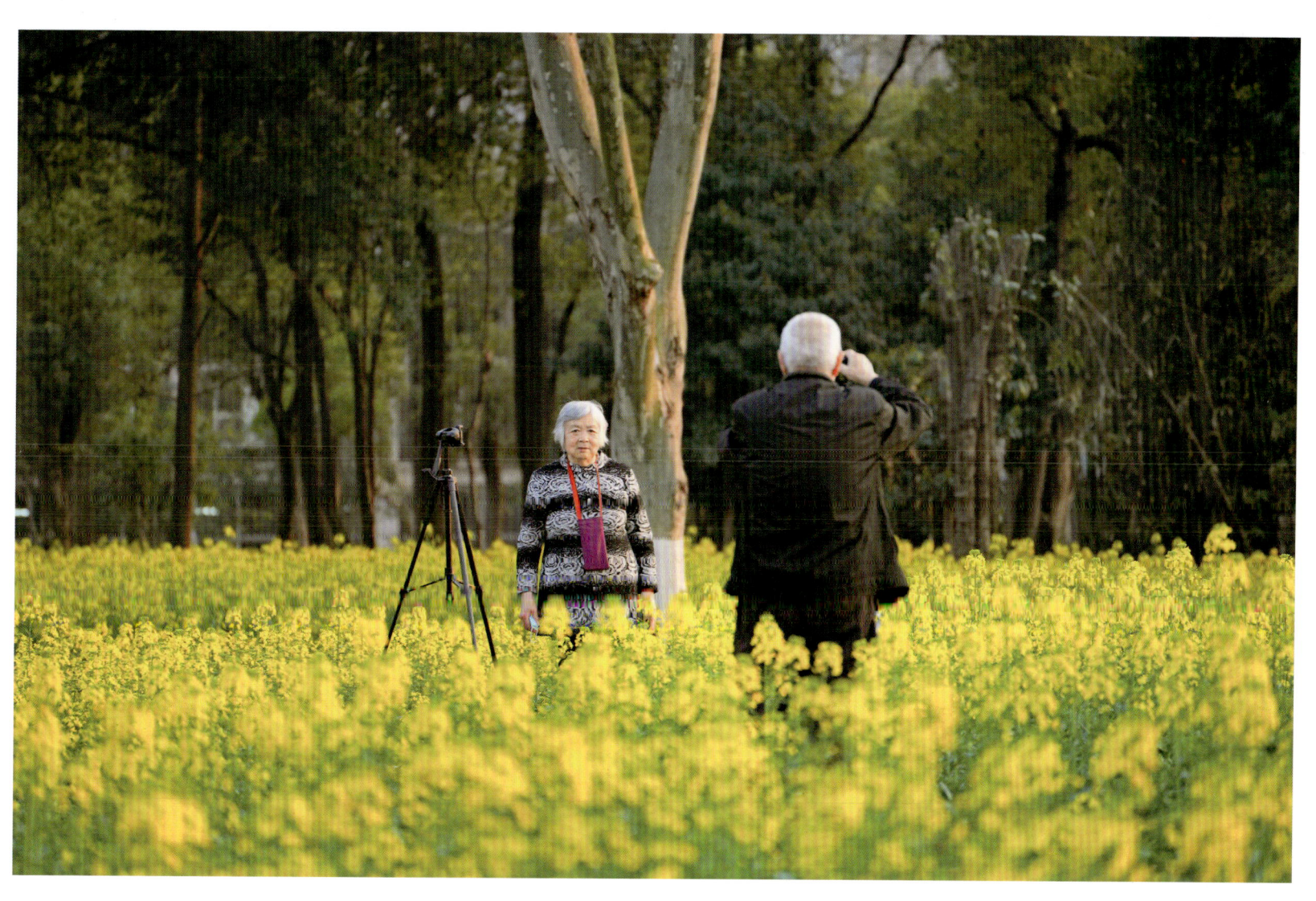

油菜花下的你我　马小勇（新闻与信息传播学院）

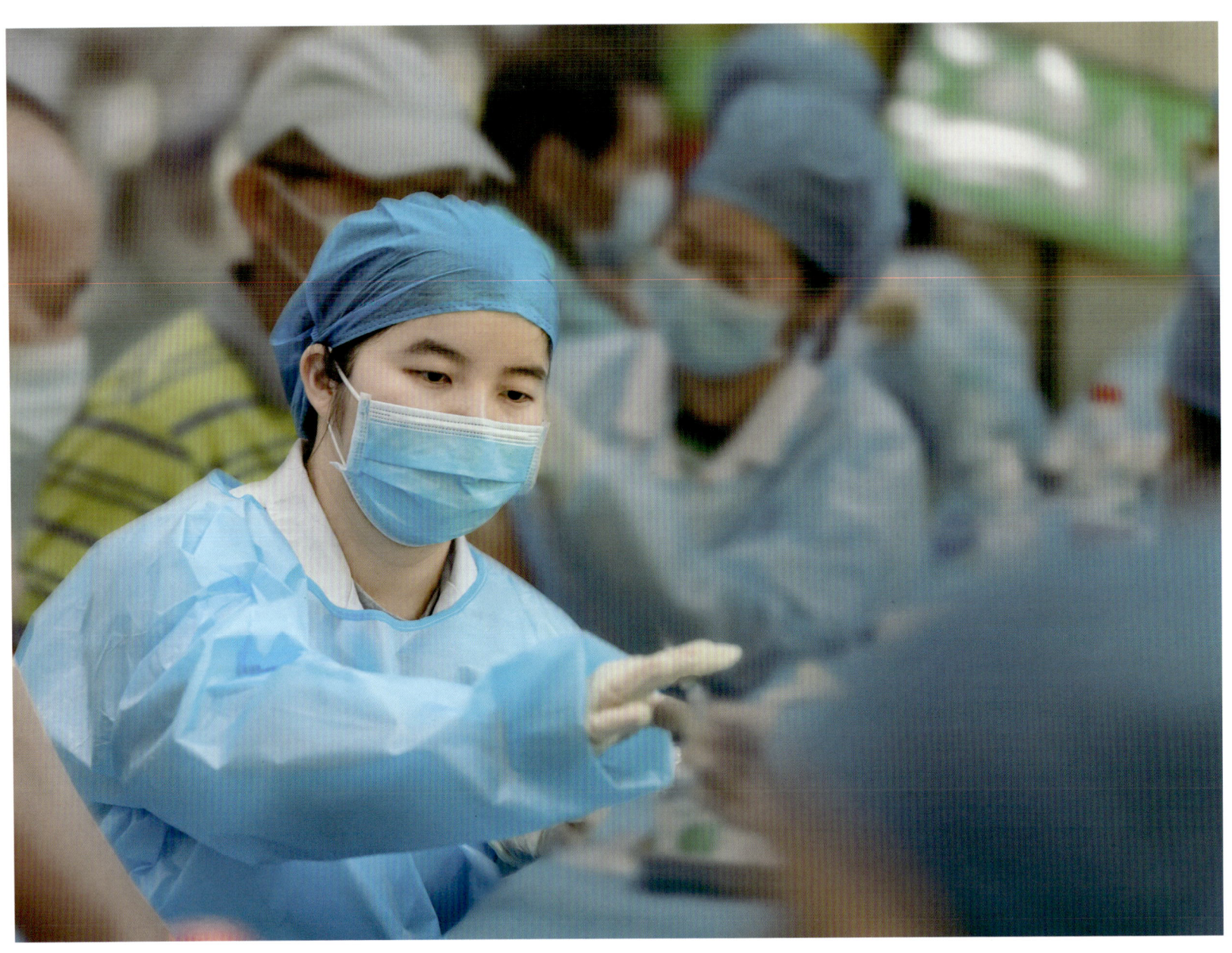

专注　向念（校医院）

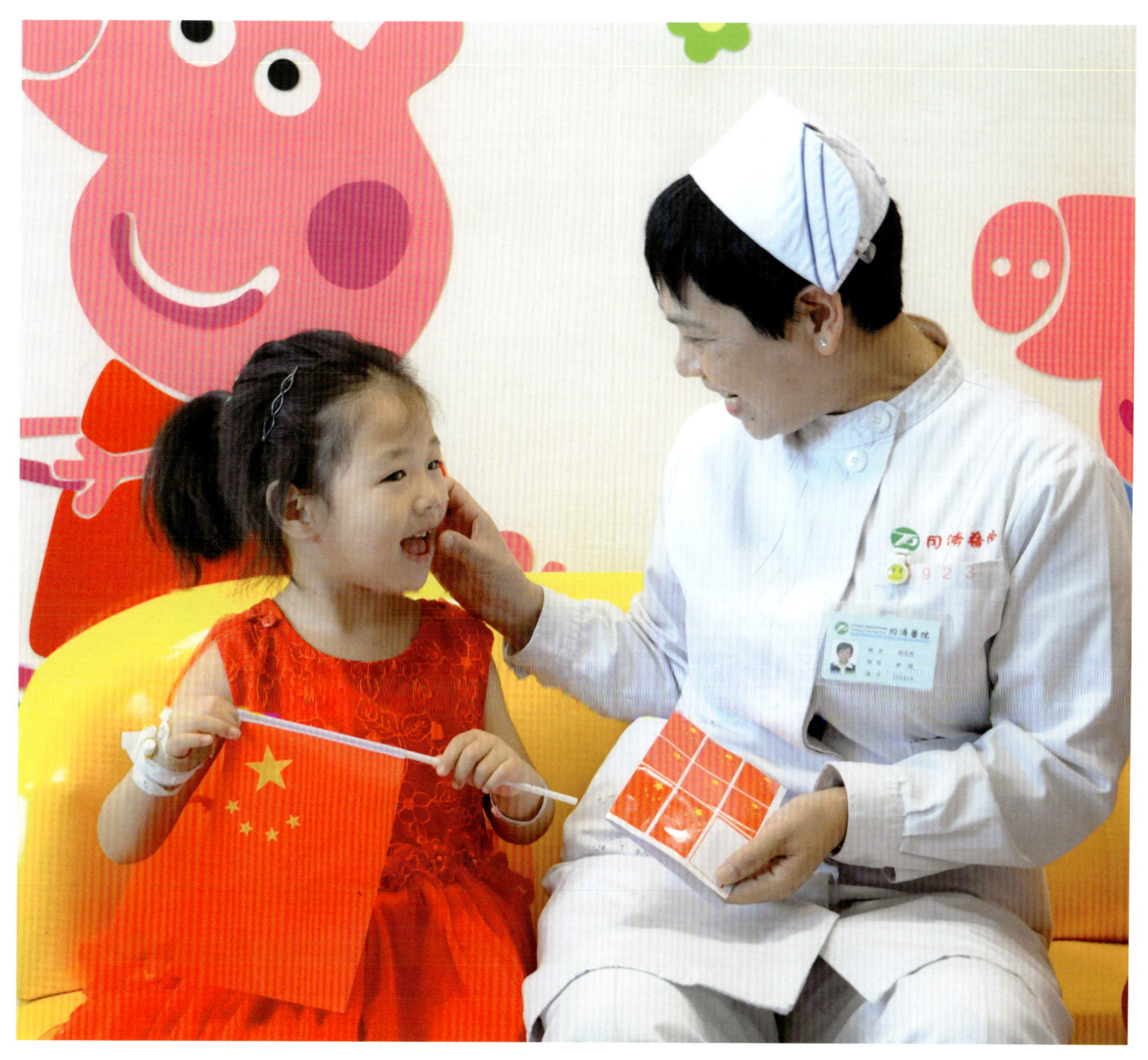

同心共祝祖国好　齐剑东（同济医院）

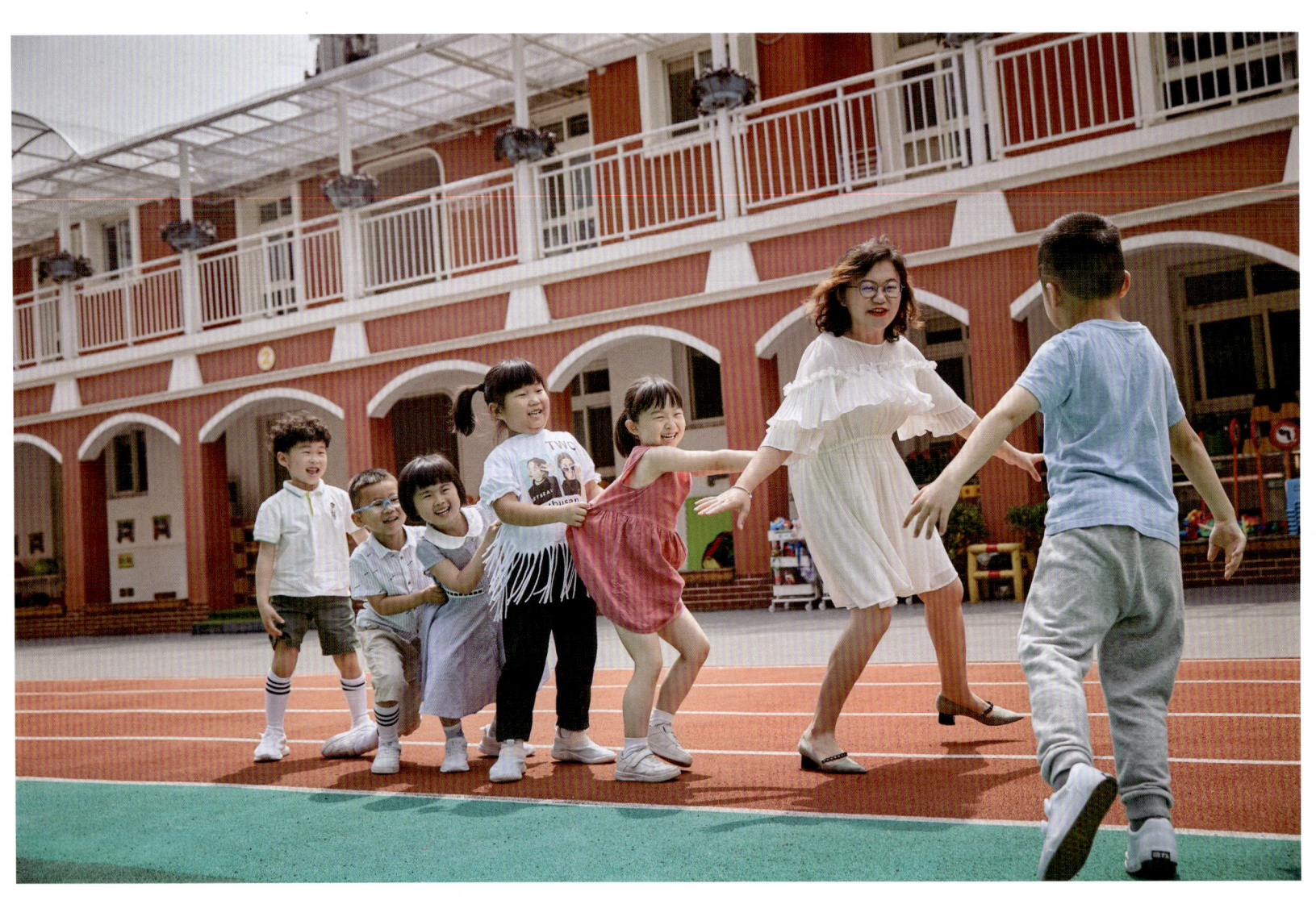

童年　杨璐（同济医学院附属幼儿园）

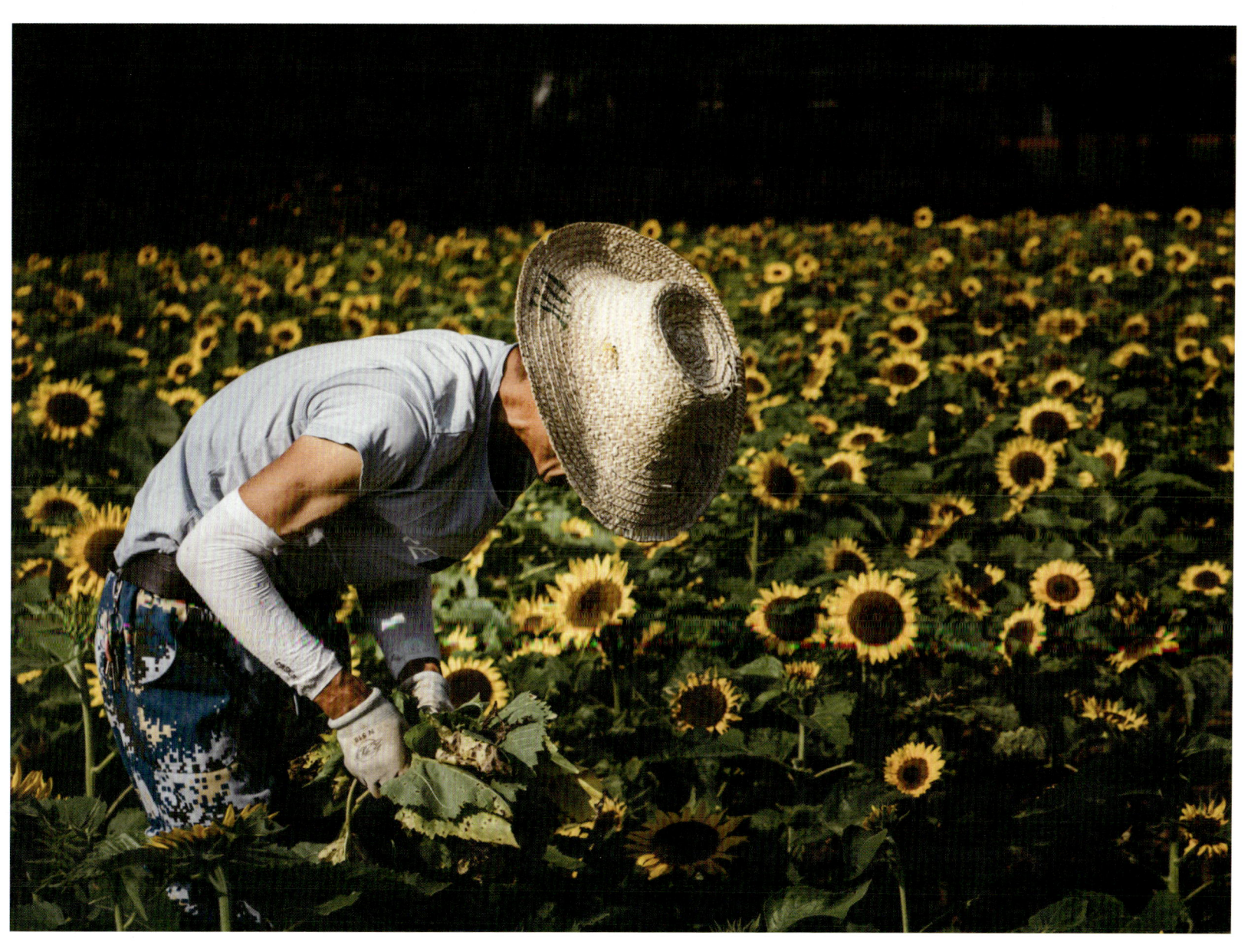

劳作　田雨樵（新闻与信息传播学院）

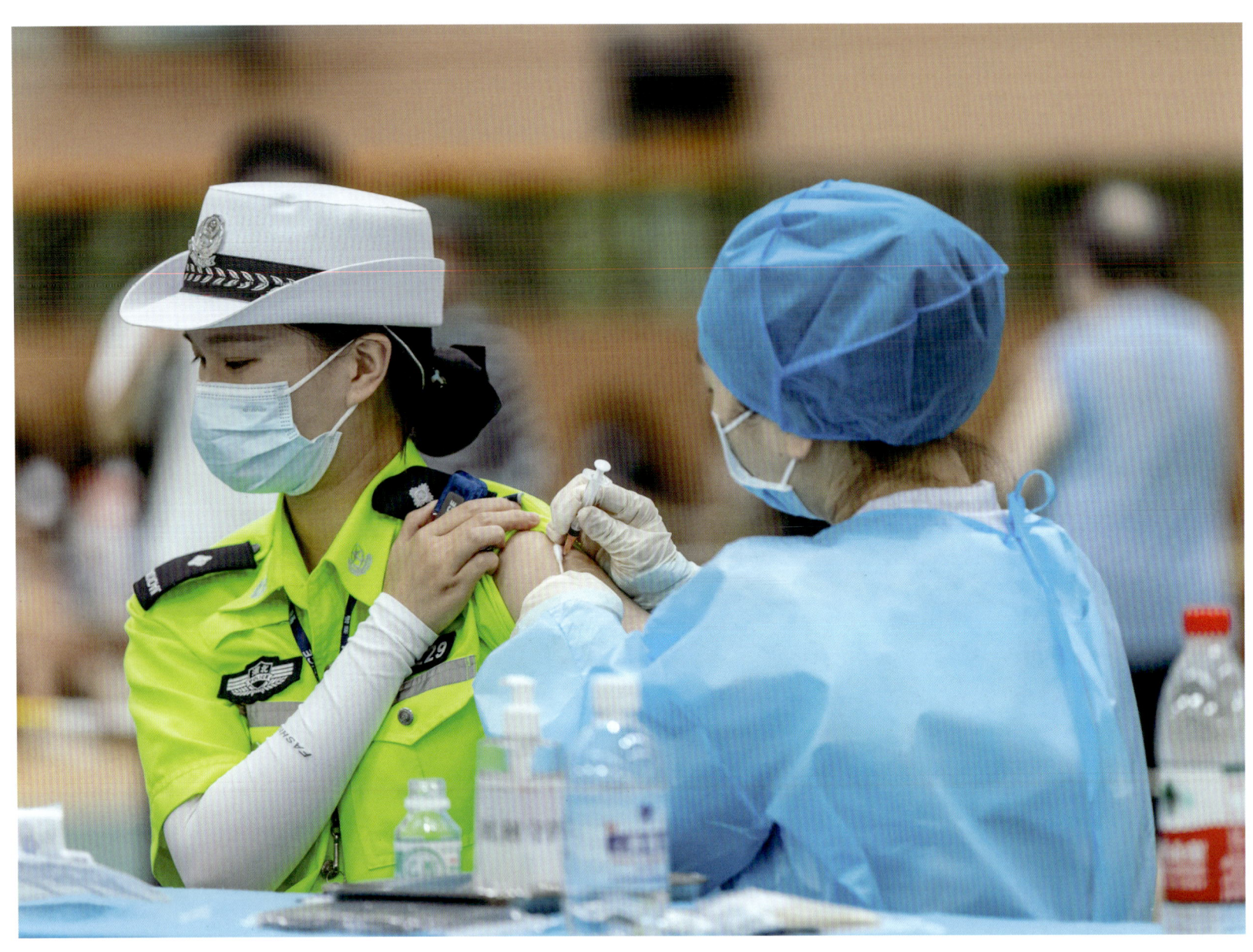

"疫"起守护 毛冬梅（校医院）

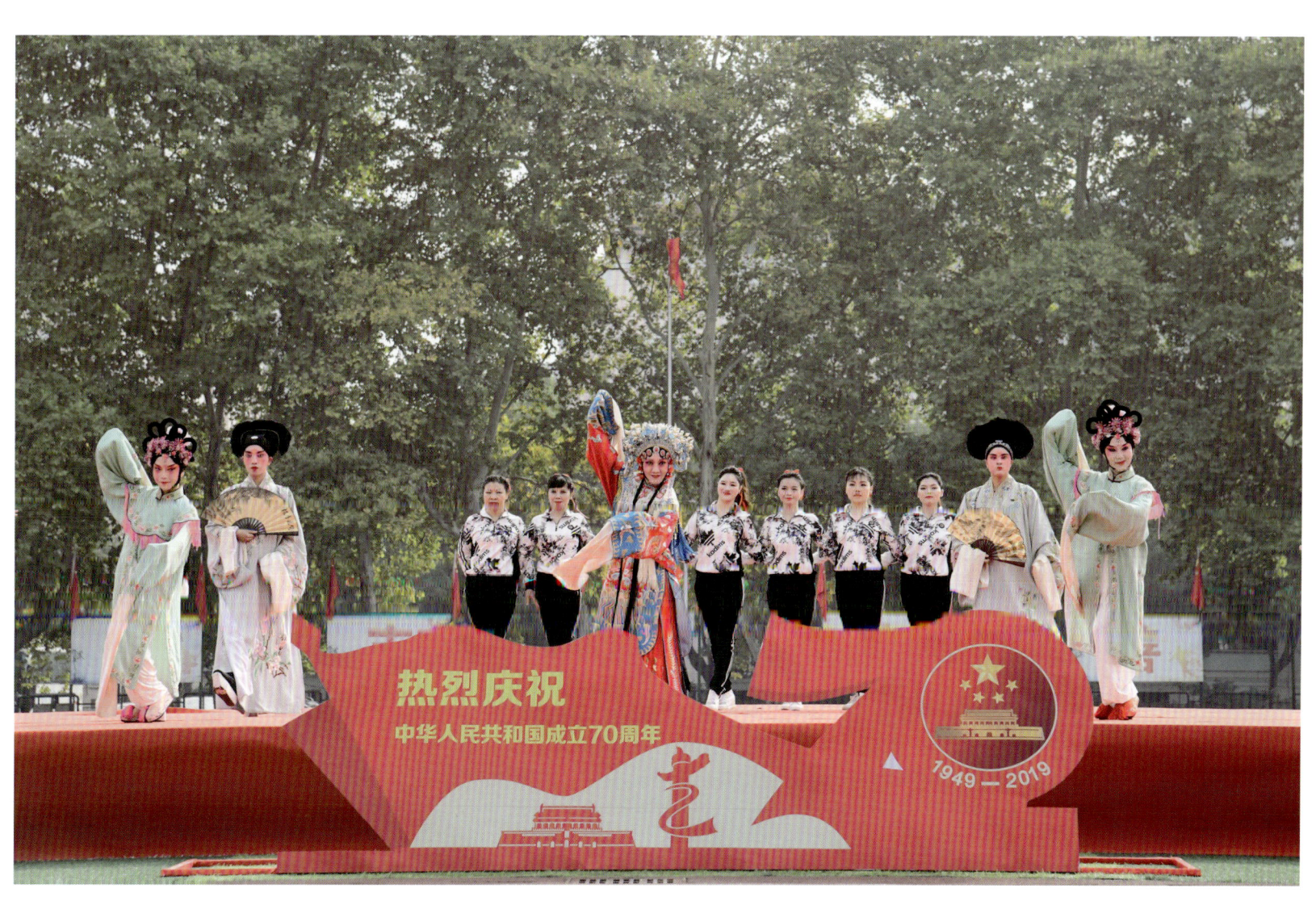

庆贺　辛国胜（校机关）

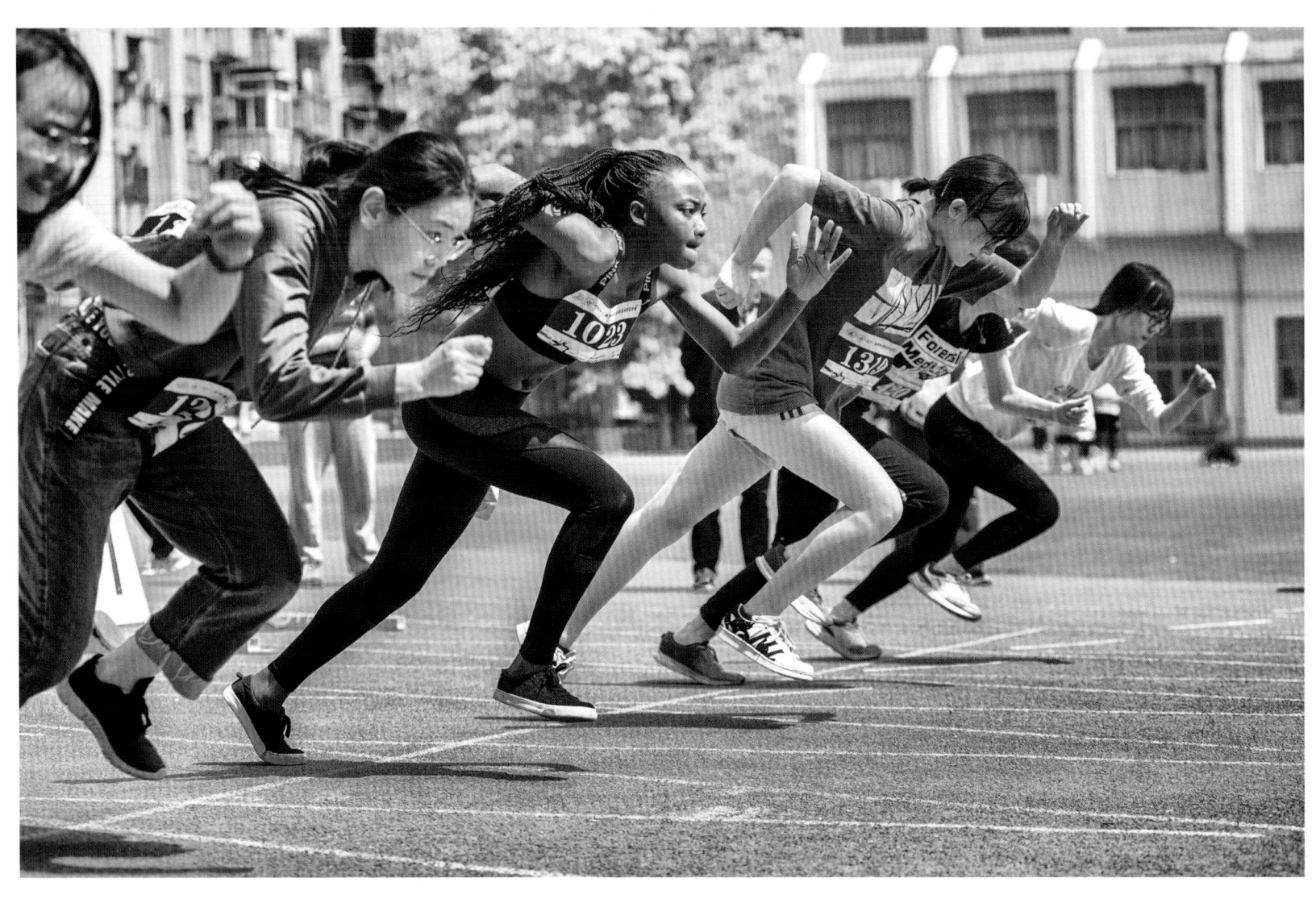

准备就绪 张开泉（现代教育技术中心）

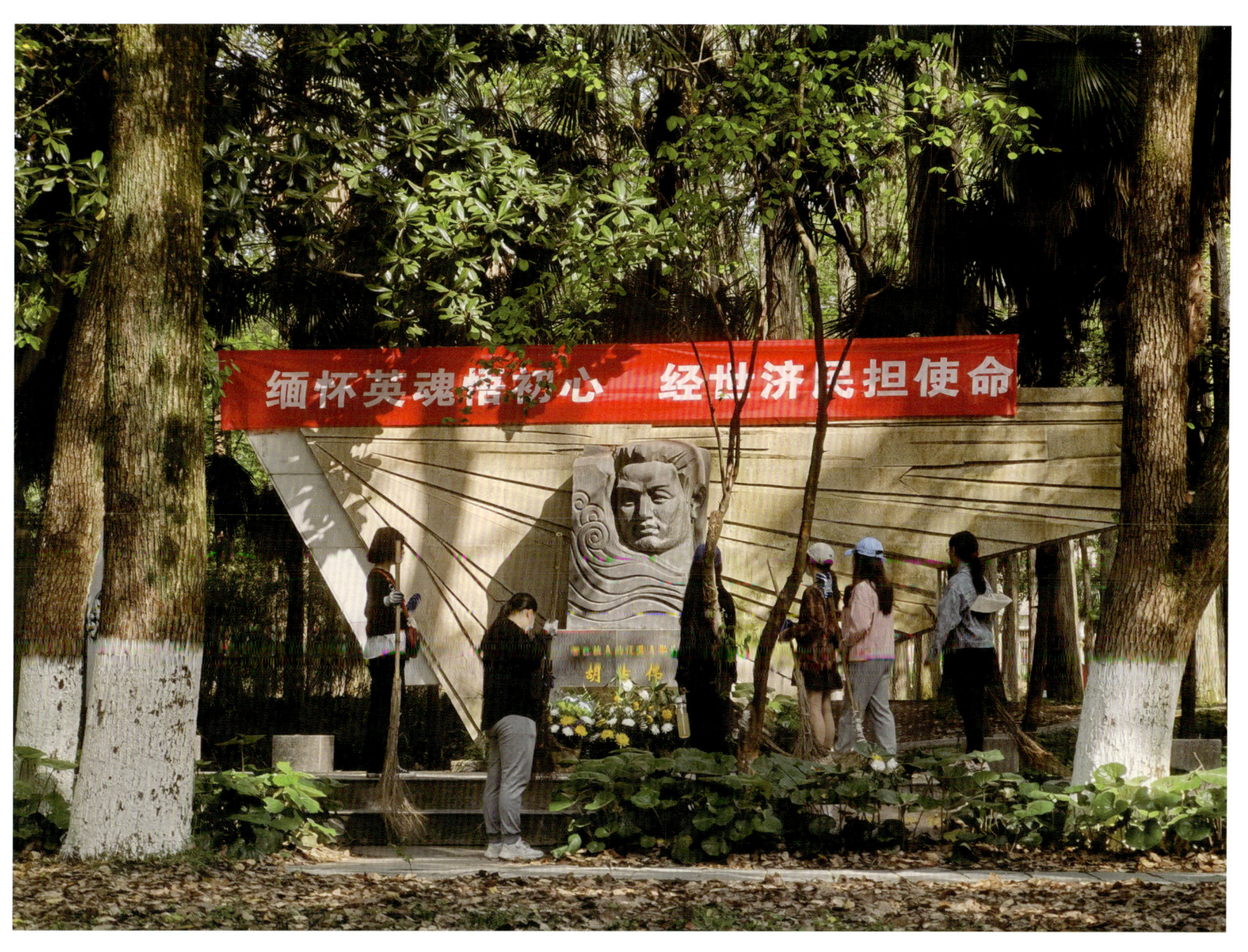

闪亮的日子　王与峥（网络空间安全学院）

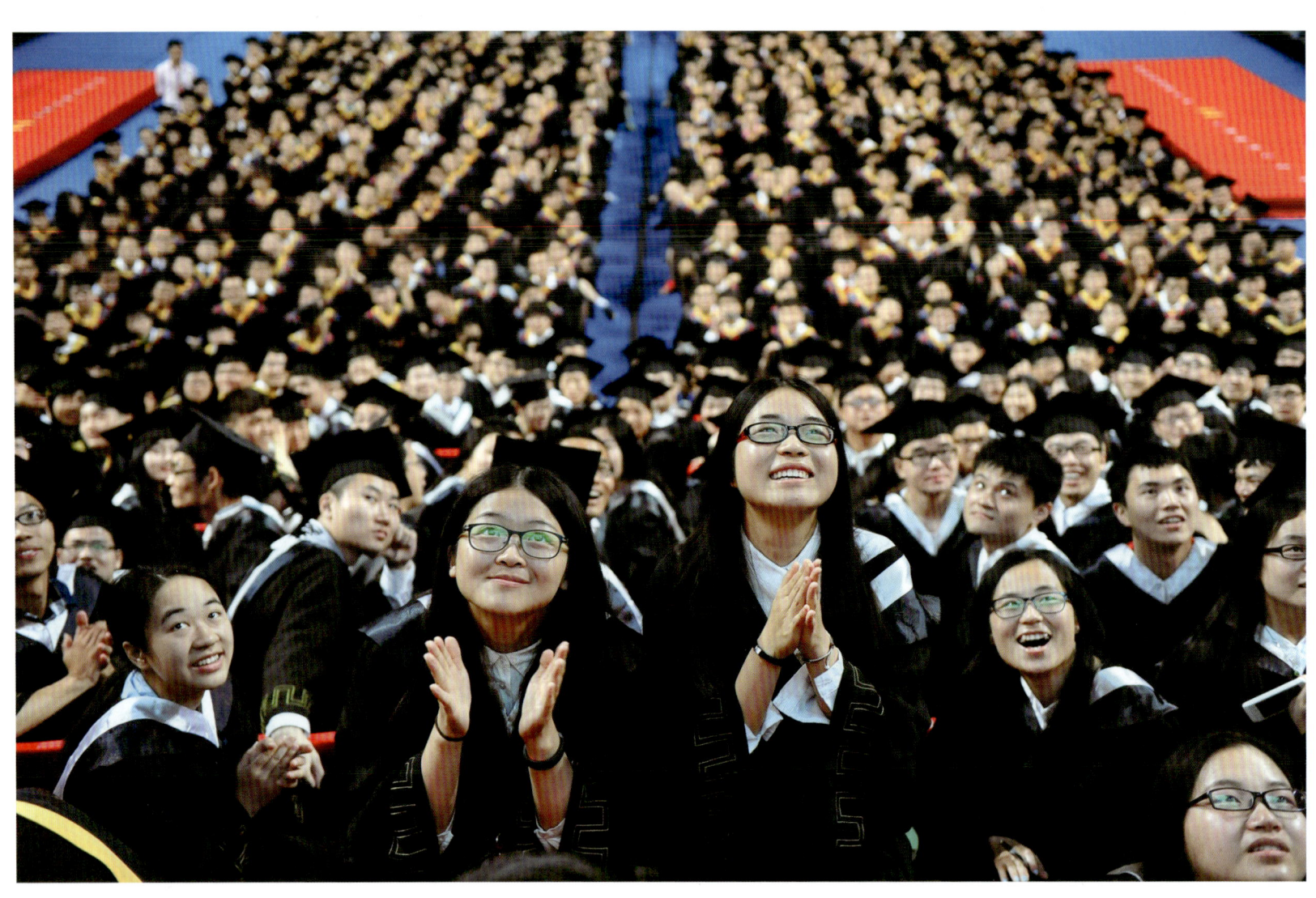

启航 辛国胜（校机关）

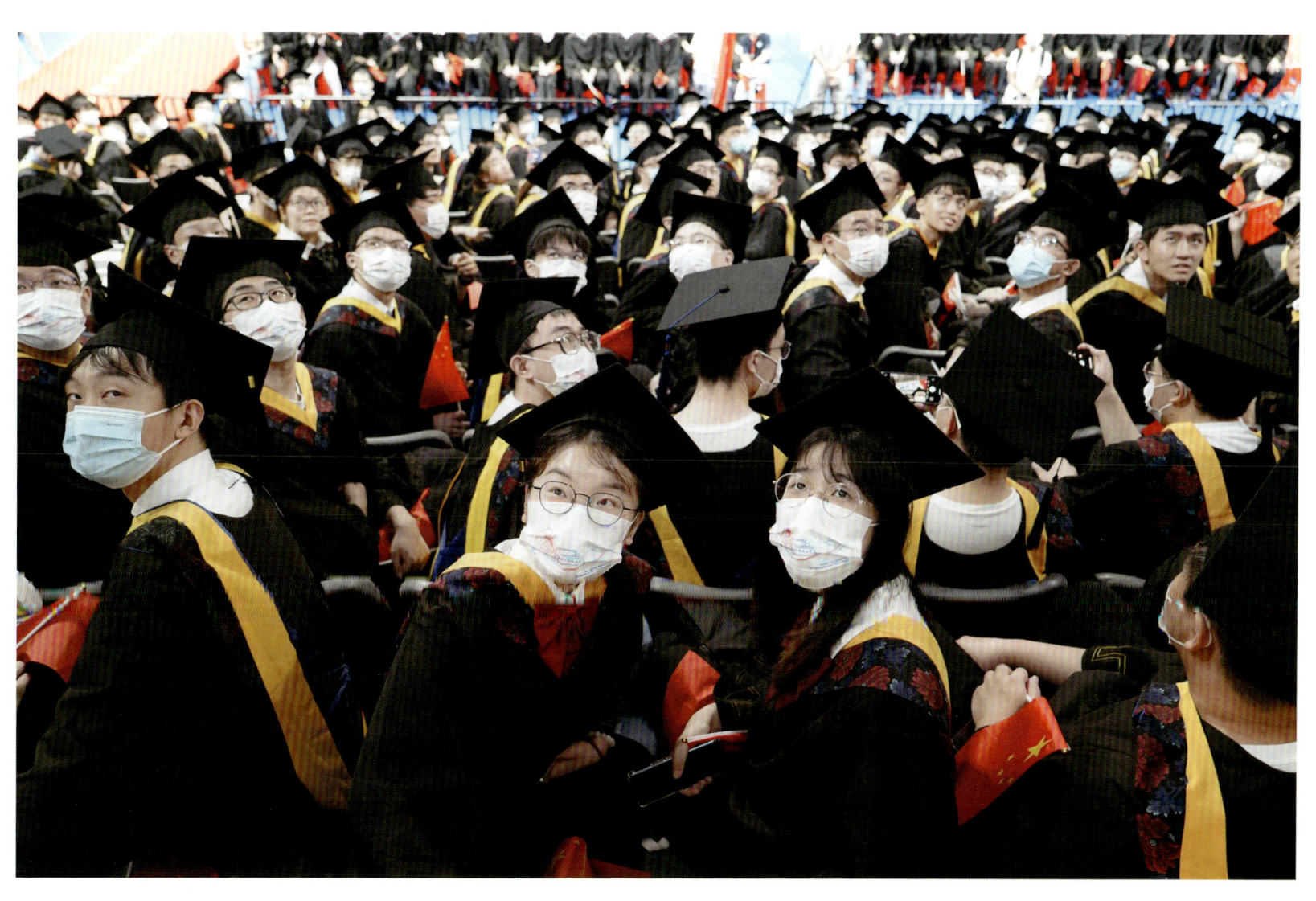

再回首　陶然（校机关）

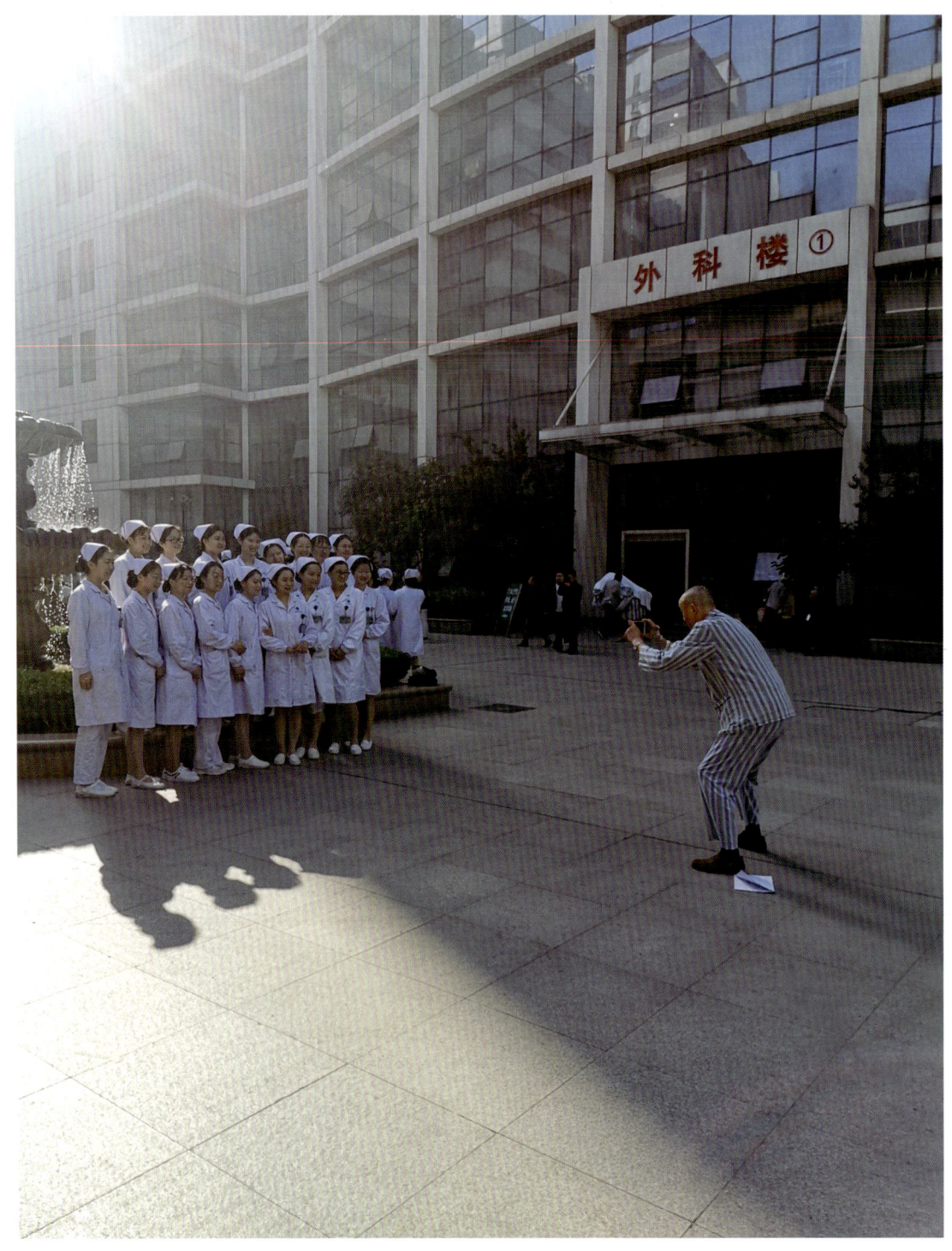

最佳病号 夏克尔扎提（协和医院）

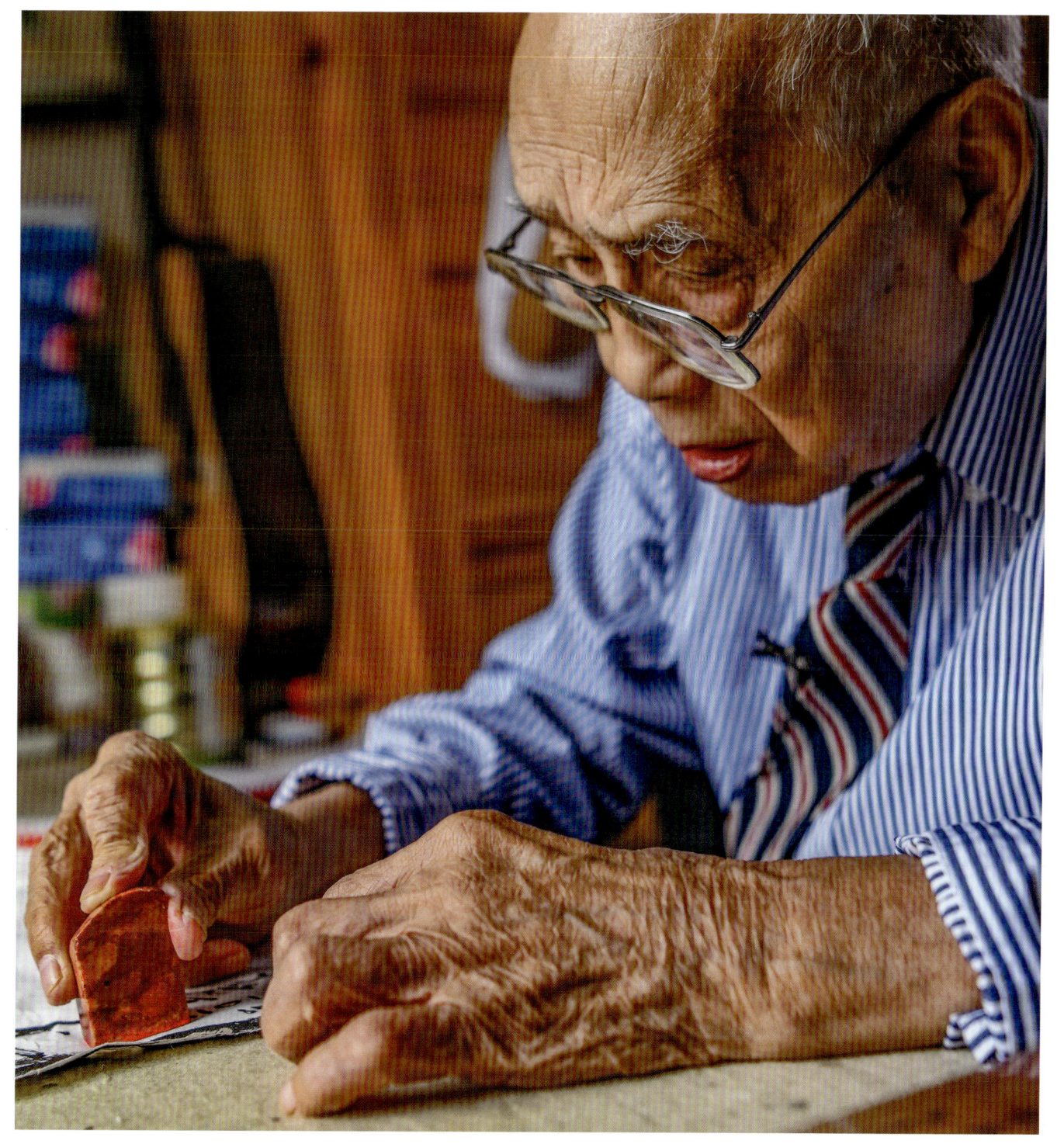

百岁老人温少曼先生　柯育萍（同济医学院机关）

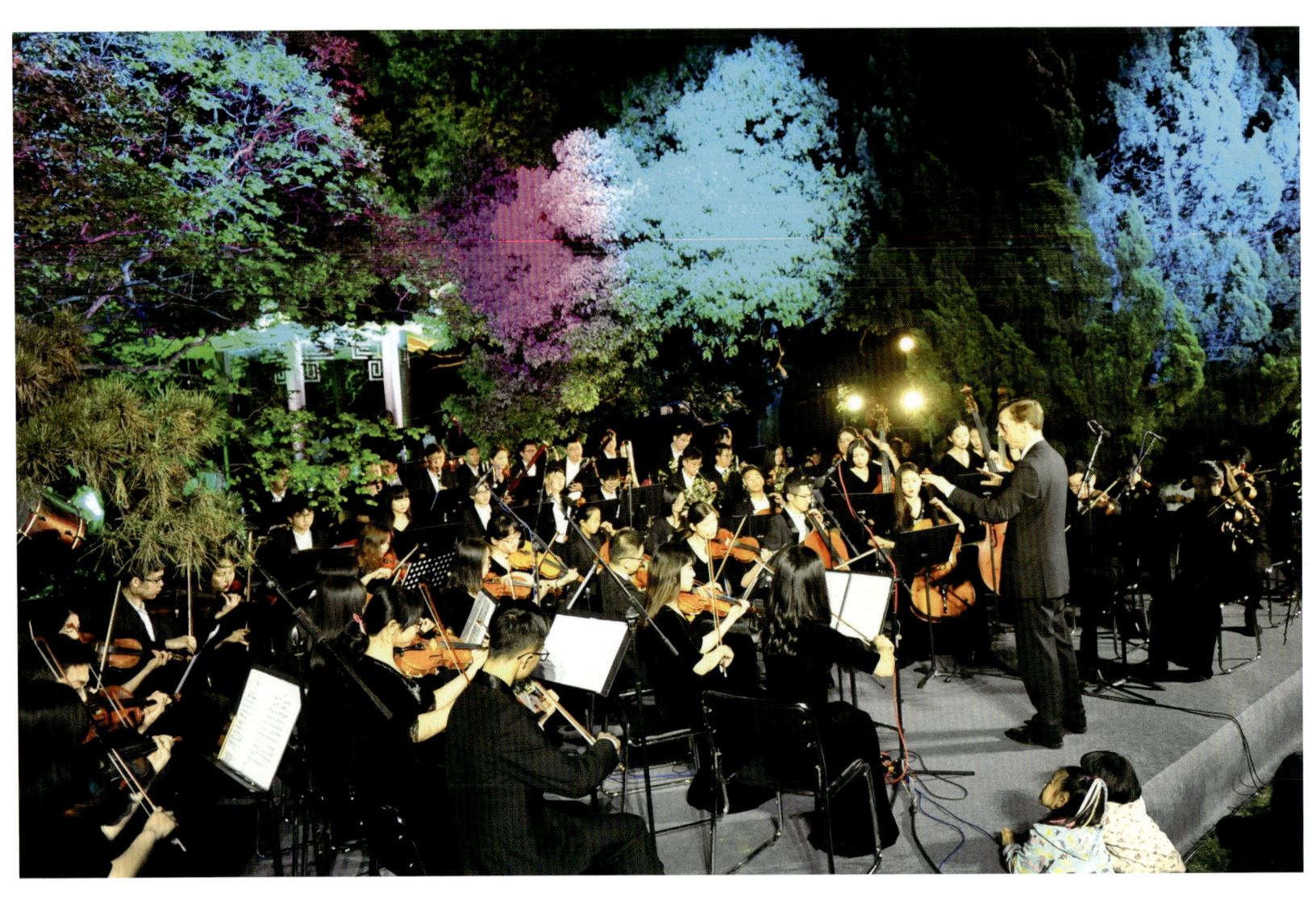

森林音乐会　辛国胜（校机关）

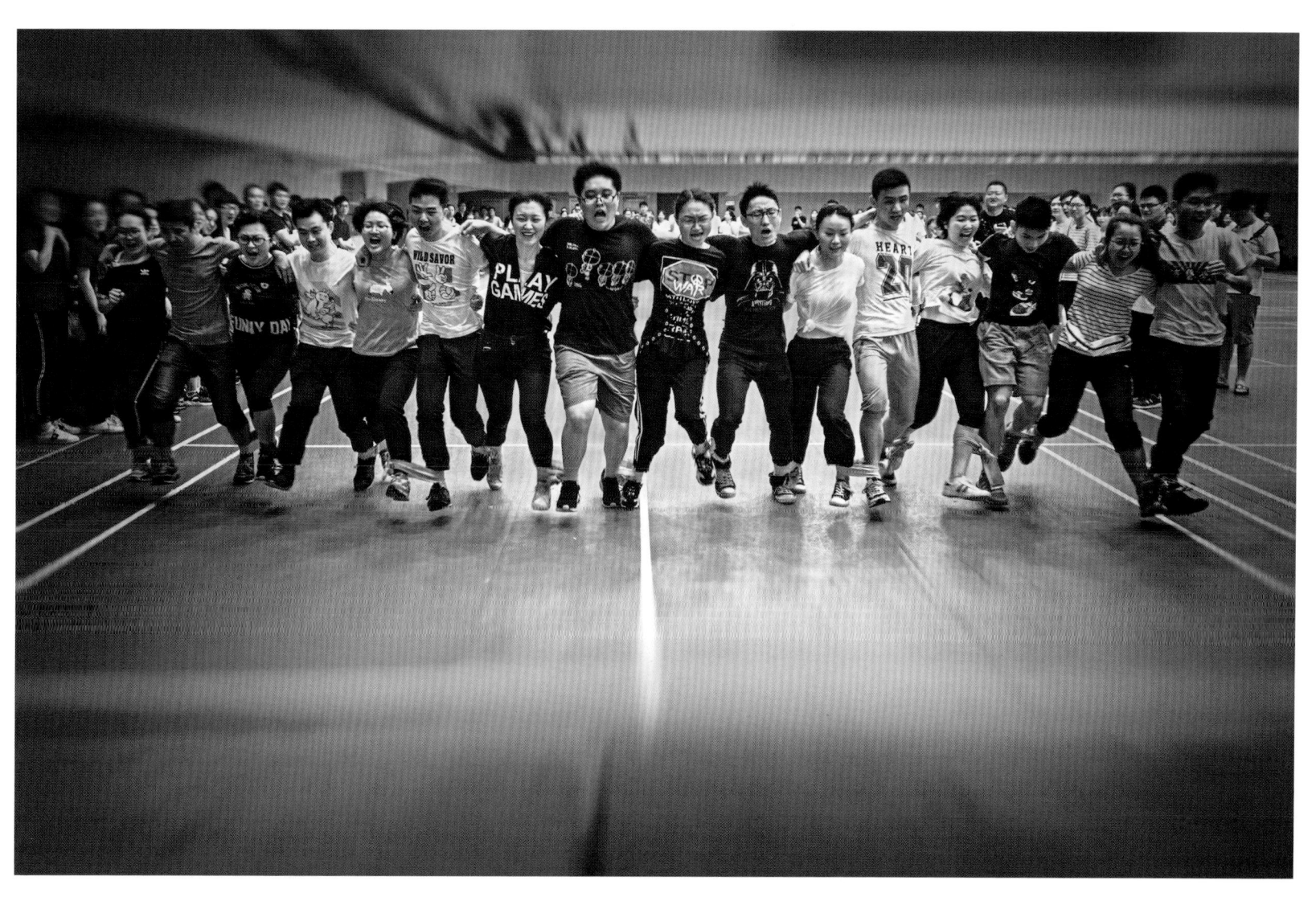

协力向前　张开泉（现代教育技术中心）

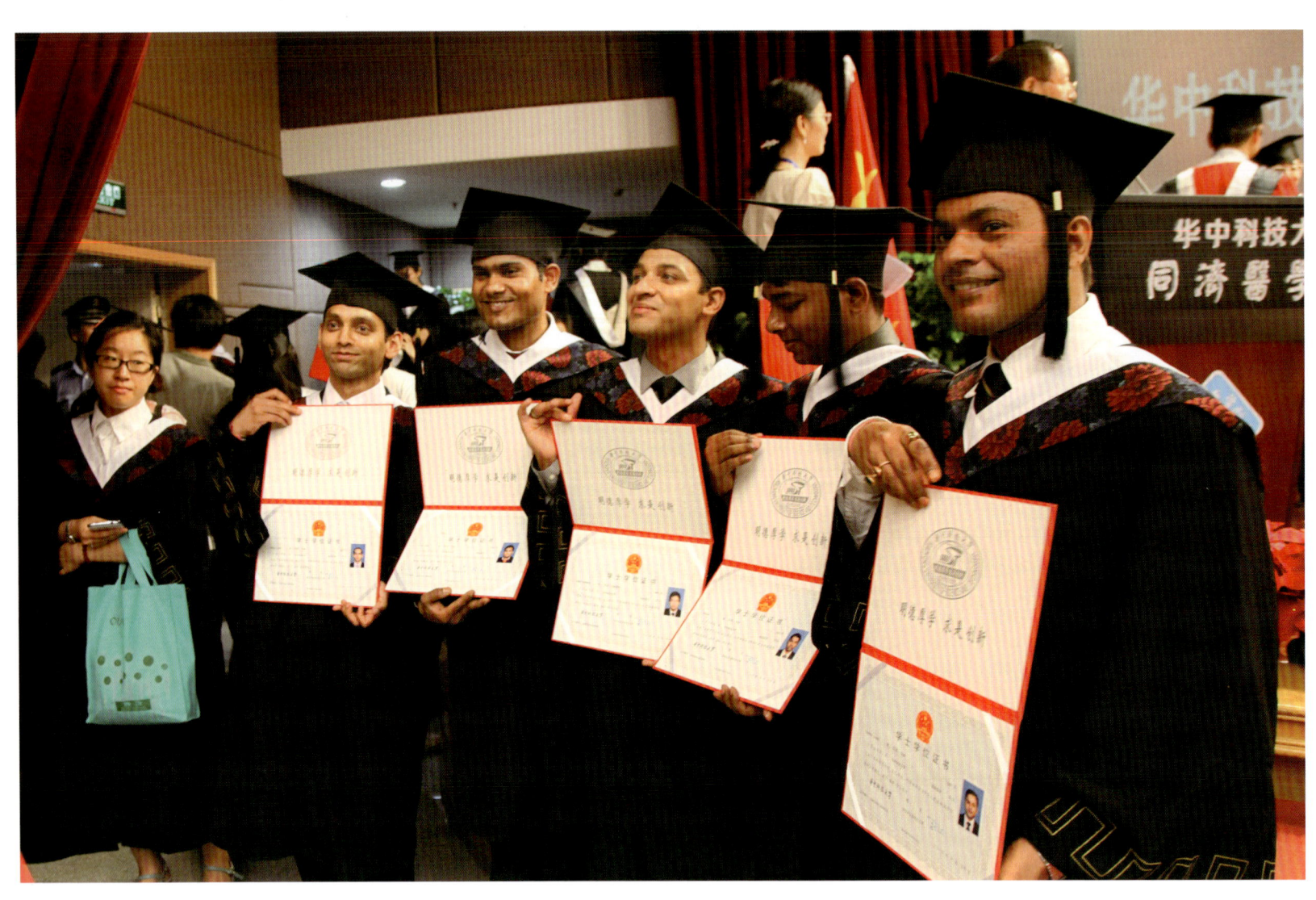

自豪　彭汉明（校机关）

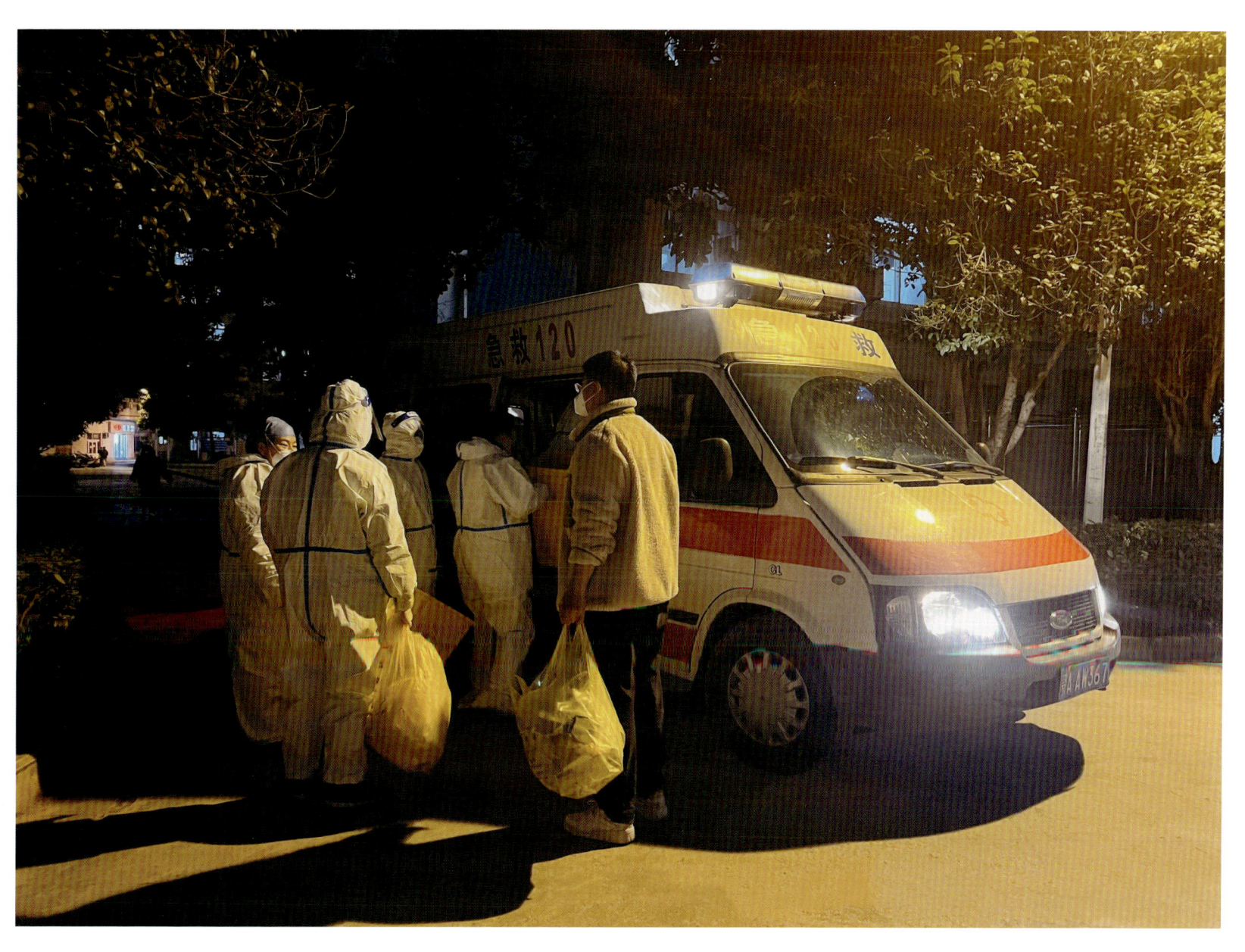

归途　盛念（校医院）

如饥似渴 李东煜（校机关）

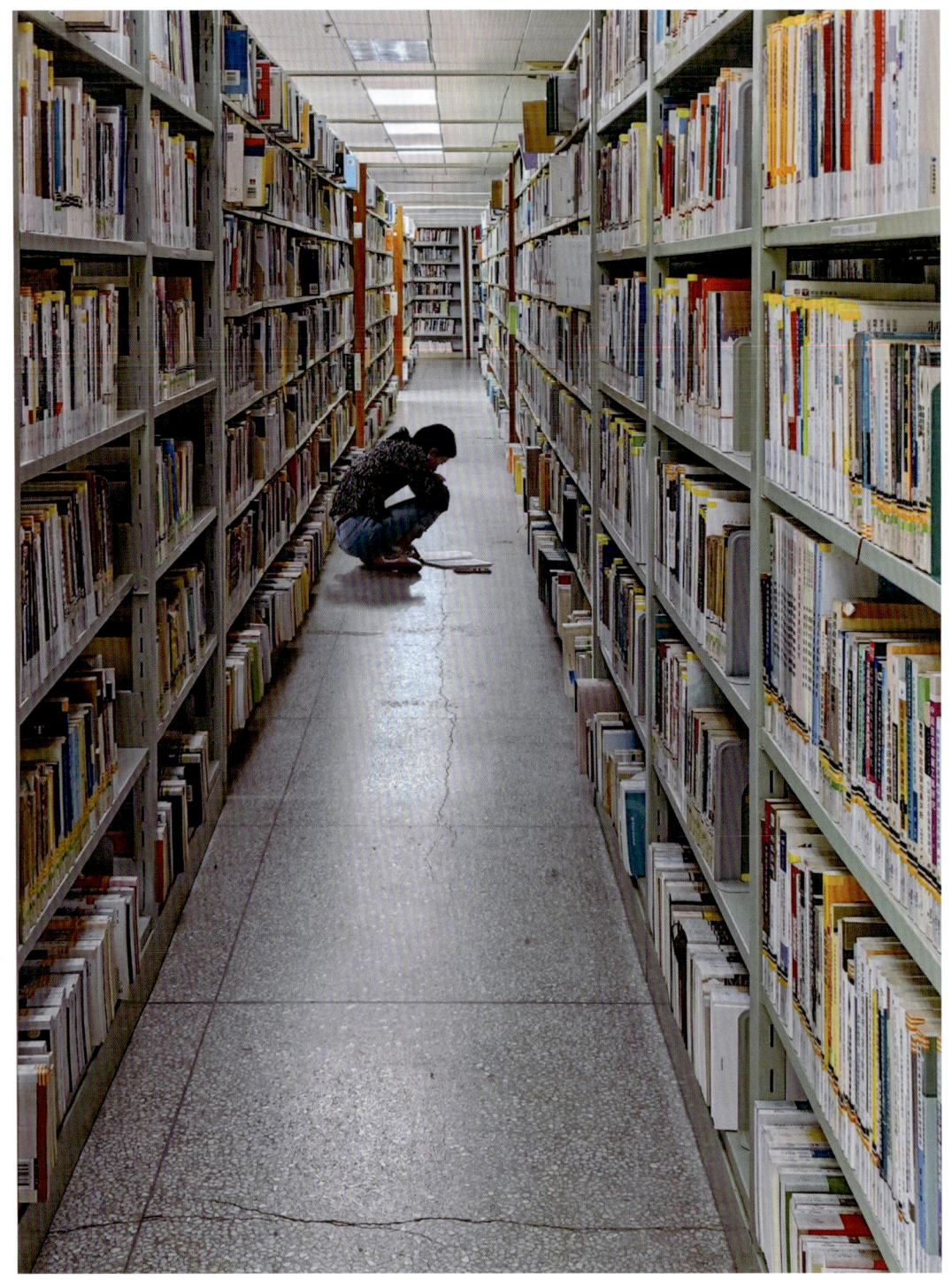

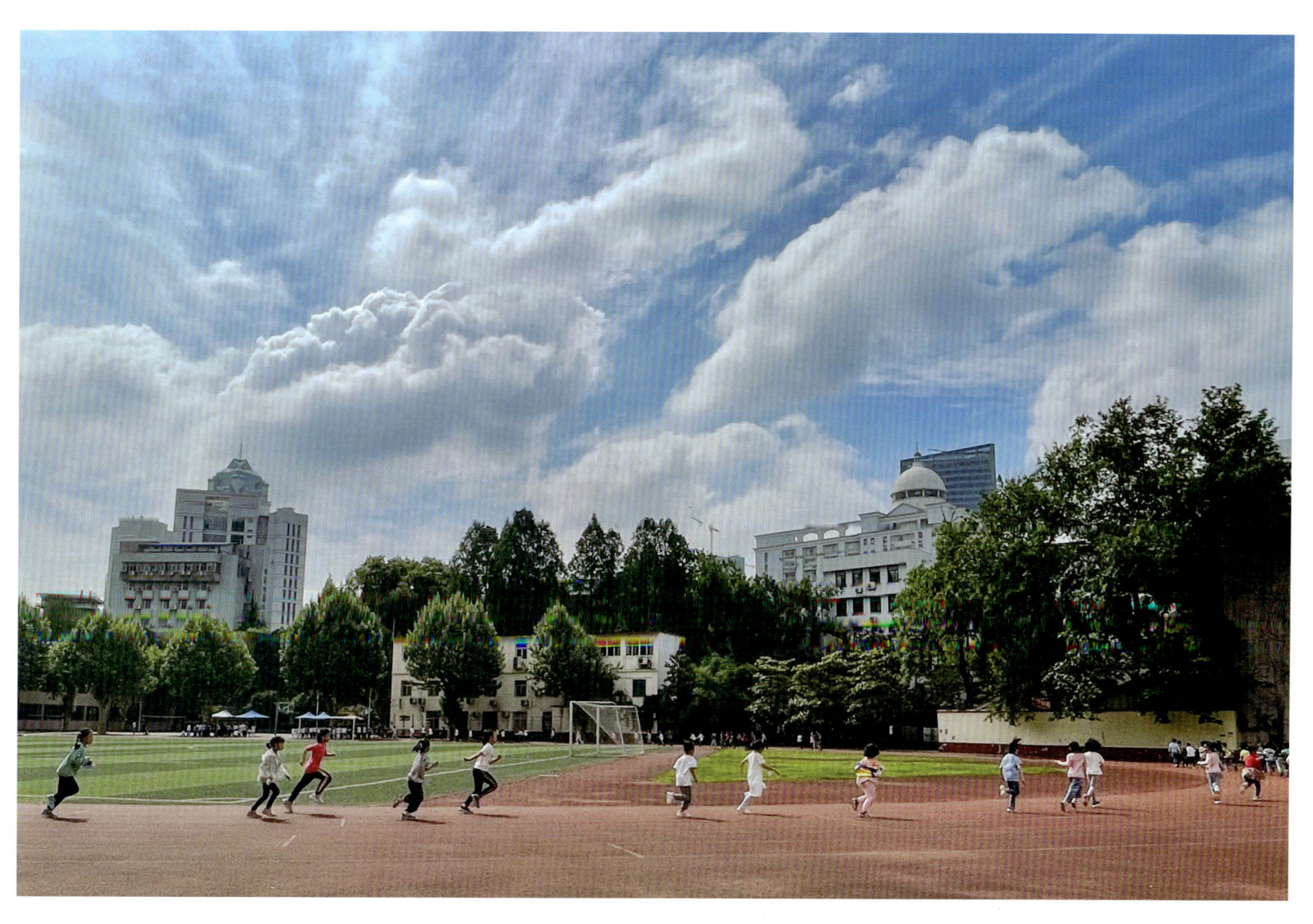

蓝天下的幼苗　柯育萍（华同总公司）

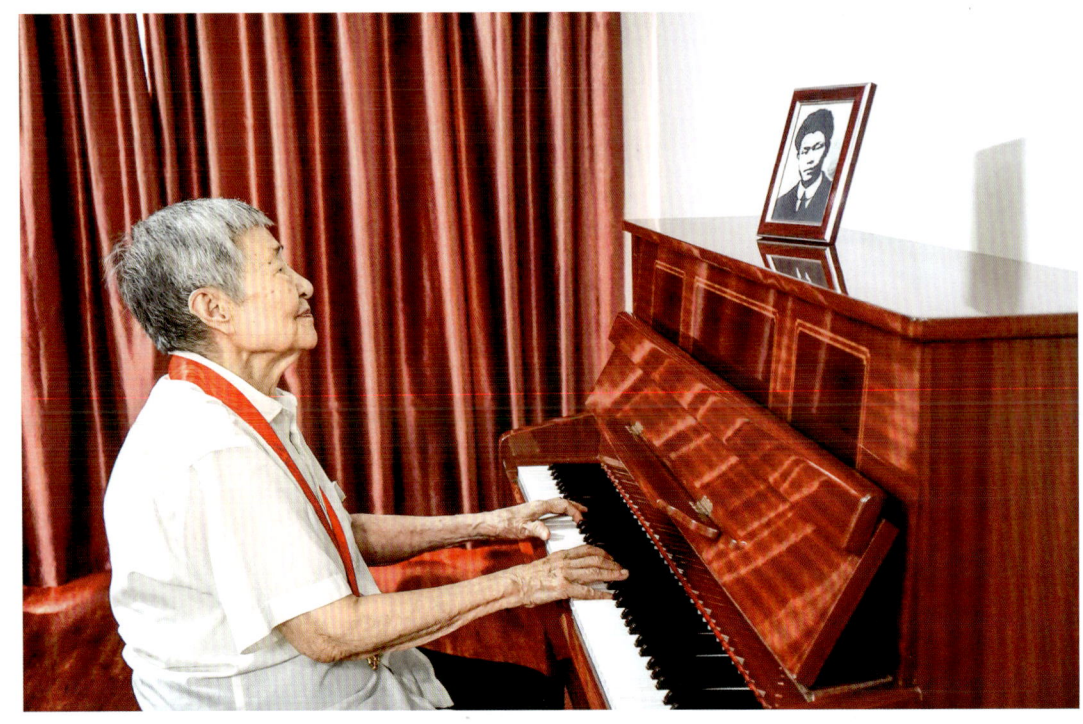

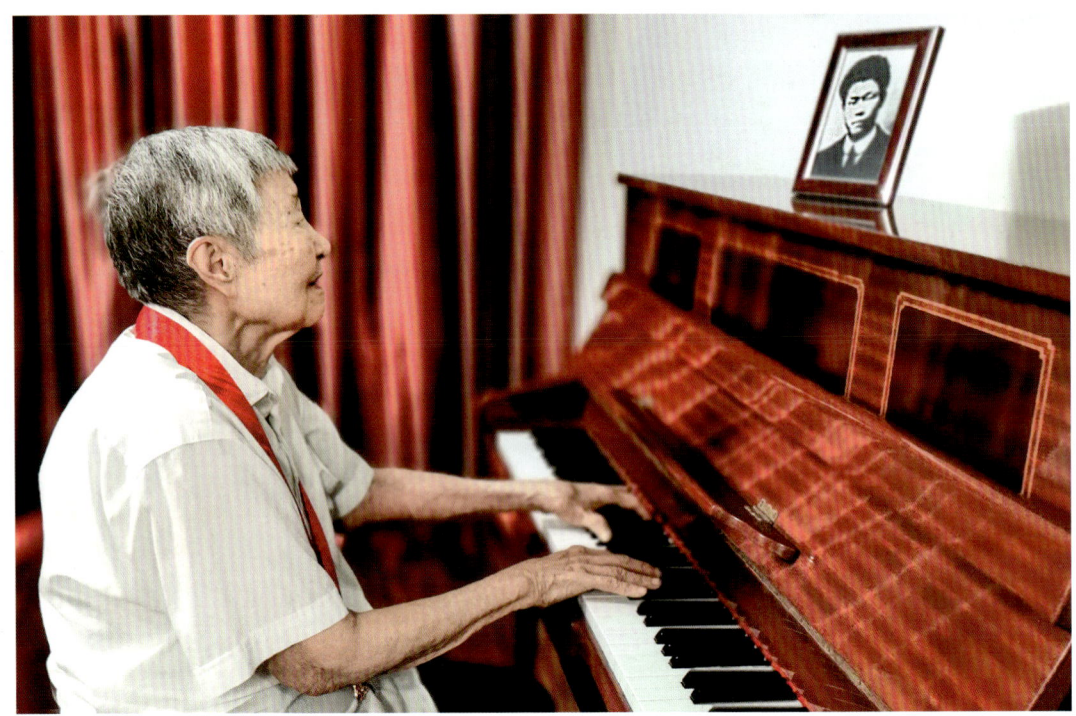

深情缅怀父亲（革命先烈蔡和森之女——蔡转教授）

朱金城（医药卫生管理学院）

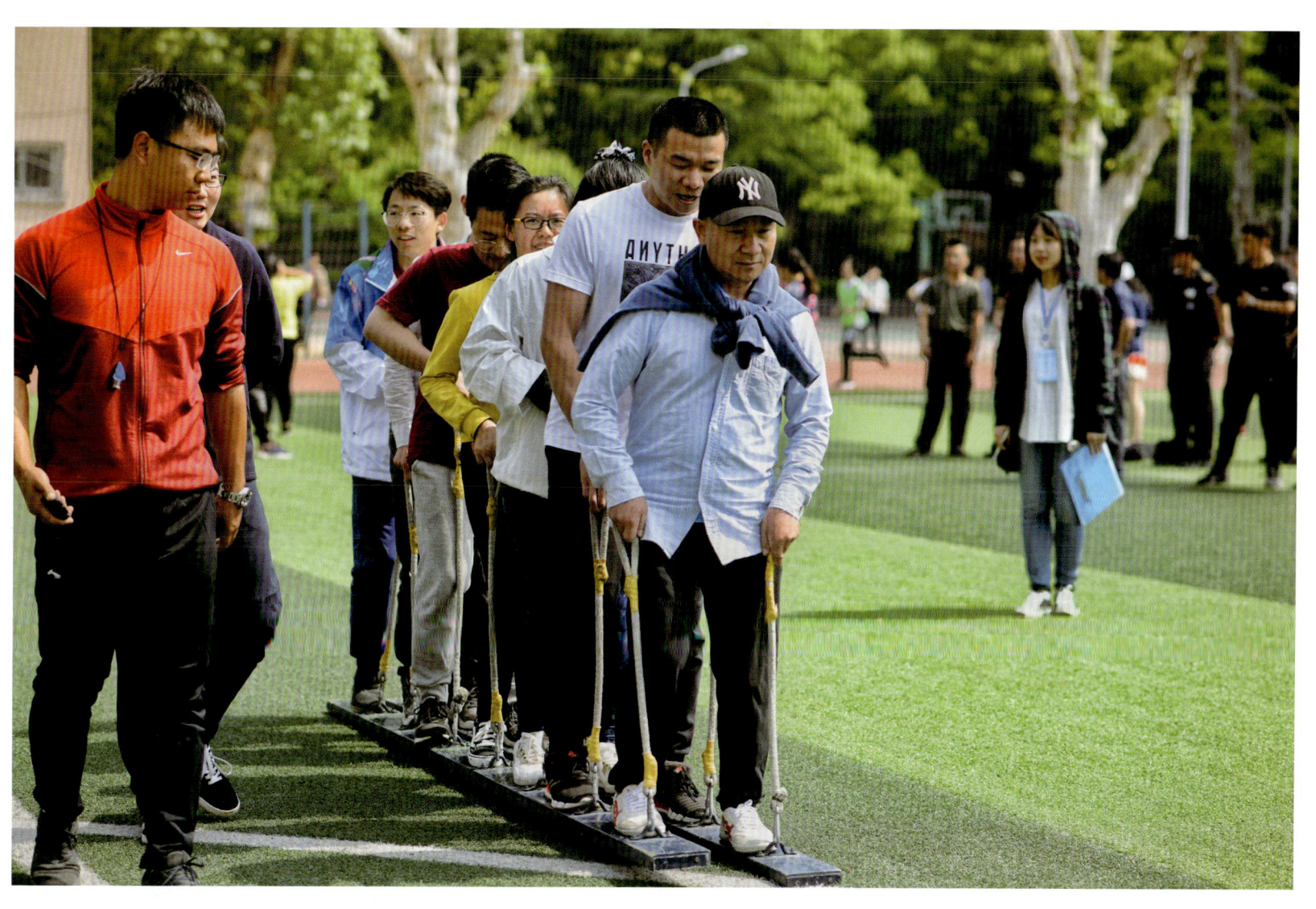

步伐一致　熊伟（公共卫生学院）

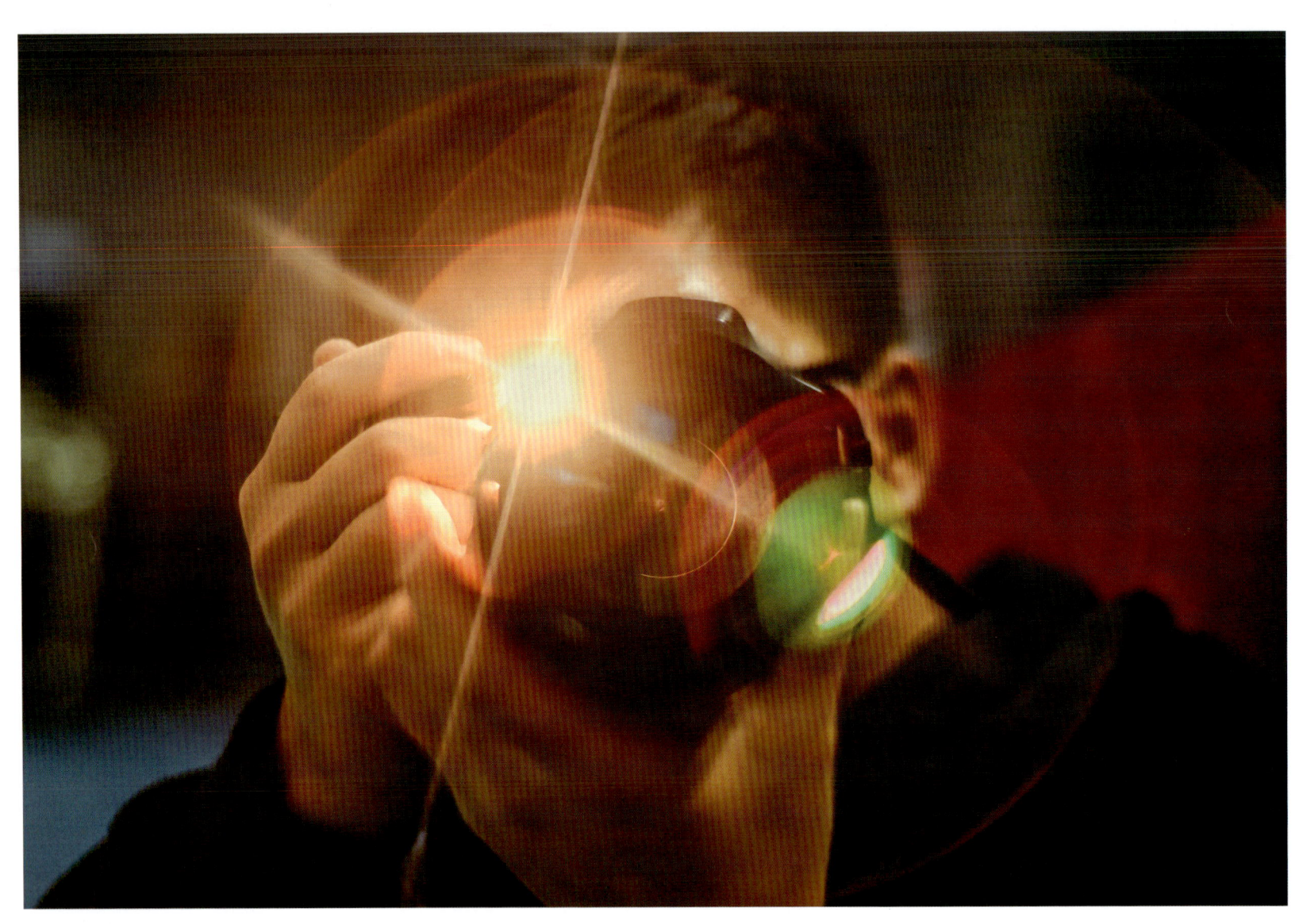

光电瞬间　黎开铉（光学与电子信息学院）

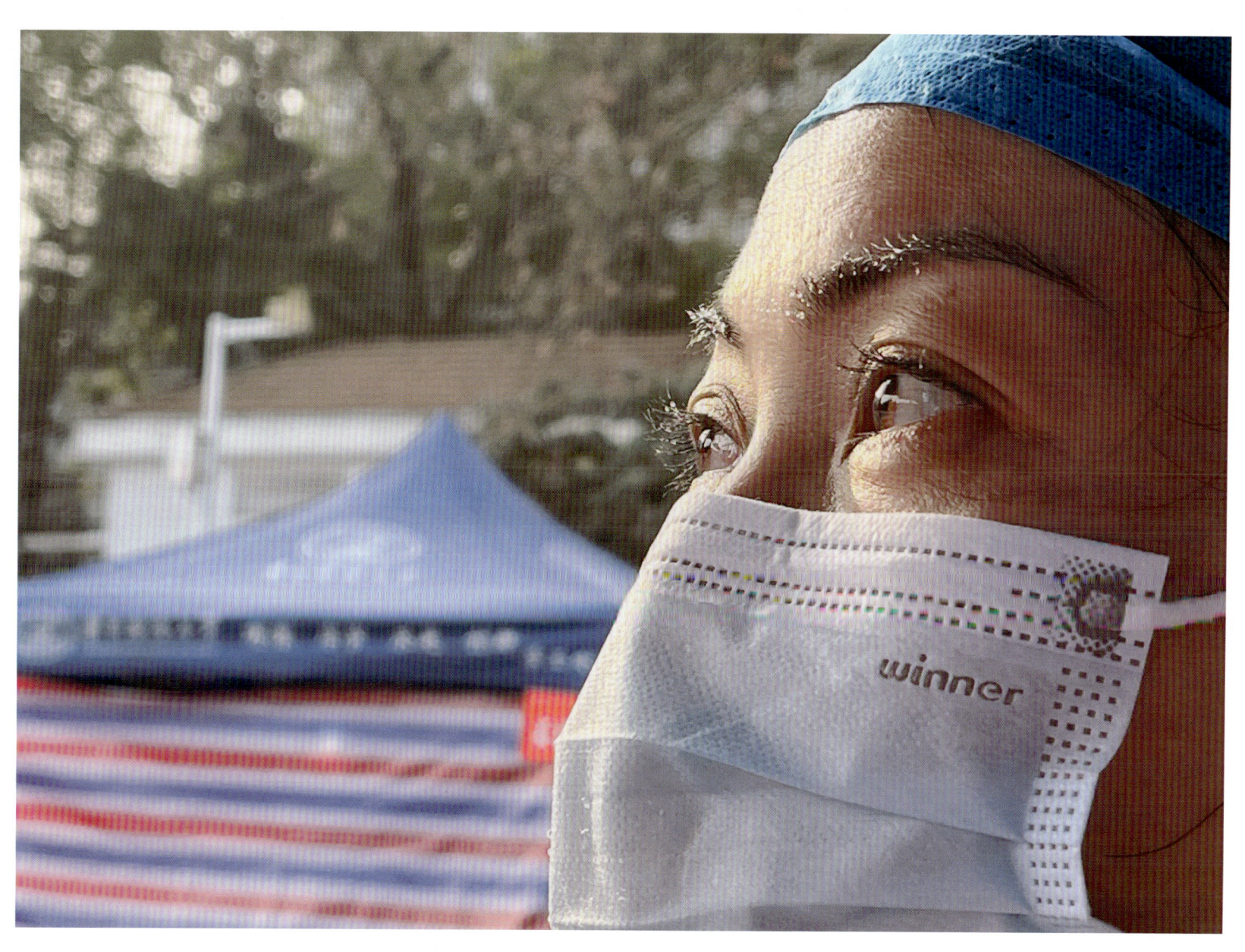

风雪中的期盼 代莉莉（校医院）

温暖的师生之家 　李新（图书馆）

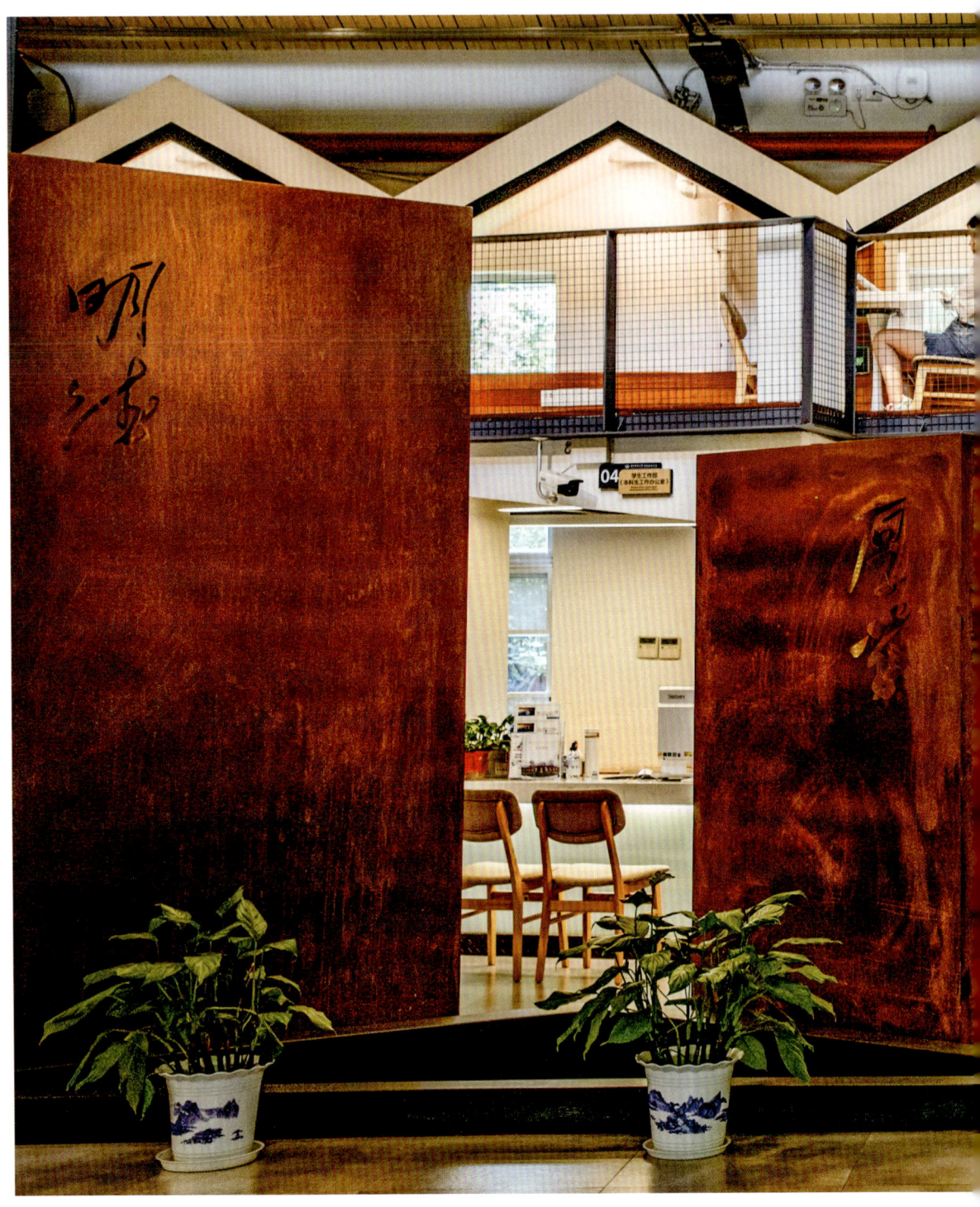

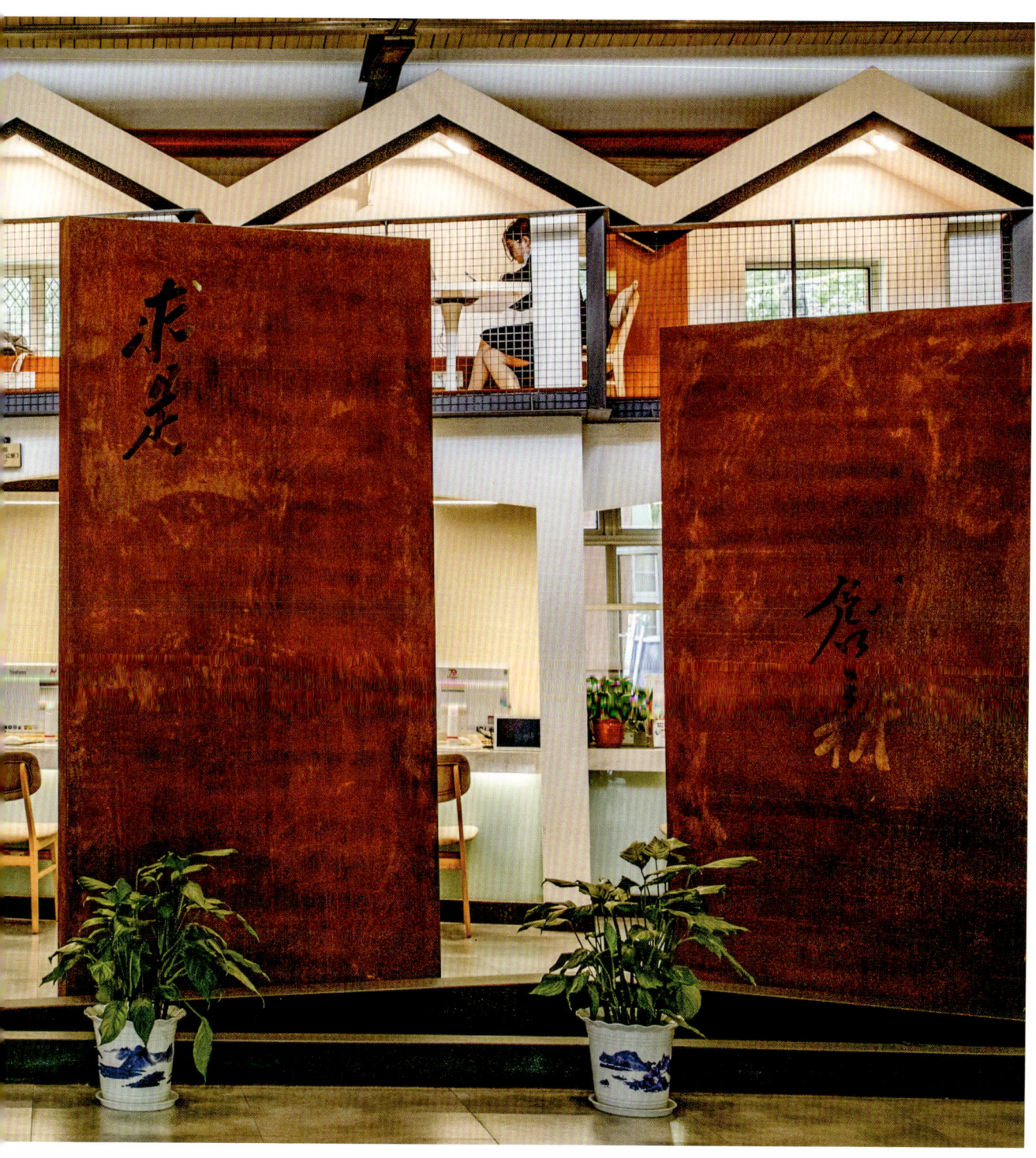

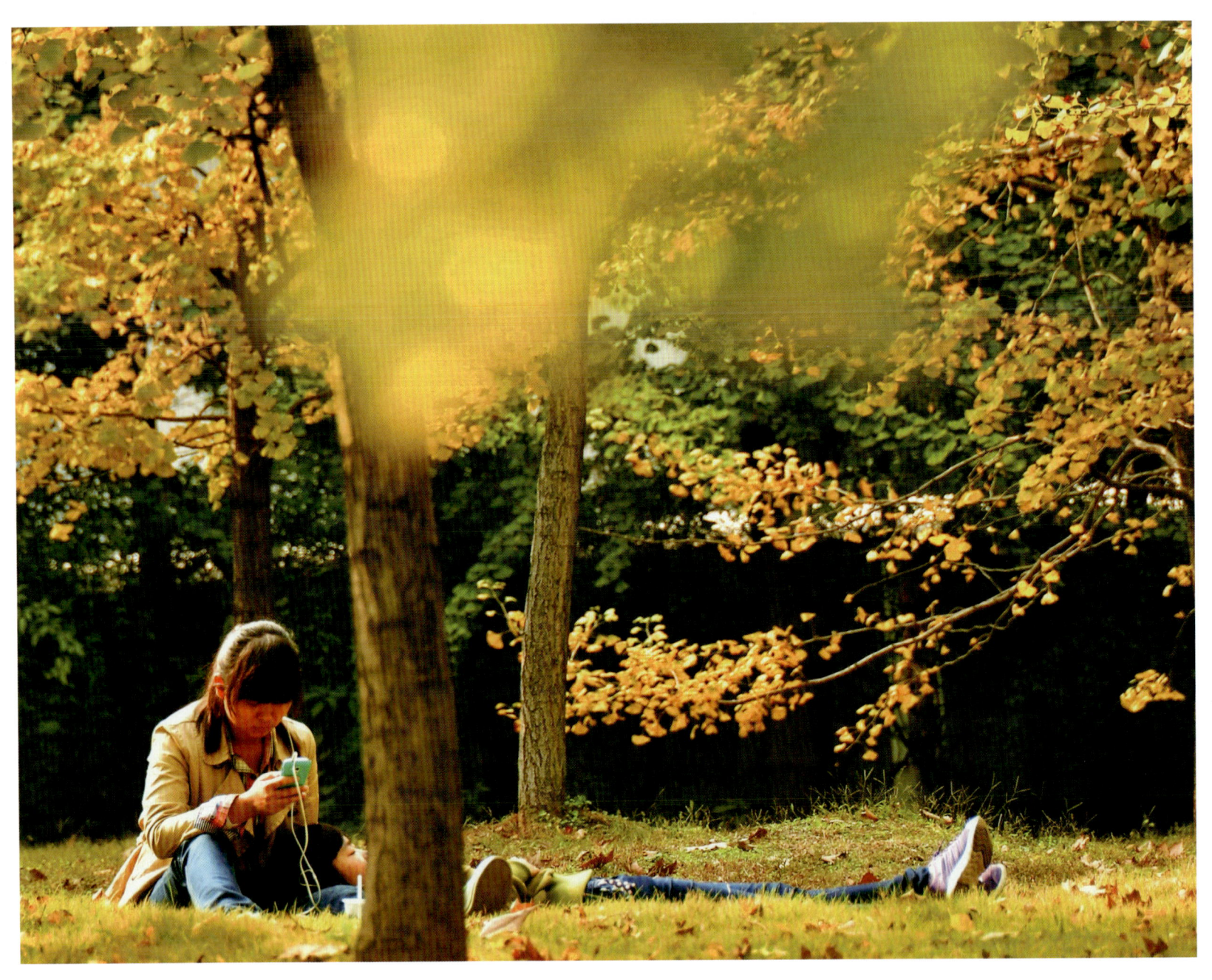

休闲时光　朱沉浮（校机关）

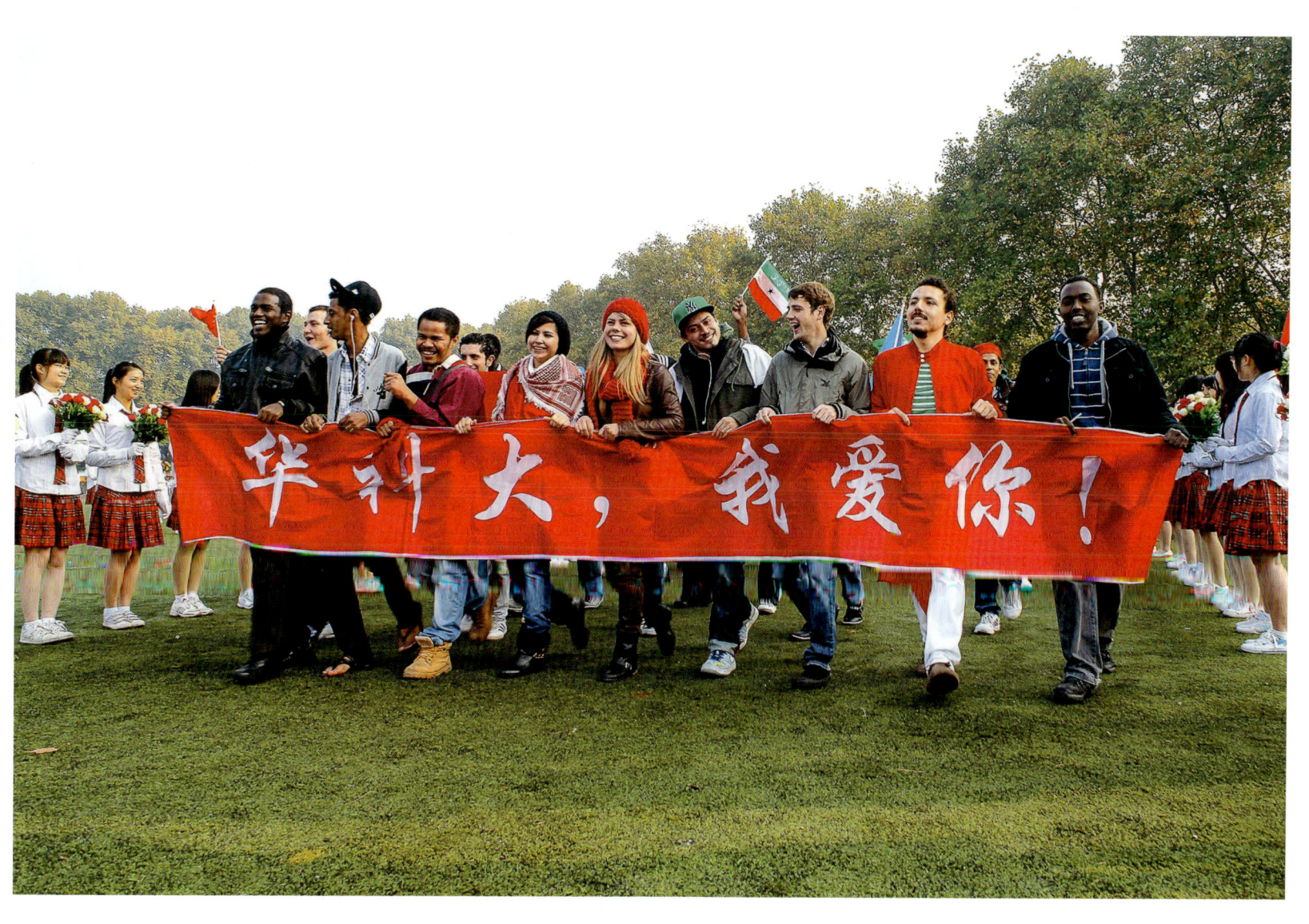

爱在华科大　张道宝（外国语学院）

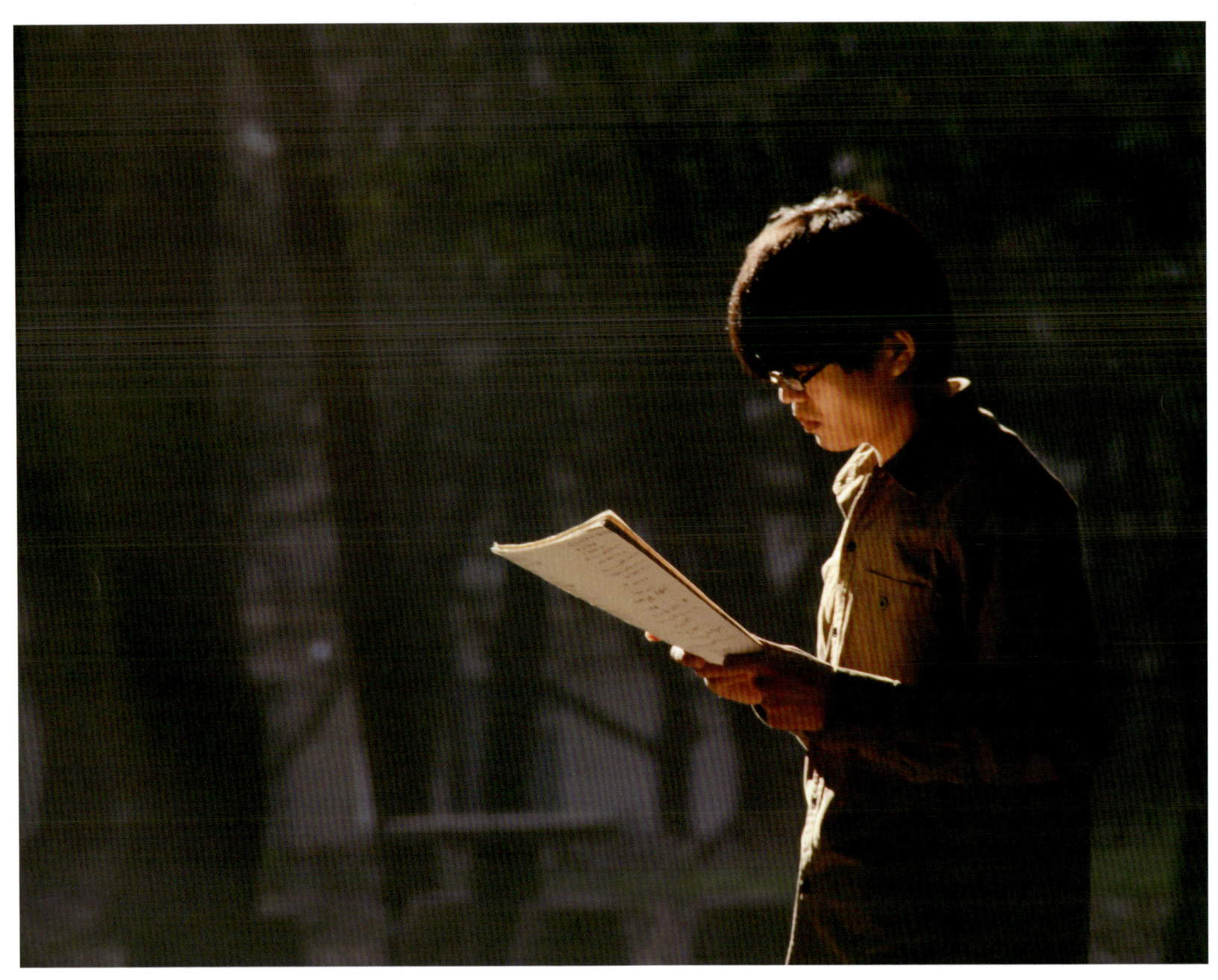

晨读　曾家伊（校机关）

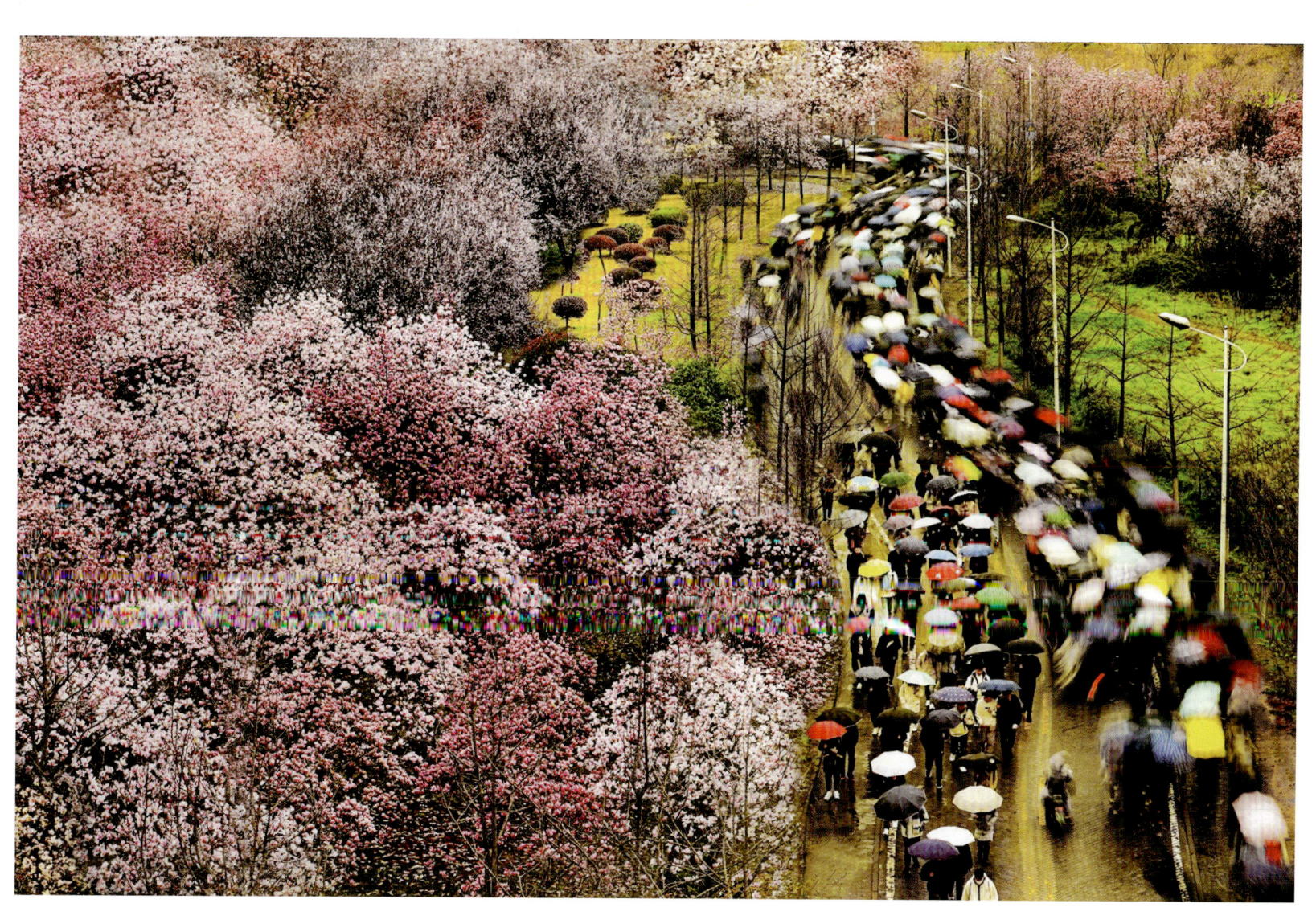

玉兰花畔读书香　吴卫国（图书馆）